谨以本书献给我的父亲和母亲，

是他们教育我对生活和工作的热爱！

并牢记人生最宝贵的是健康和正直等精神财富。

房地产资产管理、基金和证券化

张健 著

中国建筑工业出版社

图书在版编目（CIP）数据

房地产资产管理、基金和证券化 / 张健著. — 北京：中国建筑工业出版社，2019.8
ISBN 978-7-112-24060-9

Ⅰ. ①房… Ⅱ. ①张… Ⅲ. ①房地产 — 资产管理 — 研究 ②基金管理 — 研究 ③房地产证券化 — 研究 Ⅳ. ① F293.338

中国版本图书馆CIP数据核字（2019）第167774号

责任编辑：毕凤鸣 封 毅
责任校对：党 蕾

房地产资产管理、基金和证券化
张健 著
*
中国建筑工业出版社出版、发行（北京海淀三里河路9号）
各地新华书店、建筑书店经销
北京点击世代文化传媒有限公司制版
北京富生印刷厂印刷
*
开本：787×1092毫米 1/16 印张：16½ 字数：328千字
2019年10月第一版 2019年10月第一次印刷
定价：52.00元
ISBN 978-7-112-24060-9
（34543）

　　我国房地产市场经过近 30 年的较快发展，房地产投资产品和融资渠道等发生了很大的变化，部分城市也开始进入存量房时代。期间最早进入中国的外资房地产资产管理、基金和资产证券化业务运作也已经超过 10 年；我国房地产基金（这里指私募基金）从2010 年开始迅速发展，但房地产资产管理受到业内重视也就是最近几年的事情；我国本土房地产资产证券化包括房地产投资信托基金（REITs）的探索已经超过 10 年，但一直到 2017 年下半年开始才有较大批量的实践。

　　房地产资产管理、基金和证券化对我国城镇建设和管理、房地产业和金融业有很大的积极作用，为城镇建设提供的资金和建筑提供运营期保值增值服务，为投资者增加了新的投资渠道，为房地产企业提供了更多和更灵活的融资方式，也将是我国房地产业和金融业未来发展的主要方向之一。房地产资产管理是当今世界上财富管理中最重要的部分之一；在中国，预计今后 10 年会以年均复合 20% 以上的增长率增长。房地产基金和资产证券化无论是作为房地产资产重要的资金来源还是投资者重要的投资产品，都值得我们作更加深入学习和研究。

　　房地产与金融业是作者非常熟悉的两个领域，本书通过其 20 多年国内外直接的市场操作经验和深厚的理论知识，系统介绍了房地产资产管理、基金和证券化包括房地产私募基金和房地产投资信托基金的运用与管理；全书共分六章，包括"房地产资产管理、基金和证券化来自于生活""房地产资产管理的内容""房地产资产管理和大资产管理及轻资产管理""房地产私募基金之：融资、投资、管理、退出""房地产私募基金之：夹层基金、并购基金和对冲基金"和"房地产资产证券化"，所有以上内容都含有相关案例分析和政策法规及市场分析。

　　本书题材新颖，案例生动，文字严谨，资料丰富，内容有一定的深度和广度。适合的读者包括房地产开发公司（含住宅和长租公寓、商业、办公、酒店、旅游、养老工业和物流地产等）、房地产资产管理公司、各类商业地产运营和管理公司、长租公寓运营和管理公司、物业管理公司、设施管理公司、银行、信托、证券、公募基金及其子公司、私募股权基金、房地产投资信托基金、保险、律师和会计师等相关的专业人士和相关专业的学生。

作者简介：张健

资深房地产投融资和战略专家、全国房地产投资基金联盟副会长、国家发展改革委最早一批备案的股权基金管理人，近年参与和管理的资金量超过 100 亿元；熟悉民企、国企和外资房地产投融资方式和各类机构运作。曾任职于全球最大的房地产投资集团之一的联实集团（Lend Lease）、澳大利亚最大的投资银行麦格理银行（Macquarie Bank）和国内最大的房地产基金管理公司之一的盛世神州基金，长期担任房地产和金融企业高级管理职位。在房地产市场、投资、管理、开发、金融和战略方面有 20 多年经验。

为万科集团、碧桂园、保利发展、绿地集团、华润置地、新城控股、华夏幸福、招商蛇口、世茂房地产、中南置地、金地集团、富力地产、中梁地产、雅居乐、龙光集团、蓝光发展、远洋集团、美的置业、中国铁建、佳兆业、万达集团、红星美凯龙、大悦城、华发股份、路劲基建、保利置业、中国中铁、隆基泰和、电建地产、华侨城、协信控股、中冶置业、仁恒置地、金融街、陆家嘴集团、苏宁置业、中国建筑、海航地产、北科建集团、圣光投资、武汉地产集团、西安宏府、光大嘉宝、星河集团、卓越集团、盛世神州基金、光大嘉宝、中国银行、中国建设银行、交通银行、招商银行、中信银行、阳光保险、上投摩根、麦格里银行、北京大学、清华大学、中国人民大学、同济大学、上海交通大学、浙江大学、上海财经大学、中山大学、厦门大学、武汉大学、四川大学、重庆大学、美国哥伦比亚大学、美国杜兰大学、美国华盛顿大学、香港理工大学、中国房地产协会、全国房地产投资基金联盟、英国皇家测量师学会等培训和授课。

毕业于上海同济大学和澳大利亚西悉尼大学，专著有《房地产投资》《房地产企业融资》《房地产基金》《房地产理财》《房地产金融实务》《房地产投资策略分析》《房地产投资基金实务》七部，合著《领导干部学金融》。

Email：jzhanggcf@163.com

前　言

当你漫步在北京东三环国贸或者上海陆家嘴附近，看到鳞次栉比的高楼和穿梭如织的人流，你可能没有想到，不远处的一个长租公寓，房地产资产支持证券（ABS）或者房地产私募基金参与其中；另外一座办公楼已经发行商业地产抵押贷款支持证券（CMBS）或房地产投资信托基金（REITs，注：到目前发行的还应该是类REITs）产品了。而在这周围上班的金领、白领和企业家们，很多都是这些房地产资产、基金和证券化产品的管理者、设计者、发行者、投资者、律师、审计师、估价师、评级人员或监管者等。目前全国很多房地产企业，都有大量的存量资产，这些建筑物都需要良好的资产管理包括物业管理和设施管理，很多企业也开展了房地产基金和证券化业务；房地产基金和证券化产品已经与我们的生活越来越密切相关了。

凡20多年游走在房地产与金融之间，横跨企业与教学实操双重职业，虽身经百战，精不疲，力未尽，至今仍斗志昂扬。要问动力何在？就是想多做一点事，成为一个对社会有用的人。多年来我一直着迷于两件事——读书与写作。读书是为了打开知识的视窗，让自己从不知到知之，从知之甚少到了解较多。作为多所名校的客座教授，勤学是一种责任，是为了在教学时面对求之若渴的学生多一份百问难不倒的自信；作为企业的高层管理者，博学使我在企业实操中多一点方向感，少一点盲动，学行结合不但是达成企业目标，而且还是一个对知识求证即"去粗取精，取伪存真"的过程；写作对我而言不仅是一种兴趣，更是一种实现社会价值的路径。在即将出版我的第八本专著之际，写下以上的感言，就是想说明我乐此不疲地一本一本出书的真实目的。

从2002年开始写作，18年来陆续出版了7部专著，它们是《房地产投资策略分析》《房地产投资基金实务（第二版）》《房地产金融实务》《房地产投资（第二版）》、《房地产基金》《房地产理财》和《房地产企业融资》，部分书籍从2006年开始陆续也成为一些大学的教材。广东的朋友林总认为我应该学习金庸大师的"天龙八部"，也写一个"房地产八部"。虽然我这个八部无论从造诣和含义上与金庸大师的"天龙八部"差之千里，其实所谓"天龙八部"是佛经用语，包括八种神道怪物，金庸以此为书名，旨在象征大千世界之中形形色色的人物；但无形中也圆了我的一个梦，即房地产系列专著基本出版齐全了。

我是较早就学习了房地产资产管理、基金和证券化的理论，并参与了相关实践。1995～1996年，我在澳大利亚西悉尼大学修读房地产经济学，学习了房地产资产管理和基金（包括房地产私募基金和房地产投资信托基金等）方面的课程；毕业后先后任职全球最大的房地产开发、投资和基金管理集团之一的联实集团（Lend Lease）和澳大利亚最大的投资银行麦格理银行（Macquarie Bank），期间参与了悉尼达令港综合项目建设，这个项目建设完成后，Lend Lease 将它以房地产投资信托基金（REITs）形式上市，早在 1971 年，Lend Lease 在澳大利亚创立和管理了第一个 REITs——General Property Trust（GPT）。

譬如联实集团（Lend Lease）发展曾经经历过但不限于以下几个阶段：

第一阶段：1951 年，Civil & Civic 在悉尼创立，它是一家建筑公司，即 Lend Lease 的前身；

第二阶段：1962 年，Lend Lease 在澳大利亚证券交易所正式挂牌上市，主营房地产投资开发和建筑工程管理；

第三阶段：1971 年，Lend Lease 成立和控股澳洲最大的房地产投资信托基金 GPT（General Property Trust）；

第四阶段：1982 年，Lend Lease 购买了 MLC（澳洲最大保险公司之一）50% 的股份，并于 1986 年购买了其余的全部股份。

Lend Lease 成立 GPT 的本意是要让那些并没有很多钱的普通百姓也有机会投资地产。他们可能无法凭借自己的力量购买悉尼市中心的地标建筑澳大利亚广场（Australia Square），但是如果通过资产证券化，他们可以购买其中的一小部分并在股票市场上交易，这样就创造了之前他们不可能有的投资通道。在 GPT 之前，尽管也有具有税务激励的让中小投资者购买的，小规模非上市的物业信托（类似我国现状的房地产私募基金），但它们都有一个共同的缺陷即不能在市场上交易。所以最大的问题是你怎样售出你的权益？因为没有市场，比如像投资非上市的信托，你只能按信托经理人的定价交换，事实上私募基金的交易非常困难。

加入麦格理银行后参与房地产私募基金（REPE）相关工作。在这些学习和工作的过程中，我收获了不少房地产基金领域的心得和经验。

最初我开始写房地产资产管理、基金和证券化的相关书籍可以追溯到 2003 年，那时在我国还没有内资的房地产基金，只有一些外资房地产私募基金，但这类基金的结构都是在境外的。当时结合自己多年在国内外市场直接的操作经验和学习体会，以及对国内房地产行业形势的分析和预判，我坚信房地产基金将会在中国得到应用和发展，于是 2006 年 4 月，我的专著《房地产投资基金实务》出版。

随着 2007 年 6 月国内新的合伙企业法实施，2009 年开始我有幸全面参与国内的房地产基金业务，并在任职盛世神州基金期间的 2011 年底成为中国最早一批在国家发展改革委备案的房地产基金管理人。2012 年 1 月，结合国内的房地产基金实践，我又出版了《房地产基金》一书。以上两本专著都受到了广大读者的欢迎，应该说是也填补了当时我国房地产基金书籍和研究方面的一个空白；《房地产基金》一书已印刷了四次。

从 2002 年至今，世界经济和金融形势都发生了较大的变化，由于美国次贷危机和世界金融危机的影响，我国房地产市场在很大程度上也经历了从 2002～2007 年间的形势大好到 2008 年的哀嚎遍野，从 2009 年的绝地反弹到 2010 年的喜形于色，从 2011 年的犹豫观望再到 2012 年和 2013 年的较快发展和行业整合，而一入 2014 年又陷入空前的悲观之中，2016～2018 年上半年又出现全国很多城市量价大升的情况；又有悖于政府"房住不炒"理念和"长效机制"的建立；随着调控力度的加大，2018 年下半年和 2019 年上半年又出现很多不同的现象和观点。面对这些问题，不但说明房地产确实存在一定的周期性和波动性，而且对我国未来房地产行业发展存在很大的挑战。而 5G、物联网、大数据、人工智能等将会对房地产市场、资产管理、基金和证券化的方方面面产生影响。

在日常繁忙的工作中，撰写这样一本较全面和有深度的书籍确实不易，期间我受到了许多人的帮助和支持。感谢中国建筑工业出版社的资深编辑封毅、毕凤鸣女士为本书付出的辛勤工作，她们精湛的编辑水平为此书增色很多，本书也是 2009 年以来中国建筑工业出版社出版的我的第五本专著。还有感谢我曾经任职的联实（Lend Lease）集团、麦格理银行（Macquarie Bank）、盛世神州基金等单位的许多同事和朋友，特别感谢全国房地产投资基金联盟会长、盛世神州基金董事长张民耕先生等的支持，感谢十多年来广大学员和读者的支持和鼓励，是你们使我的工作变得更专业和自信。最后也是最重要的是我要感谢我的家人对我的支持。

张健上海

2019 年 8 月

导 读

　　我国房地产开发和投资的种类及领域从以前的比较单一的住宅，发展到目前住宅、商业、办公楼、宾馆和旅游、工业房地产等齐头并进，甚至出现了很多细分市场，譬如养老地产、文化地产、新型科技园区等。未来，我国房地产行业的发展趋势会包括多元化、集中化、资产化和金融化等。本书中提及的商业地产也分为两个层面，狭义的是指零售房地产（含综合体和商店），广义的指非住宅地产包括零售、办公、宾馆、工业、物流和长租公寓等。

　　房地产资产管理、基金和证券化有很多不同的分类。房地产资产管理可以分为两个层面，一个是存量房地产资产管理，一个包含所有与房地产相关的投资管理，我国称呼为大资产管理。

　　房地产基金也可以分为两个层面：一个是私募基金，一个是资产证券化（部分是公募的）。

　　房地产资产证券化可以分为多个层面：ABS（资产支持证券）、MBS（抵押贷款支持证券）、CMBS（商业房地产抵押贷款支持证券）、REITs（房地产投资信托基金）、ABN（非公开定向发行、资产支持票据）等。

　　房地产资产管理更多地从拥有资产角度看问题和管理，房地产基金管理和资产证券化更多地从投资角度看问题和管理，因此，他们管理和运作的角度和方式是不同的。

　　房地产资产管理虽然目前对多数人来说是一个新概念，甚至很多专业人士也对资产管理的内容和概念模糊不清。事实上，当前房地产买卖、存量资产盘活、物业管理、设施维护、更新和改造、重新出租、价值提升等越来越受到重视。房地产资产管理作为资产管理中重要板块，也是我国房地产业和金融业未来发展的趋势，也日益获得房地产开发企业和金融机构等的参与和重视。其中房地产资产是基础，即如果没有良好的基础资产，又谈何基金和证券化呢！基础资产的质量和现金流构成了房地产资产管理的关键因素，具体包括租金、租户、运营成本、物业和设施维护、资产评估、资产收购和处置、增加价值和长期规划等。

　　广义房地产资产管理，即是对所有对房地产相关投资的资产管理，包括各类房地产公司或企业债权、夹层和股权投资方面的管理，也可以分为直接和间接投资的管理，甚至包括代建和代运营；资产管理者的收益主要体现在基金管理费、代建费收入、运营管理收入、各类业绩提成收入（包括退出奖励）等。当前我国商业银行、信托公司、证券公司、公募基金、私募基金、资产管理公司、保险公司等都参与了广义的房地产资产管理，可以称为"大资产管理"或"大资管"时代已经来临。

大资产管理的核心特征之一就是把资产管理方与投资方分离，类似于企业的所有权和管理权相分离。资产管理作为纽带，极大程度地发挥各专业能力，为各个关联方服务。

从全球来看，房地产资产管理是当今世界上财富管理中最重要的部分之一；而在未来的中国，预计今后10年会以年均复合20%或以上的增长率增长。当前我国人均GDP近10000美元，中国银行业金融机构总资产超过270万亿元，目前银行业仍是中国最大的金融机构类型，但也受到了资产管理行业和互联网金融的很大冲击。我国现有居民储蓄存款近70万亿元，为整个行业发展提供源源不断的资金来源。无论机构还是个人都希望资产升值，其中在2019年，我国具有600万以上可投资资产的人士，已经超过250万人。

政策导向也将加速房地产资产管理的发展：从"卖地"到"管楼"；从城市开发到城市更新和智慧城市；房子是用来住的，不是用来炒的；大多数人的最大的资产就是房产。

近年来我国房地产金融业也发生了很大的变化，可以说是空间大、前景好，各类金融机构和投资公司及个人加入这个行业，业内所称的"大资管时代"已经在2012年底开启。譬如至2019年中，我国68家信托公司管理的房地产信托规模超过2万亿元；基金子公司业务规模超过12万亿元，已经超过了公募基金管理总规模，其中房地产资产管理计划占一定比例。经过几年的发展，我国直接或间接参与房地产私募基金管理的大小公司和企业已经超过几千家。

在房地产资产证券化方面，2014年1月16日，中国证监会《关于核准中信证券股份有限公司设立中信启航专项资产管理计划的批复》，同意中信证券设立中信启航产品，以私募REITs的形式推动国内不动产金融实践。中信证券旗下拥有的两幢办公楼将作为中国首个REITs，募集资金近51.6亿元，进行非公开发售，并于2014年5月在深圳证券交易所挂牌，在综合协议交易平台交易，这是中国房地产投资信托基金的里程碑。陆续的创新不断，从世茂全国首单物业费资产证券化（ABS）和世茂全国首单购房尾款资产证券化（ABS）到前海万科公募REITs，各类ABS、CMBS、类REITs

产品陆续推出，2017年下半年开始，许多符合国家政策导向的如长租公寓资产证券化产品陆续成功发行，房地产供应链ABS显著提速，多只"首单"类REITs产品成功落地。相信接下来的几年将会是我国房地产资产证券化发展非常重要的时刻。同时我们不应该拘泥于学习几个成功案例，而是有必要了解和掌握其重要原理和法规并结合企业、产品和个人的特点作创新与实践。

最近几年"弯道超车"这一名词经常出现在各类媒体，弯道超车本是赛车运动中的一个常见术语，意思是利用弯道超越对方，应该说难度较大，需要良好的技术才能超越，存在弯道翻车的风险。现在广泛用于政治、经济和社会生活等领域，从创新和求变角度看，其有积极的一面，但有时也被人利用来做投机取巧的事情。

反思我们房地产资产管理、基金和证券化领域，很多人觉得房地产基金管理和资产证券化高大上或者来钱快，而常常忽略或不重视其基础资产的管理。事实上，谈论房地产基金和资产证券化离不开良好的房地产资产管理；毕竟，好的资产管理是基础，基金和资产证券化也不是必然的选择。本书的写作也是从房地产资产管理入手的。

2017年12月8日，万科集团董事会主席郁亮公开表示："现在谁跟我说万科是发展商，我跟谁急！万科作为发展商的时代已经结束了，我们为城市发展作出贡献、提供配套服务的角色更符合行业未来。"万科的五大业务类型包括：核心业务（地产开发和物业管理）、优势业务（商业和物流）、拓展业务（长租公寓和冰雪度假）、摸索业务（养老和教育）、潜力业务（轨道物业和混合所有制改革）。可以发现很多属于资产管理或者与资产管理相关。我们也可以从万科的探索中发现当前我国房地产资产管理、基金和证券化面临繁多复杂的投资机会，其投资领域涵盖各种物业类型。

2019年1月28日，中国人民银行表示对美国标普全球公司在北京设立的全资子公司——标普信用评级（中国）有限公司予以备案。2019年3月29日，证监会发布两家外资控股券商出炉，花落摩根大通、野村，我国外资控股券商的数量已经增加到3家；不同于瑞银通过增持股权实现控股，此次获批的两家合资券商，都是新设立的。这些都标志着中国金融市场国际化进程不断加快，包括国际投资者会配置多元化人民币资产，对中国金融市场的规范健康发展具有一定的积极意义。2019年4月2日，管理6万亿美元资产的全球最大的资产管理公司贝莱德总裁Larry Fink说："有迹象已经表明在美国市场寻求增长有多难，中国和拉丁美洲会成为资管经理未来数年的主战场。"。2019 年 5 月 1 日中国银保监会宣布"近期内将推出 12 条对外开放新措施,进一步开放中国银行业和保险业"。无论是 2018 年和 2019 年海外资金大量买入"北上广深"大量商业地产,还是以上这些外资进入的消息,都预示中国会越来越开放,中国的许多城市会越来越国际化。

我的这本新著经过永无休止的修改,在交稿阶段的 2019 年 6 月,我国三大电信运营商和广电获得 5G 牌照,标志着中国的 5G 正式进入商用时间,这一定会对未来房地产和金融行业产生很多影响。虽然我自己对本书内容还是不尽满意,现在得以出版,感觉还是恰逢其时的,也验证了一件艺术作品是永远没有被完成的,只是被遗弃了的说法。本书分为六章。第一章"房地产资产管理、基金和证券化来自于生活";第二章"房地产资产管理的内容",使得读者对房地产资产管理有深入的了解,包括房地产资产管理与物业管理、设施管理和基金管理的关系;第三章"房地产资产管理和大资产管理及轻资产管理",着重介绍三者之间的关系,使得读者对房地产资产管理有更广度的了解;第四章"房地产私募基金之:融资、投资、管理、退出",会深入剖析房地产基金运作的正规流程和关键点;第五章"房地产私募基金之:夹层基金、并购基金和对冲基金",会深入剖析各类房地产基金的产品特性;第六章"房地产资产证券化",会深入剖析各类资产证券化产品(包括 ABS、CMBS、REITs 和 ABN 等)运作的正规流程和关键点。所有以上相关主要内容都含有相关案例分析和政策法规及市场分析。

目　录

第一章　房地产资产管理、基金和证券化来自于生活

第二章 房地产资产管理的内容

第三章　房地产资产管理和大资产管理及轻资产管理

第四章　房地产私募基金之：融资、投资、管理、退出

第五章　房地产私募基金之:夹层基金、并购基金和对冲基金

第六章　房地产资产证券化

第一章　房地产资产管理、基金和证券化来自于生活

——一个伟大的创意来自于一个简单的想法

2010 年 7 月、2011 年 4 月、2014 年 6 月和 2017 年 9 月我先后发表了文章"房地产股权投资基金的运作——从冯小刚导演的《唐山大地震》投融资模式谈起""房地产股权投资基金的运作——从《乔家大院》谈起""房地产私募基金和公募基金管理就在你身边"和"一文读懂中国房地产金融 70 年",并在一些房地产总裁和 MBA 班及研讨会上作了演讲,受到了很多专家和朋友的关注和认同,使得大家对房地产资产管理、房地产私募基金、房地产投资信托基金和民间集资等有了更加形象和深刻的认识。

2017 年 12 月,同样是冯小刚导演的电影《芳华》在全国热映,其新的投融资模式再次引起了我的兴趣。

随着房地产投融资中的重要组成部分的房地产资产管理、房地产基金和房地产资产证券化包括投资信托基金等进入实际操作阶段,也使得我想到"一个伟大的创新常常来自于一个简单的想法"。如果将电影和电视剧直接与房地产资产管理、基金和证券化挂钩来演示是一个创新,那这个简单的创新是来自于我自己的一个简单的想法——好的文化产品和投资产品同样是贴近和来自生活。

一、从冯小刚电影《芳华》和《唐山大地震》投融资模式谈房地产基金的运作

冬季的 2017 年 12 月 15 日，冯小刚电影《芳华》在中国、北美地区同步上映。不仅元旦三天斩获两亿元，累计票房更在 2018 年 1 月 2 日超过 12.7 亿元，成功挺进华语电影票房前十，并且成为唯一一部跨入票房前十的文艺片。影片不仅深受观众喜爱，更是在《2017 年中国电影年度调查报告》中被专业影片人票选为年度第一佳片，同期华谊兄弟股价大涨。

《芳华》是由华谊兄弟和浙江东阳美拉传媒有限公司等出品的剧情片，由冯小刚执导，严歌苓编剧，黄轩领衔主演，苗苗、钟楚曦联合主演。《芳华》根据严歌苓同名小说改编，以 20 世纪七八十年代为背景，讲述了在充满理想和激情的军队文工团，一群正值芳华的青春少年，经历着成长中的爱情萌发与充斥着变数的人生命运故事。

多年前的 2010 年 7 月下旬，与全国各地天气同样火热的电影是《唐山大地震》，它 7 月 22 日公映首日豪取 3620 万元的票房，超越《阿凡达》创造了中国电影史首日票房新纪录。截至 7 月 31 日凌晨，全国总票房已经超过 3 亿元，票房收入破当时的纪录。

事实上《唐山大地震》和《芳华》的成功也是私募基金运作模式成功的典型案例。

譬如《唐山大地震》起初由唐山市政府、华谊兄弟和中影集团三方投资，据合同约定三方的投资比例分别为 50%、45%、5%，投资额分别为 6000 万元、5400 万元和 600 万元，合计 1.2 亿元的总投资。随后，华谊兄弟又将 5400 万元的投资进行二次分解，由浙江影视集团、香港英皇和寰亚与华谊兄弟共同承担。作为最大出资人的唐山市政府，6000 万元中 15%（900 万元）作为投资，其余 5100 万元作为"赞助"；在收益上，要华谊兄弟的投资先回收，再回收唐山市政府 15% 的投资，剩下的收益才是双方平均分配；现在看来唐山市政府应该是"名利双收"了，下面通过《唐山大地震》和《芳华》投融资和运作模式来分析它和房地产私募基金运作的异曲同工之处。

1. 优秀的项目——《芳华》和《唐山大地震》电影剧本

《芳华》故事源于 2013 年冯小刚和严歌苓的一个约定——因为两人都曾在文工团服役，成长的年代也差不多，所以约好创造一个贴近亲身经历的文工团故事。2016 年 4 月严歌苓写完了初稿，当时这本书还叫《你触摸了我》，5 月份冯小刚导演就已经决定按照小说来挑选演员。在电影名字上，严歌苓提供了几个名称《好儿好女》《青春作伴》《芳华》等，最终冯小刚选中了《芳华》，芳是芬芳、气味，华是缤纷的色彩，非常有青春和美好的气息，很符合记忆中的美的印象。

《唐山大地震》以方家一家人的命运故事为题材结合亲情爱情为主旋律，它唤醒了

人们对那个年代的不眠回忆。因此良好的题材也是该剧为什么取得如此好的票房收入的原因所在。

而私募基金选择项目投资犹如导演发掘一部好的电影题材。私募基金选择项目进行投资，但每个基金一定有最基本的投资原则，譬如包括：

（1）拟投资的公司：有优质项目，并具有良好的社会声誉、优秀的管理团队。

（2）拟投资的项目：具有良好的市场前景，并且具有很好的投资价格和收益。

（3）拟投资公司能够提供足够的资产信用；投资项目具有成熟运作的模式。

每个房地产私募基金也会有其特定的投资领域，譬如：

（1）拟上市房地产企业的 IPO 投资；

（2）优秀的房地产项目投资；

（3）房地产过桥投资；

（4）与开发商联合土地投资。

每个基金的投资原则和投资组合均需经投资人通过，并载于相关投资协议等文件中。

在许多情况下，私募基金也有必要与被投资项目的公司深度合作。基金管理公司负责基金的运作，被投资项目公司负责项目专业方面的运作和管理。基金管理公司扮演的角色十分重要，它能给被投资项目提供的增值服务可以包括：

（1）帮助企业确定战略方向，加强财务控制、法律架构。

（2）帮助公司建立治理结构和管理系统。

（3）要帮助公司市场拓展、融资，寻找合作伙伴。

通过私募基金的增值服务，好的项目和公司"如虎添翼"，最终获得资本增值的良好回报，赢得投资者的青睐与嘉许。

2. 投资结构灵活安排——对赌和唐山市政府的优惠条件

2015 年 11 月 19 日，东阳美拉与华谊兄弟签署了股权转让协议，华谊兄弟一次性支付 10.5 亿元收购了东阳美拉 70% 的股权，其中包括冯小刚 69% 的股权和东阳美拉另一持股人陆国强持有的全部 1% 股权，成为东阳美拉实际控股股东，冯小刚套现 10.35 亿元。

同时，东阳美拉也和华谊兄弟签下了一份业绩承诺。根据公开报道。此协议商定自股权转让完成之日起至 2020 年 12 月 31 日止，2016 年年度经审计后净利润不得低于 1 亿元，自 2017 年起，每个年度的业绩目标在上一年度承诺的净利润目标基础上增长 15%，5 年承诺的净利润总额为 6.74 亿元。

《唐山大地震》的投融资安排中出现了"5100 万元赞助""要华谊兄弟的投资先回收，再回收唐山市政府 15% 的投资，剩下的收益才是双方平均分配""在特定的情况下，唐山市的投资既有债权收益也有股权收益",应该说其投资结构的安排相当灵活。

私募基金的投资结构之所以灵活还源于私募基金相对于公募基金而言所具有的特点,譬如:

(1)更具针对性:由于私募基金是面向少数特定的投资者,因此,其投资目标更具有针对性,能够根据客户的特殊需求提供量身定做的投资服务产品。

(2)更具灵活性:一般来说,私募基金所需的各种手续和文件较少,受到的限制也较少。

3. 优秀的管理团队——华谊兄弟和冯小刚导演的知名度及能力

雄厚的投资之后,在艺术上过硬是一部大片成功必不可少的因素;这个过程中,艺术负责人也就是导演冯小刚的能力和品牌效应也十分重要;在中国电影圈里,冯小刚和华谊兄弟的良好合作也是获得投资方认可的重要一点。唐山市政府方面认为,以贺岁片起家,善于表现小人物的冯小刚是一个适合的人选。

同样,基金管理公司的基金经理人和基金团队也扮演如此的角色。

基金管理公司最大的资产就是专业人才,基金和项目运作的成功与否直接与基金经理和管理团队相关。基金管理公司宜选择那些讲诚信、有专业、有工作激情和认真负责的专业人士。

为了激励和约束基金管理公司,充分保障基金投资人的利益,私募基金管理人的工作表现直接与绩效奖励挂钩。譬如当投资收益率低于某个预期标准(该标准由合伙人会议决定)时,基金的全部盈利分配给投资人;当投资收益率超过某个预期标准时,提取投资收益的一定比例(该标准由合伙人会议决定)分配给基金管理人作为绩效奖励。

4. 国有企业可以成为好的合伙人——国有企业可出资 6000 万元

唐山市政府(严格说应该是当地的国有企业)作为最大的出资人,以 6000 万元中 15% 作为投资,其余 5100 万元为"无偿赞助",但如果电影最终盈利,其享有影片的利润。

许多人包括专业人士对私募和公众企业及相关概念非常模糊,譬如他们认为"公众的就是国有的,私募的就是私有的",这是一个非常大的误解,在此归纳总结几点:

(1)公众的,不一定是国有的,反而很多是私人的。譬如上市公司股票大部分应该是在私人拥有。

(2)私募的,不一定是私人的,反而很多是国有的。譬如我国的许多创业投资基金的投资者是政府出资或国有企业投资。

如果理解了以上两点,那对下面两点也应该理解了:

（1）国有的，不一定是公众的；

（2）民营的，不一定是私募的。

因此私募基金的投资者（有限合伙人）也可以是国有企业或政府背景的资金；就像此次《唐山大地震》，政府出资 6000 万元成为最大的投资人，而最终合作双方共赢。

5. 创造价值和建立共盈利的体现——高票房收入

《芳华》和《唐山大地震》无论在票房、内地和海外投放拷贝均很好。说明影片发行终端电影院对这一作品有信心。对投资者来说也是"名利双收"。华谊兄弟、冯小刚导演和其他投资人等都创造了价值并建立了共赢。

同样房地产私募基金的出现丰富了我国的房地产金融市场，为我国投资者提供更多参与房地产投资的机会。它将社会上闲散民间资本聚集起来，形成资金规模优势，通过有丰富房地产投资经验的专业基金管理公司管理，分散投资风险。

房地产私募基金投资到房地产项目中去，可以优化被投资企业的项目融资结构，满足行业内日益增长的多样化融资需求。由于房地产私募基金主要投向优良企业的盈利状况好的项目，客观上促进了有限资源的优化配置，也在一定程度上缓解了那些优良的大中小房地产企业融资难的问题或帮助它们做强做大，因此好的基金管理公司的追求理念和实际成果应该包含"创造价值和建立共盈利"，相信房地产和私募基金的结合也会创造出越来越多的多方共赢的局面和产品。

6. 从《芳华》和《唐山大地震》投融资模式谈房地产基金的一二三四五

在我国现行法律制度下，私募股权投资基金可以采取的组织形式有公司制、合伙制、契约制和信托制（详见第四章）。公司制是以《公司法》为法律框架，通过发行公司股份的方式筹集资金用于股权投资的基金；信托制是以《信托法》为依据，以当事人各方订立信托合同的方式筹集资金并设立私募股权投资基金；合伙制则是以《合伙企业法》为依据，通过合伙的形式募集资金，成立基金对外进行股权投资。合伙制基金是私募基金的主要形式，它一般由普通合伙人和有限合伙人组成，普通合伙人对合伙企业债务承担无限连带责任，有限合伙人以其认缴的出资额为限对合伙企业债务承担责任。相对公司制和信托制，合伙制这种独特的权利义务关系能更大程度地激发基金管理人的潜能，优化投资组合，提升管理绩效，以回报投资者。

有限合伙制的私募股权投资基金是海外私募基金采用的最常见的组织形式，同时也是全球资本市场的重要参与者。

以下结合房地产行业的特点，通过《唐山大地震》投融资模式来分析，并采用一二三四五"金字塔"式的论述结构，深入剖析有限合伙制的房地产股权投资基金的实际运营。

（1）一个特点"多样化"：从定义上来说：私募基金与公募基金是相对的，私募基金是指通过非公开的方式向特定投资者（个人投资者和企业法人）募集资金。私募股权投资基金主要是对非上市企业进行的权益性投资，在投资实施前，设计出安全、合理、可行的退出机制，一般通过上市、并购或股权回购等方式退出。

有限合伙制私募基金的多样化体现在很多方面：投资者的多样化、投资项目阶段的多样化、投资方式的多样化和投资风格的多样化等。

私募基金可以针对单个项目设计投资方案，也可以投资多个项目；既可以投资项目前期的土地获取阶段，也可投资于中期的开发阶段，或后期销售阶段的尾盘收购。私募基金的这种多样性是由它所具有的特点决定的：

1）私募基金一般均有封闭期，封闭期一般为 5 ~ 10 年（注：国内房地产私募基金一般在 1 ~ 3 年之间）。在基金封闭期内，合伙人不能随意退出，从而保证了基金有足够的资金和时间来运作项目。

2）私募基金运作的成功与否与基金管理人的自身利益密切相关，对基金管理人的激励机制更灵活、更强大。

3）更具针对性：私募基金一般是投向专业领域，因此，其投资目标更具有针对性，能够根据客户的特点和需求，为其量身定做融资产品。

4）更具灵活性：私募基金对于其投资领域较为熟悉，因此基金对所投资的项目手续更加快捷且应变能力很强。

《芳华》和《唐山大地震》的投资方，既有内资、又有外资；既有地方政府、又有影视国企和民企，可谓多渠道融资，很好地印证了私募基金多样化的特点。

（2）两种方式"股权和债权"：股权投资基金从投资结构（以获取被投资企业的权利属性划分）可分为两种投资方式：股权和债权，但在具体投资案例中很多是兼有股权和债权性质的投资，称为夹层投资。

股权投资是权益性的，获取的是被投资公司股权，因此，其不仅关注被投资企业的资产状况，而且会更加关注被投资企业的成长性、发展前景和资产增值。

债权投资一般以融资方的抵押物做担保，投资者主要考虑抵押物的安全性和变现性。

很多股权融资和债权融资都以夹层融资方式出现，夹层融资在风险和回报方面是介于优先债务和纯股本融资之间的一种融资形式，在风险和收益方面都比仅股权与债权投资要中性一些。我国目前的许多明股实债的信托计划或基金也可以称作在做夹层融资，因为它们实际上控制了公司股权，而土地方面可能是第二抵押权人。

仍以《唐山大地震》为例，作为最大出资人的唐山市政府，6000 万元中 15%（900

万元）作为投资，其余5100万元作为"赞助"；在收益上，要华谊兄弟的投资先回收，再回收唐山市政府15%的投资，剩下的收益才是双方平均分配。在特定的情况下，兼顾各方利益的情况下，应该说其投资结构和利益分配安排的相当灵活。

（3）三个团队"专业管理团队、内部支持团队和外部顾问团队"

1）专业管理团队：基金管理公司最大的资产就是专业人才，基金和项目运作的成功与否直接与基金经理和管理团队相关。基金管理公司宜选择那些讲诚信、有工作激情和有责任感的专业人士。

基金公司的主要管理人员应具有丰富的房地产和金融行业经验，凭借对房地产和金融市场的深入了解和专业的基金管控技术，控制投资风险，为投资项目的顺利运营和投资者的资产升值提供充分保证。为了激励和约束基金管理公司，充分保障基金合伙人的权益，基金管理人的工作表现直接与基金投资绩效奖励挂钩。当投资收益率低于某个预期标准（该标准由合伙人会议决定）时，基金的全部盈利分配给投资人；当投资收益率超过某个预期标准时，提取投资收益的一定比例（该标准由合伙人会议决定）分配给基金管理人作为绩效奖励。

以《芳华》和《唐山大地震》为例，冯小刚的拍摄团队就是专业管理团队。

2）内部支持团队：基金管理公司在内部设置了专家顾问委员会和投资决策委员会，作为专业的支持团队，协助基金管理团队更好管理资产和运作项目。

基金管理公司的专家顾问委员会来自于房地产行业的不同领域，涵盖投资融资、规划设计、房产开发、工程管理、市场营销等方面，在基金投资的项目运营和开发过程中，提供全程的顾问服务，努力为投资项目挖掘更大的市场价值，为被投资企业创造更大的市场效益。

投资决策委员会则由房地产和金融领域的专家构成，在基金管理团队需要对外作出重大投资决策时，参与投资决策的讨论，并最终作出投资与否的专业判断。

以《芳华》和《唐山大地震》为例，华谊兄弟、中影集团、英皇集团等就是很好的内部支持团队。

3）外部支持团队：基金管理公司除了依靠自身的专业团队外，还聘请了会计师事务所、律师事务所和投资顾问公司作为专业协助。

会计师主要对融资方进行财务方面的尽职调查，掌握其资产负债情况、实际经营情况、抵质押品情况，为基金公司制作投资报告提供依据，为基金出具会计、审计报表等专业的财务服务。

律师要对拟投资项目进行法律方面的尽职调查，并根据投资模式起草相关的法律文件和协议，与基金管理公司协作制定安全、合理、可行的基金退出方案。对基金管理公司重要决策出具法律意见书及其他相关法律文件。

市场顾问公司则为基金投资的项目提供专业的顾问指导。在项目选择和评估阶段，市场顾问公司从区域发展、开发模式、市场前景、运营经验等多个角度对项目进行剖析，并提出独立的专业意见。

三个团队相互联系、相互协作，在科学、透明的体制下各司其职，发挥各自核心优势为基金有条不紊的运营提供保障。

以《唐山大地震》为例，除了一定要有律师等外部团队参与，唐山市政府还安排了有关部门协调电影的拍摄过程，他们也就组成外部支持团队。

（4）四个过程"融、投、管、退"："融、投、管、退"是我们对房地产私募基金运营流程的一个概括，通常从基金投资流程看，"融"指募集准备到基金成立，即所谓的资金的募集；"投"指从基金成立到签订项目合同，"管"即基金运营管理指从签订项目合同到项目的运作结束，"退"是指基金的退出。

需要说明的是，此"融、投、管、退"仅仅是一个形象的描述，事实上，它们相互关联甚至衔接，譬如在融资的时候就应该充分考虑到"投、管、退"，更多详细内容见第四章。

从以上的介绍，我们可以发现《唐山大地震》电影的整个"融（融资）、投（拍摄）、管（拍摄和协调等）、退（放映和获利）"非常成功。

（5）五大因素"区位、项目、公司、团队和交易结构"：区位、项目、公司、团队、交易结构是判断一个项目或一家公司能否投资或合作的基本和重要条件。

一个具有经济稳步发展且前景良好等因素的地区才是值得投资的区位；由于房地产基金很多时候是投资到项目公司，地价水平如何？升值潜力是否大？项目本身可行性也是至关重要的；公司或集团公司的能力和信誉说明了这家企业的实力和担保能力等，也非常关键；团队代表了执行力，有经验的项目经理团队，更能确保项目顺利和优质完成；交易结构即合作双方达成的合作方式，它对项目的顺利运作和最终各方获益起关键作用。

以《芳华》和《唐山大地震》电影为例，区位代表电影行业，项目是电影剧本，公司是华谊兄弟，团队是冯小刚团队，交易结构是各方的投融资协议安排。

二、从《乔家大院》谈我国房地产私募基金创新

2018年5月初的出差途中，我特地去了山西祁县的"乔家大院"，离晋商辉煌的日子已经过去百年多了。还记得2006年2月，中央电视台开播以反映晋商乔致庸的经商生涯为主题的45集电视连续剧《乔家大院》，受到了各界好评。《乔家大院》以山西祁县乔家堡著名商家乔家的第三代东家乔致庸的一生为主线，时间穿越了清朝的晚期。

乔致庸主持"在中堂"家业将事业发展到极致,他的一生经历也正是晋商鼎盛与辉煌的写照,作为中国经济界自发创建票号业的领军人物,他和其他山西商人一起在全国范围内实现了汇通天下,使中国商业有条件融入以信贷为基础的现代金融环境,为民族商业树立了不朽功勋。

当时十分鼎盛的票号业为什么会消亡?同时十分兴旺的江南钱庄为什么也不复存在?时至今日,我国目前民间集资的状况和前景如何?我国目前的民间集资与股权投资基金有何关系?以下的分析对房地产投融资和基金从业及相关人员有一定启示。

1. 票号和钱庄及其成功的原因

票号是清代出现的一种以汇兑为主营的金融机构,由山西商人创办经营。它起源于汇兑,为不同地区的资金调拨服务。由于汇兑凭票兑银,所以叫做"票号"。

随着当时商业经济的发展,作为最大商帮之一的晋商在全国范围内的贸易往来频繁,但多系现金交易,其运转一靠商家自行携带,二靠镖局护送,不仅开支很大,费时误事,而且经常发生差错,这就迫使外出经商的山西商人不得不寻找一种新的解款方式,"票号汇兑"便应运而生。

道光三年(公元1823年)在平遥西大街"西裕成"颜料铺的基础上创办了中国第一家专营汇兑,兼存放银业务的票号——"日升昌"。晋商一些商号逐步形成了山西设总号,在外地设分号,跨地区经营的商业系统。到了20世纪初,以山西人为主的全国22家主要票号汇兑总金额约为8.2亿两白银,约相当于当时清政府年度财政总收入的10倍。

钱庄起源于江南,是以兑换银钱为主,它是中国封建社会后期因货币的兑换而产生的一种信用机构,其中上海钱庄在江南最具代表性。从19世纪鸦片战争后上海开埠到20世纪初,随着中外交往日渐频繁,上海的商品经济得到了迅猛的发展。钱庄业在上海经济快速发展的过程中起到了举足轻重的作用,并为日后上海成为中国的金融中心奠定了坚实的基础。当时钱庄主要分布在上海、南京、杭州、宁波、福州等地。钱庄资本大多来自客户存款,而放款都是信用放款,做活生意。

票号与钱庄的性质、组织和营业范围不同,且可互补。钱庄的性质是兑换,票号是汇兑;钱庄的营业范围一般只限于本地,不在外埠设分店,票号则分号遍布全国各大商埠;票号集中精力经营各地的往来汇兑,把有关地方性质的营业,逐渐让予钱庄。

当时部分钱庄,为保护本身的利益,也仿照票号开办汇兑业务。部分票号除汇兑以外,以后亦经营存款及放款,所以部分票号与钱庄的业务,由于彼此仿效的结果,也有一定的相似性。

2. 票号和钱庄衰败的原因

在近代历史上，钱庄和票号对促进我国经济发展都起过一定积极作用。但票号在20世纪初就绝迹了；钱庄的生命力比较顽强，可也不成规模，基本在中华人民共和国建立后绝迹；当然它与现在的地下钱庄在法律意义上有较大区别。钱庄和票号与银行的相同点在于它们都属于金融机构，不同点是银行的资金规模更大且能提供更多的产品服务。

归纳票号和钱庄衰败的原因有以下几个方面：

第一，外部原因。鸦片战争后，由于资本主义的不断入侵，使中国社会渐渐陷入了半封建半殖民地的深渊，强大的外国金融势力控制着中国的金融市场，左右着资金的吞吐、汇率的涨落和金银的出入。钱庄和票号，作为当时我国的金融象征，规模较小，势力薄弱。外国资本进入，给票号和钱庄业务的发展带来种种阻力和困难，阻断了钱庄与票号由社区型中小型金融服务机构向高度市场化的金融机构的转变。

第二，自身原因。钱庄和票号本身也存在着不少弱点，包括经营的封建保守、没有与时俱进且对外商银行的依赖程度越来越深，导致其抗风险能力的削弱。譬如由于新式银行的设立，票号不能随时代而变化，仅仅将业务局限在汇兑领域，故步自封，最终被外国银行和官办银行逐步侵蚀了作为生存根本的汇兑业务。

3. 炒房团和房地产私募基金

炒房团是在全国房地产市场上进行投资并在一定程度上对商品房价格产生影响的全国各地购房者组成的团队，它具有民间性、盈利性、自主性的特征。炒房团一般由多人或几十人组成，一位或几位操盘。

由于1998年以来，各地房地产价格年年攀升，2008年以后买房贷款比较容易，导致炒房团在我国很多城市大量买房产，他们一般在商品房预售时买入，到交房后转手卖出获利。2002～2008年，"炒房团"非常活跃，其中温州炒房团更是名声大噪。

炒房团从资金募集、投资、管理和退出与房地产基金的"融投管退"具有很多类似点，2008年以来，炒房团气势日下，主要与以下几方面有关：（1）大多数地方限购；（2）各地都限制买房按揭贷款；（3）房产的短期买卖税收重；（4）部分炒房团受到政策影响，出现套牢和大量亏损。虽然炒房团总体上在盈利方面收获很大，但也存在管理不规范和法律界线模糊等问题，而通过房地产私募（股权投资）基金（详见第四章）的运作可以规避多方面风险。

我们对百年前我国"票号和钱庄"没有华丽转身表示遗憾的同时，也对我们目前民间资金与私募（股权投资）基金的结合抱有很大的期望。时代不同了，经过改革开发 40 年，我国的整体经济实力和国际地位与百年前不可同日而语。虽然也存在着各种竞争，但前景一定更加美好。股权投资基金的参与者也将肩负起促进我国金融改革与发展的重任。

三、从"吴英案和曾成杰案及炒房团"谈我国民间融资

吴英，1981 年出生，浙江东阳人，原浙江本色控股集团有限公司法人代表，2007 年 3 月 16 日因涉嫌非法吸收公众存款罪被依法逮捕。2009 年 12 月，被金华市中级人民法院以集资诈骗罪一审判处死刑。2012 年 1 月 18 日，浙江省高级人民法院二审驳回上诉，维持原判并报最高人民法院核准。2012 年 4 月 20 日，最高人民法院未核准吴英死刑，该案发回浙江高院重审。2012 年 5 月 21 日，浙江省高级人民法院作出终审判决，以集资诈骗罪判处吴英死刑，缓期两年执行，剥夺政治权利终身，并处没收其个人全部财产。2018 年 3 月 23 日，浙江省高级人民法院经重审裁定将其的刑罚减为有期徒刑 25 年，剥夺政治权利 10 年。

曾成杰，1958 年出生，湖南新邵人，原湖南三馆房地产开发集团有限公司总裁。2008 年 12 月，曾成杰因涉嫌集资诈骗被逮捕。2013 年 6 月 14 日，最高人民法院维持长沙市中级人民法院一审判决。7 月 12 日，长沙市中级人民法院依法对曾成杰执行死刑。

吴英和曾成杰这两个判决为集资诈骗且判处死刑的案例在全国的司法系统和经济领域等引起了很多争议，本节无意对吴英和曾成杰这两个案例本身作任何量罪评价，但对民间借贷、非法集资和集资诈骗及我国相关法律作一些分析，特别值得关注的是目前法律框架下它们之间的区别。

1. 民间借贷

民间借贷分为民间个人借贷活动和公民与非金融企业之间的借贷。改革开放 40 年来，我国经济社会发展取得了举世瞩目的成就。作为正规金融合理补充的民间借贷，因其手续简便、放款迅速而日趋活跃，借贷规模不断扩大，已成为广大市场主体获得生产、生活资金来源、投资谋取利益的重要渠道。伴随着借贷主体的广泛性和多元化，民间借贷的发展直接导致大量纠纷成讼，人民法院受理案件数量快速增长。2011 年和 2012 年全国法院审结民间借贷纠纷案件分别为 59.4 万件和 72.9 万件，每年两位数增长，到 2018 年审结民间借贷案件已经是 223.6 万件。

目前，民间借贷纠纷已经成为继婚姻家庭之后第二位民事诉讼类型，诉讼标的额逐年上升，引起社会各界广泛关注。

作为市场化融资活动的组成部分，近年来，我国民间借贷融资规模逐年扩大，到

目前已过 5 万亿元（这些民间借贷不包括已经纳入各地金融办监管的小额贷款公司）。

民间融资促进了民营经济的快速发展。越是民营经济发达地区，这种民间融资越活跃，形成了一种良性循环。以江浙为例，那些大大小小的实业和商铺经营，其背后都有民间借贷的影子；部分资金被用以民间借贷，只要拆借资金合法，基本都在熟人之间或通过借贷双方熟悉的介绍人进行，譬如资金链紧张的房地产开发商向其他企业和个人拆借资金的现象普遍存在。

另外从目前我国的金融体制看，民间资本投资渠道极为狭窄，民间资本资源没有得到有效运用；许多民间资金的交易缺乏法律保护，所以蕴藏着很大的风险，譬如民间集资也容易为非法集资者钻空子，导致市场混乱，甚至可能会引起某些不安定现象。

2011 年 1 月 4 日实施的《最高人民法院关于审理非法集资刑事案件具体应用法律若干问题的解释》，从立法目的、适用范围、认定标准、定罪、量刑等方面进行了全面而系统的规定。如何引导民间资金的去向是做好我国市场经济和金融市场的关键之一。在"十二五"规划纲要和国务院关于民间资本 36 条意见中，都明确提出促进和鼓励民间资本进入金融领域的方针，为民间借贷法律地位提供了直接的政策和法律依据。

如果对许多集资行为一律以"非法集资"打击，就可能进一步压缩民间融资渠道，进而扼杀民企的活力。如何给民间资本以更多更好的投资金融的路径，引导民间借贷市场健康发展是一个重要问题。

只要双方当事人意思表示真实即可认定有效，因借贷产生的抵押相应有效。民间借贷是一种直接融资渠道，银行借贷则是一种间接融资渠道。民间借贷是民间资本的一种投资渠道，是民间金融的一种形式。

民间借贷的主要特征如下：

（1）民间借贷是公民与公民之间、公民与法人之间、公民和其他组织之间的借贷。只要双方当事人意思表示真实即可认定有效。

（2）民间借贷是出借人和借款人的合约行为。借贷双方是否形成借贷关系以及借贷数额、借贷标的、借贷期限等取决于借贷双方的书面或口头协议。只要协议内容合法，都是允许的，受到法律的保护。

（3）民间借贷关系成立的前提是借贷物的实际支付。借贷双方间是否形成借贷关系，除对借款标的、数额、偿还期限等内容意思表示一致外，还要求出借人将货币或其他有价证券交付给借款人，这样借贷关系才算正式成立。

（4）民间借贷的标的物必须是属于出借人个人所有或拥有支配权的财产。不属于出借人或出借人没有支配权的财产形成的借贷关系无效，不受法律的保护。

（5）民间借贷可以有偿，也可以无偿，是否有偿由借贷双方约定。只有事先在书面或口头协议中约定有偿的，出借人才能要求借款人在还本时支付利息。

《最高人民法院关于审理民间借贷案件适用法律若干问题的规定》（以下简称《规定》）已于 2015 年 6 月 23 日由最高人民法院审判委员会第 1655 次会议通过，已经公布，并自 2015 年 9 月 1 日起施行。最高院指出"民间借贷案件数量的急剧增长、审理难度系数普遍较高，给当前的民事审判工作带来了前所未有的压力。1991 年我院曾颁布过《最高人民法院关于人民法院审理借贷案件的若干意见》，但因经济社会的变化，许多规定已不能适应发展需要。根据经济社会的发展变化，最高人民法院研究认为，应当尽快制定新的民间借贷司法解释，以回应人民群众对借贷安全和公平正义的追求；回应广大中小微企业对阳光融资和正当投资的渴求；回应人民法院对统一裁判标准和正确适用法律的需求；回应金融市场化改革对形势发展和司法工作的要求。规定所称的民间借贷，是指自然人、法人、其他组织之间及其相互之间进行资金融通的行为。这个界定体现出了民间借贷行为特有的本质和主体范围。从称谓的形式上明晰了与国家金融监管机构间的区别，也从借贷主体的适用范围上与金融机构进行了区分"。

民间借贷的资金大多属于民间的自有或闲散资金，具有松散性、广泛性的特征。由于借贷关系的双方当事人之间又多有亲属关系或同事、同乡、同学等社会关系，在借贷形式上往往表现出简单性和随意性。不签订书面借款合同或仅仅由借款人出具一张内容简单的借据、收条或欠条的情形较为常见。一旦发生纠纷，借贷双方往往很难举出充分证据证明其主张或抗辩。在民间借贷纠纷当中，此类案件往往与非法吸收公众存款、集资诈骗、非法经营等案件交织在一起，出现由同一法律事实或相互交叉的两个法律事实引发的、一定程度上交织在一起的刑事案件和民事案件，即民刑交叉案件。

最高院对于企业之间的民间借贷应当给予有条件的认可。这几十年来民间借贷的主体发生了很大的变化，以前民间借贷的主体几乎都是自然人，以前在计划经济时代很少有企业借贷的，在改革开放特别是 1993 年之后，借贷的主体逐渐从自然人之间的借贷、自然人与企业之间的借贷发展到企业与企业之间的借贷，主体变化很多，甚至发展到企业的负责人以自然人的身份借贷，借贷以后又用于企业，这样的情况非常复杂。企业与企业之间的借贷已经非常普遍，以前借贷是不合法的，但是变着花样来借贷这种情况非常多，怎样来规范企业之间的借贷，也是我们必须要着重考虑的一个问题。本司法解释为此规定：企业为了生产经营的需要而相互拆借资金，司法应当予以保护。这一规定不仅有利于维护企业自主经营、保护企业法人人格完整，而且有利于缓解企业"融资难""融资贵"等顽疾，满足企业自身经营的需要；不仅有利于规范民间借贷市场有序运行，促进国家经济稳健发展，而且有利于统一裁判标准，规范民事审判尺度。正常的企业间借贷一般是为解决资金困难或生产急需偶然为之，但不能以此为常态、常业。作为生产经营型企业，如果以经常放贷为主要业务，或者以此作为其主要收入来源，则有可能导致该企业的性质发生变异，质变为未经金融监管部门批准从事专门放贷业务的金融机构。生产经营型企业从事经常性放贷业务，必然严重扰乱金融秩序，造成金融监管紊乱。

《规定》具体列举了民间借贷合同应当被认定为无效的情形，包括：

（1）套取金融机构信贷资金又高利转贷给借款人，且借款人事先知道或者应当知道的；

（2）以向其他企业借贷或者向本单位职工集资取得的资金又转贷给借款人牟利，且借款人事先知道或者应当知道的；

（3）出借人事先知道或者应当知道借款人借款用于违法犯罪活动仍然提供借款的；

（4）违背社会公序良俗的；

（5）其他违反法律、行政法规效力强制性规定的。

《规定》有关民间借贷利率和利息的内容主要包括：

（1）借贷双方没有约定利息，或者自然人之间借贷对利息约定不明，出借人无权主张借款人支付借期内利息；

（2）借贷双方约定的利率未超过年利率24%（注：之前规定的是利率不得超过人民银行规定的相关利率即银行同期贷款利率的4倍），出借人有权请求借款人按照约定的利率支付利息，但如果借贷双方约定的利率超过年利率的36%，则超过年利率36%部分的利息应当被认定无效，借款人有权请求出借人返还已支付的超过年利率36%部分的利息；

（3）预先在本金中扣除利息的，人民法院应当按照实际出借的金额认定为本金；

（4）除借贷双方另有约定的外，借款人可以提前偿还借款，并按照实际借款期间计算利息。此外，这一部分还对逾期利率、自愿给付利息以及复利等问题作了规定。

2. P2P和众筹

近年来P2P和众筹逐渐被大家了解，发展很快；应该说国家还是鼓励和支持其健康发展的。P2P，翻译自英文Peer to Peer，指个人与个人之间的借贷，而P2P理财是指以公司为中介机构，把借贷双方对接起来实现各自的借贷需求。借款方可以是无抵押贷款或是有抵押贷款。而中介一般是收取双方或单方的手续费为盈利目的或者是挣钱一定息差为盈利目的的新型理财模式。P2P提供交易双方债权的平台服务，很多P2P的业务都与房地产有关，譬如以个人房产做抵押担保来融资。

2013年以来，P2P网络借贷出现井喷式发展，在一年之内由最初的几十家增长到几千家，从而不仅实现了数量上的增长，借贷种类和方式也得到扩张，业务发展迅速，规模已超过万亿。同时产生了平台角色复杂、监管主体缺位、信用系统缺乏等新问题，按照2015年9月1日起施行《最高人民法院关于审理民间借贷案件适用法律若干问题的规定》中条款内容，借贷双方通过 P2P 网贷平台形成借贷关系，网络贷款平台的提供者仅提供媒介服务，则不承担担保责任，如果 P2P 网贷平台的提供者通过网页、广告或者其他媒介明示或者有其他证据证明其为借贷提供担保，根据出借人的请求，人民法院可以判决 P2P 网贷平台的提供者承担担保责任。有关领导也多次指出 P2P 网络借贷平台作为一种新兴金融业态，在鼓励其创新发展的同时，主要需弄明白四点，一是要明确这个平台的中介性质；二是要明确平台本身不得提供担保；三是不得将归集资金做资金池；四是不得非法吸收公众资金。

为鼓励金融创新，促进互联网金融健康发展，明确监管责任，规范市场秩序，中国人民银行、工业和信息化部、公安部、财政部、国家工商总局、国务院法制办、中国银行业监督管理委员会、中国证券监督管理委员会、中国保险监督管理委员会、国家互联网信息办公室在 2015 年 7 月 18 日联合印发了《关于促进互联网金融健康发展的指导意见》（银发〔2015〕221 号）。《指导意见》按照"依法监管、适度监管、分类监管、协同监管、创新监管"的原则，确立了互联网支付、网络借贷、股权众筹融资、互联网基金销售、互联网保险、互联网信托和互联网消费金融等互联网金融主要业态的监管职责分工，落实了监管责任，明确了业务边界。各相关部门将按照《指导意见》的职责分工，认真贯彻落实《指导意见》的各项要求；互联网金融行业从业机构应按照《指导意见》的相关规定，依法合规开展各项经营活动。互联网金融本质仍属于金融，没有改变金融风险隐蔽性、传染性、广泛性和突发性的特点。加强互联网金融监管，是促进互联网金融健康发展的内在要求。同时，互联网金融是新生事物和新兴业态，要制定适度宽松的监管政策，为互联网金融创新留有余地和空间。通过鼓励创新和加强监管相互支撑，促进互联网金融健康发展，更好地服务实体经济。

有报道截至 2018 年，全国共有网络小贷公司超过 8000 家，其中不少网络小贷公司出现了跑路和难以持续的问题，e 租宝等多家百亿级事件陆续发生更是将事态推到了风口浪尖。2017 年以来，国家对网贷公司和行业也有了更加严厉的监管。譬如 2017 年 11 月 21 日，互金办发出特急通知：要求立即暂停批设网络小贷公司，通知称，近年来，有些地区陆续批设了网络小额贷款公司或允许小额贷款公司开展网络小额贷款业务，部分机构开展的"现金贷"业务存在较大风险隐患。为贯彻落实国务院领导同志批示精神，下发该文件。通知表示，2017 年 11 月 21 日起，各级小额贷款公司监管部门一律不得批设网络（互联网）小额贷款公司，禁止新增批小额贷款公司跨省（区、市）开展小额贷款业务。预计 9 成以上的网络小贷公司将可能面临转型，甚至关闭。

众筹，翻译自英文 Crowdfunding，即大众筹资或群众筹资，是指用团购 + 预购的形式。众筹利用互联网和 SNS 传播的特性，让小企业、艺术家或个人对公众展示他们的创意，争取大家的关注和支持，进而获得所需的资金援助。现代众筹指通过互联网方式发布筹款项目并募集资金。相对于传统的融资方式，众筹更为开放，能否获得资金也不再是由项目的商业价值作为唯一标准。只要是网友喜欢的项目，都可以通过众筹方式获得项目启动的第一笔资金，为更多小本经营或创作的人提供了无限的可能。

众筹则是产生在网络等新经济成长繁荣的后工业时代，创业者通过微信、微博、互联网等网络工具或者专门的众筹网站发起自己的众筹项目，快速地聚集感兴趣的小伙伴们的资金、智慧和资源，实现快速的崛起，这是一种典型的民间小额资金的融资模式。

股权众筹是基于互联网的融资行为，其特点在于面向小微企业的小额融资。由于所投向的项目或企业多存在着很大的不确定性，这相当于让普通投资者进入风险投资领域。对于它的监管方式和监管原则，中国的管理层一直未有明确表态。为了遵循《公司法》《证券法》的相关规定、避免触犯非法集资的红线，目前的股权众筹项目均是非公开发行，即向特定对象发行证券、合伙企业和有限公司累计不超过 50 人，契约型和股份有限公司累计不超过 200 人。关于股权众筹能否公开发行，隐含着监管理念和监管方式的变化。传统的股票发行主要是基于信息披露和投资者适当性原则，被划分为公募和私募。然而众筹面向的小微、初创企业，进行详尽的信息披露存在某种难度；公开财务信息可能对投资者来说则可能意义有限；单笔小额的特点，保证了投资对应的风险对个体投资人来说在可承受的范围内。

众筹有股权投资性质，金额普遍较小，虽然有个别房企拿出一套房产作为众筹尝试获得成功，那很大程度上属于营销推广，如果其大量通过这种方式出售房产，目前法规方面应该还存在风险。对捐赠类众筹，如运作规范，譬如从事公益慈善，是正当的；但如果，以此实施诈骗行为，就要受到法律制裁。

虽然也有个别房地产企业做了房地产股权众筹的案例，譬如万达的稳赚 1 号，但鉴于国家的众筹相关政策主要是鼓励小微企业融资和房地产预售制度限制等因素，房地产企业或项目要做众筹融资难度较大，但营销型众筹应该还是有市场的。

也有观点认为 P2P 是众筹的一个门类，属于债权类众筹。

3. 非法集资

以上的民间融资、P2P 和众筹等的业务发展过程中也出现了一些非法集资现象或灰色地带；有些是动机不纯，有些是对目前的法律不了解或法规缺失造成的。

为依法惩治非法吸收公众存款、集资诈骗等非法集资犯罪活动，最高人民法院会同中国银行业监督管理委员会等有关单位，研究制定了《关于审理非法集资刑事案件具体应用法律若干问题的解释》，该司法解释自 2011 年 1 月 4 日起施行。非法集资特点如下：

（1）未经有关部门依法批准，包括没有批准权限的部门批准的集资；有审批权限的部门超越权限批准集资，即集资者不具备集资的主体资格。

（2）承诺在一定期限内给出资人还本付息。还本付息的形式除以货币形式为主外，也有实物形式和其他形式。

（3）向社会不特定对象筹集资金。这里"不特定的对象"是指社会公众，而不是指特定少数人。

（4）以合法形式掩盖其非法集资的实质。为掩饰其非法目的，犯罪分子往往与投资人（受害人）签订合同，伪装成正常的生产经营活动，最大限度地实现其骗取资金的最终目的。

其中第三条明确对非法吸收或者变相吸收公众存款，具有下列情形之一的，应当依法追究刑事责任：

（一）个人非法吸收或者变相吸收公众存款，数额在 20 万元以上的，单位非法吸收或者变相吸收公众存款，数额在 100 万元以上的；

（二）个人非法吸收或者变相吸收公众存款对象 30 人以上的，单位非法吸收或者变相吸收公众存款对象 150 人以上的；

（三）个人非法吸收或者变相吸收公众存款，给存款人造成直接经济损失数额在 10 万元以上的，单位非法吸收或者变相吸收公众存款，给存款人造成直接经济损失数额在 50 万元以上的；

（四）造成恶劣社会影响或者其他严重后果的。

具有下列情形之一的，属于刑法第一百七十六条规定的"数额巨大或者有其他严重情节"：

（一）个人非法吸收或者变相吸收公众存款，数额在 100 万元以上的，单位非法吸收或者变相吸收公众存款，数额在 500 万元以上的；

（二）个人非法吸收或者变相吸收公众存款对象 100 人以上的，单位非法吸收或者变相吸收公众存款对象 500 人以上的；

（三）个人非法吸收或者变相吸收公众存款，给存款人造成直接经济损失数额在 50 万元以上的，单位非法吸收或者变相吸收公众存款，给存款人造成直接经济损失数额在 250 万元以上的；

（四）造成特别恶劣社会影响或者其他特别严重后果的。

非法吸收或者变相吸收公众存款的数额，以行为人所吸收的资金全额计算。案发前后已归还的数额，可以作为量刑情节酌情考虑。

非法吸收或者变相吸收公众存款，主要用于正常的生产经营活动，能够及时清退所吸收资金，可以免予刑事处罚；情节显著轻微的，不作为犯罪处理。

4. 集资诈骗

集资诈骗罪在 1979 年刑法中没有规定，1995 年 6 月 30 日全国人大常委会通过了《关于惩治破坏金融秩序犯罪的决定》，其中第八条规定了集资诈骗罪，1997 年新刑法予以采纳，有人将本罪罪名定为集资欺诈罪或非法集资诈骗罪，最高人民法院《关于执行〈中华人民共和国刑法〉确定罪名的规定》中，将本罪定为集资诈骗罪。

集资诈骗罪是指以非法占有为目的，违反有关金融法律、法规的规定，使用诈骗方法进行非法集资，扰乱国家正常金融秩序，侵犯公私财产所有权，且数额较大的行为。集资诈骗罪中的"非法占有"应理解为"非法所有"。从这一概念可以看出本罪是目的犯、法定犯、数额犯、结果犯。本罪的主体是一般主体，任何达到刑事责任年龄、具有刑事责任能力的自然人均可构成本罪。单位也可以成为本罪主体。在通常情况下，这种目的具体表现为将非法募集的资金的所有权转归自己所有，或任意挥霍，或占有资金后携款潜逃等。

关于此罪罪状的表述，有人认为颠倒了行为目的与行为手段，易与欺诈发行股票、债券罪和擅自发行股票、债券罪混淆，因为这两罪都是以欺诈方式进行的集资犯罪，故宜表述为"以集资的方法进行诈骗"为妥。很多专家认为"使用诈骗方法进行非法集资"或"以非法集资方法进行诈骗"二者表述的意思是一致的。

随着我国改革开放的深入和经济的发展，集资诈骗犯罪数额也特别巨大，动辄几百万、几千万甚至上亿，对我国的金融管理秩序造成了重大影响，司法实践中不断出现新问题。

《关于审理非法集资刑事案件具体应用法律若干问题的解释》中第四条明确如下：以非法占有为目的，使用诈骗方法实施本解释第二条规定所列行为的，应当依照刑法第一百九十二条的规定，以集资诈骗罪定罪处罚。

使用诈骗方法非法集资，具有下列情形之一的，可以认定为"以非法占有为目的"：

（一）集资后不用于生产经营活动或者用于生产经营活动与筹集资金规模明显不成比例，致使集资款不能返还的；

（二）肆意挥霍集资款，致使集资款不能返还的；

（三）携带集资款逃匿的；

（四）将集资款用于违法犯罪活动的；

（五）抽逃、转移资金、隐匿财产，逃避返还资金的；

（六）隐匿、销毁账目，或者搞假破产、假倒闭，逃避返还资金的；

（七）拒不交代资金去向，逃避返还资金的；

（八）其他可以认定非法占有目的的情形。

集资诈骗罪中的非法占有目的，应当区分情形进行具体认定。行为人部分非法集资行为具有非法占有目的的，对该部分非法集资行为所涉集资款以集资诈骗罪定罪处罚；非法集资共同犯罪中部分行为人具有非法占有目的，其他行为人没有非法占有集资款的共同故意和行为的，对具有非法占有目的的行为人以集资诈骗罪定罪处罚。

其中第五条明确如下：对个人进行集资诈骗，数额在 10 万元以上的，应当认定为"数额较大"；数额在 30 万元以上的，应当认定为"数额巨大"；数额在 100 万元以上的，应当认定为"数额特别巨大"。单位进行集资诈骗，数额在 50 万元以上的，应当认定为"数额较大"；数额在 150 万元以上的，应当认定为"数额巨大"；数额在 500 万元以上的，应当认定为"数额特别巨大"。集资诈骗的数额以行为人实际骗取的数额计算，案发前已归还的数额应予扣除。行为人为实施集资诈骗活动而支付的广告费、中介费、手续费、回扣，或者用于行贿、赠与等费用，不予扣除。行为人为实施集资诈骗活动而支付的利息，除本金未归还可予折抵本金以外，应当计入诈骗数额。

在实践中，我们要注意以下两点：一是不能仅凭较大数额的集资款不能返还的结果，推定行为人具有非法占有的目的；二是行为人将大部分资金用于投资或生产经营活动，而将少量资金用于个人消费或者挥霍的，不应仅以此便认定具有非法占有目的。

由于中国刑法规定较为原则和概括，又无具体而详尽的司法解释，但在实践中此类犯罪的认定和处理上常发生困难和疑惑。特别在犯罪目的的认识上存在较大的分歧，从而影响到对这类犯罪的惩处，但一般还是有以下共识：

（1）有无欺骗手段。集资人在集资过程中是否有虚构事实或隐瞒真相。例如，在集资过程中，行为人伪造、编造证件等，因而自然就无法履行还款，这种情况应视为行为人具有非法占有动机。

（2）资金流向包括是否有明确的投资标的物。

（3）是否自己挥霍了。

（4）是否按期归还了。

5. 法律法规需要与时俱进

目前我国民间融资及相关方面的法律法规不完善，已经给民间融资的健康发展带来了很多困惑和相当的负面影响。

随着我国改革开放的不断深入，民间资金直接参与各类经济活动也越来越受到政府鼓励，对国家金融和经济发展的作用将越来越大，但由于我国相关法律法规较为原则和概括，很多方面又无具体而详尽的司法解释，在相关认识上存在较大的分歧。譬如对于民间借贷和非法集资的定义还是不够明确，且有些正常的民间借贷也容易归入非法集资，甚至有些专家称这些相关的法律法规为"恶法"，这些分歧也造成了很多法律界人士的困惑。因此尽快制定适合中国国情的相关法规，已成为推进我国民间融资健康发展的重要环节。

四、从《闪婚》看基金投资和管理

2011 年 4 月以来，由著名编剧王静茹和金牌导演王小康联袂打造的国内首部诠释"闪婚"现象的家庭伦理电视连续剧《闪婚》，陆续在各地开播不久便引起了广泛关注，收视率一路看涨。

很长一段时间以来，"闪婚"话题已登上了诸多门户网站的调查排行榜，随着电视剧《闪婚》的出现，"你是否赞同闪婚"成了不少观众热议的话题。闪婚到闪离的人数也在增加，有些人的婚姻只维持了短短数月甚至数周。《闪婚》其实告诉我们不管什么样的爱情和婚姻，人与人之间如果缺乏互相理解与宽容，遇事就会出现误解，最终成为悲剧产生的根源

近来有关闪婚的报道比较多，特别是名人的闪婚更是引起较大轰动，结局会是怎样呢？闪婚与股权投资基金管理有何关联？原因是股权投资（私募）基金管理绝对不允许闪婚，无论结局是悲还是喜。

1. 如何对待"一见钟情"——投资的责任

首先要承认：每个基金管理人都有不尽相同的投资原则和理念。投资方与融资方就好比一对年青男女，作为资金管理者的投资方（基金公司）时常也会对融资方的一个项目"一见钟情"，但其必须保持冷静；一定要仔细和深入地作研究，包括长则几个月短则几个星期的"尽职调查"，而且需要包括有独立的律师和会计师及其他咨询顾问的意见。

如果融资方强烈要求"太快"作出投资决策，那只有对此项目说抱歉了。

好的投资管理人投资的原则应该包括：如果时间太仓促，宁愿放弃看似好的机会；因为放弃一个好机会，以后应该还会有；但万一是个陷阱，几个好的投资项目的利润很可能不及一个项目的损失；而且声誉会受到很大负面影响。

2. 从谈恋爱到结婚需要时间磨合——尽职调查

从初步接触到投资协议签署，房地产私募基金投资企业流程有六大步骤：

（1）获得信息，初步了解和筛选。

（2）与企业初步接触。核实多种渠道获得的有关信息；要求拟融资企业提供项目材料，对项目进行初步调查，提出初审意见并初步达成意向，内容包括基本价格、付

款方式和交易结构等。

（3）基金公司与拟融资企业签署保密协议；基金公司接受拟融资企业的商业计划书。

（4）项目立项并尽职调查。在对拟融资企业进一步调查研究后，可以进行尽职调查。立项批准后，项目投资经理对项目进行尽职调查，撰写《尽职调查报告》。尽职调查一般需要 10 ~ 30 个工作日或者更长时间。

（5）投资决策委员会审查。投资项目由投资决策委员会按照议事规则进行决策，一般简单多数通过即可，重大投资项目要经董事会讨论通过。

（6）签订投资协议。项目经决策委员会或者董事会批准后，双方拟融资企业签订《投资协议》。

尽职调查的范围一般包括：公司基本情况、发展历史及结构；管理团队背景；公司治理结构及管理状况；产品和技术；业务流程和业务资源；行业及市场；财务报表的核实；资产负债状况；经营状况及其变动；盈利预测的核查；潜在的法律纠纷；发展规划及其可行性。

一般说来，基金管理企业都需要对其管理基金依据不同属性（不同行业）制定相应的投资管理流程，这不仅是防控风险之需，即通过严格的流程控制将投资风险降到最低，而且也是私募股权基金向投资人展现科学的投资流程，取得投资人更多支持和信任的渠道。同时，完善的投资管理流程也能帮助基金管理团队掌握项目的时间节点，从而提高整个基金运作的效率。

运营过程中坚持科学的流程和透明度是基本点。譬如有的基金基本是采取先有基金再找项目的运营模式，来规避由于资金到位时项目还没有完全落实的情况，基金在募集的时候就采取了国际上规范的"承诺制"，即各位合伙人先交纳自己投资总额的一定比例（譬如20%）给托管银行，其他资金根据项目要求，基金经理提前一定时间通知投资者。与此同时，对一些特殊项目，也可以采取先签订项目意向书再找基金的方式；无论哪种方式，投资流程中的绝大部分程序和关键节点是一样的。

3. 结婚不仅仅是两个人的事情——多个主体

不要一下子陷入爱情的漩涡，爱情本来就不是理性的行为，所以在爱情的前面要理性。谈恋爱的时候是两个人，一旦结婚，那真像是两个家庭结婚。结婚是人一生的大事，结婚不仅是两个人的事情，结婚是三个家庭的事情。

私募基金（以合伙制为例）设立后，实质上包含以下法律关系需要专业律师提供服务。

（1）管理人（普通合伙人）设立的基金管理公司的运作。这其实也属于律师给管理公司提供公司法律服务，包括公司治理结构和规章制度、公司的法律风险管理、有关会议和谈判的出席等。如私募股权基金在对外进行投资时，亦需要律师帮助基金管理公司制作相关的投资合同，对拟投资目标企业的主体资格、资产和财务状况、公司治理结构和规章制度、债权债务状况、有无诉讼纠纷等方面进行全方位的尽职调查，并出具相应的法律意见书。

（2）基于普通合伙人与有限合伙人（投资人）的合伙协议为基础的民事法律关系。普通合伙人与有限合伙人双方根据协议的约定，建立风险控制机制和投资管理机制等，如投资人（有限合伙人）的资格及法律地位，管理人（普通合伙人）的经营权、决策权的运用，有限合伙人的退出等。

（3）基金管理人与被投资人（项目方）的法律关系，此时需要关注的重要问题就是双方签订协议后的履行中的问题。由于出资人将钱给了普通合伙人，普通合伙人又把钱给了投入的项目公司，将来最可能会产生的诉讼是：基金管理公司与被投资企业之间的诉讼，以及基金管理人（普通合伙人）与投资人（有限合伙人）之间的诉讼。

4."婚前"协议必不可少——多份协议

虽然中国人没有签订婚前协议的习俗，但目前有些人已经开始接受；婚前协议是指将要结婚的男女双方为结婚而签订的、于婚后生效的具有法定约束力的书面协议。制定婚前协议的主要目的是对双方各自的财产和债务范围以及权利归属等问题实现作出约定，以免将来离婚或一方死亡时产生争议。婚前财产范围比较广，既可以是房屋、车辆、工资、奖金，也包括知识产权的收益、继承或赠与所得的财产、股票、股权等。

投资流程和需要签署的主要协议。拥有较为完善的基金投资流程往往是基金成立和运作的重要前提，以下是一个基金的投资流程案例，其中基本概括了基金运作的投资流程和可能需要签署的主要协议，包括《合伙协议》《资金管理协议》《项目股权回购协议》《基金三方托管协议》《保密协议》《投资主协议》和《项目股权转让协议》等。

五、我国房地产业发展回顾和展望

1. 国民经济周期和房地产周期

虽然我国的改革开放从 1978 年就开始,但房地产市场起步较晚。以一些大城市(我国是个大国，各地房地产市场发展情况会有不同) 为例，即从 20 世纪 80 年代末开始启动，经历了 1992 ~ 1993 年的高峰，和 1996 ~ 1998 年的低峰，从 1999 年开始又一波上涨。从 2002 年至今，世界经济和金融形势都发生了较大的变化，由于美国次贷危机和世界金融危机的影响，我国房地产市场在很大程度上也经历了从 2002 ~ 2007 年间的形势大好到 2008 年的哀嚎遍野，从 2009 年的绝地反弹到 2010 年的喜形于色，从

2011 年的犹豫观望再到 2012 年和 2013 年的较快发展和行业整合，而一入 2014 年又陷入空前的悲观之中，2016 ～ 2018 年上半年又出现全国很多城市量价大升的情况；又有悖于政府"房住不炒"理念和"长效机制"的建立；随着调控力度的加大，2018 年下半年和 2019 年上半年又出现了不同的市场情况和观点。面对这些问题，不但说明房地产确实存在一定的周期性和波动性，而且对我国未来房地产行业存在很大的挑战。

我国房地产开发和投资的种类及领域也从以前的比较单一的住宅，发展到目前住宅、商业、办公楼、宾馆旅游、工业房地产等齐头并进，甚至出现了很多细分市场，譬如养老地产、文化地产、新型科技园区等。未来，我国房地产行业的发展趋势会包括多元化、集中化、资产化和金融化等。

从全球百年以上的房地产市场来看，房地产市场发展是有一定的周期性的，虽然每次周期的时间和波幅不同，但确实是存在的。中国房地产市场 20 多年来的表现，虽然房地产市场总体发展迅速，但这也证明了中国的房地产市场也存在上升和下降的周期性规律。既然房地产市场有其周期性，它的发展是那些影响房地产市场的因素与政府的措施共同作用的结果，所以就不能将房地产市场从整个国民经济中分割出来讨论。

正如在 1987 年 8 月 ～ 2006 年 1 月担任美联储主席，先后经历里根、老布什、克林顿和小布什四位总统，对华尔街、美国经济乃至世界经济影响深远的前美国联邦储备银行主席格林斯潘在 2002 年 11 月 13 日美国国会联合经济委员会听证会上指出的：

"当人们的其他资产有了较大的减少，而从房地产中贷款出的资金已经对美国的消费市场起了很大的支持作用，如果这种情况没有发生，当人们的资产有了较大的减少的同时，美国的经济活动可能会更加脆弱。"

美国次贷危机在 2007 年中爆发后，有很多学者认为，格林斯潘时代的美联储应该对造成信贷市场的泡沫负责。2003 年中期，美联储将基准利率降到 1%，并维持长达一年之久，催生了房地产市场的泡沫，而现在的困境只不过是那些泡沫的破裂罢了。有专家谴责美联储在 2002 ～ 2006 年期间采取了过分宽松的政策。格林斯潘的回忆录《动荡岁月：一个新世界里的历险记》中似乎在为自己辩护，他写道"即便我们可能因通过降低利率而催生我们最终必须承担的某种通胀泡沫，不过我们愿意这样做。那是正确的决策"。

2008 年 10 月 23 日，格林斯潘在国会作证时说，住房价格稳定是目前金融危机终结的一个必要条件，但这可能是"未来很多个月"都不会发生的事情。当房价最终稳定时，市场就会开始解冻，投资者将尝试重新进行较高风险的投资。在此之前，政府采取积极大胆的措施支持金融市场是正确的做法。他认为，国会 2008 年 10 月初批准的 7000 亿美元金融救援方案"足以满足需要"，这个方案已经开始对市场产生影响。

有批评者将目前的金融危机归咎于他在 2000 年以后长时间维持低利率水平，促使住房市场出现了不可能持续的高度繁荣，而美联储同时也未能对发行包括次贷在内的新型住房抵押贷款产品很好地行使监管职权。格林斯潘在同一天作证时没有明确地回应这种批评。但他承认自己错误地认为银行会出于自身利益考虑在放贷时谨小慎微。他也承认自己错误地解读了住房市场的繁荣，对"住房市场不可持续的投机泡沫破裂对经济造成的伤害"估计不足。格林斯潘说，当时过于热切的投资者对房价一旦不再上涨可能出现的严重后果没有作适当的考虑，从而导致了次贷市场崩溃。格林斯潘承认，自由市场理论"有缺陷"，无拘无束的自由市场并不一定是良好经济的根基。格林斯潘对这个缺陷感到"震惊"，因为 40 多年来，他一直认为有确凿证据证明这种理论的效果非常好。格林斯潘还称，银行自我调节能力的全面崩溃令他"万分震惊、难以置信"。他还提醒人们关注这场危机的经济影响，称"真不知道我们怎么能避免裁员和失业人数大增"。

美国两大房贷巨头房利美和房地美，在 2008 年金融危机期间，股价暴跌了 90%。当年为挽救"两房"，美国政府将"两房"国有化，并注入资金近 2000 亿美元，美国政府也拟订了苛刻的救助条件，原先股东权益被大幅剥夺，"两房"收益绝大部分归美国政府。据统计，自国有化以来，"两房"已上缴政府近 3000 亿美元，远远超过当年政府的投入。

这也说明房地产、金融和经济是相互关联和作用并有周期性的特点，如果处理得当，国家整体经济情况会从中受益。与房地产市场有关的经济主要特点是：经济发展并不是与房地产市场发展完全一致，而是不断地从增长期到停滞期（有时甚至下降）之间反复摆动并相互关联；这种经济活动的上下波动就称作经济周期。不过，首先，我们有必要仔细观察决定经济周期走势的关键经济因素，这些因素包括利息率、失业率、商业投资水平、个人消费量和政府政策、当前财政状况、主要贸易伙伴的经济健康状况、通货膨胀率以及消费者和商业信心，这些都是影响经济增长水平的关键因素，并且很大方面可以通过国民生产总值的变化得到证实；国内生产总值可以衡量在某一特定时间（通常为一年）的经济活动水平，这些关键的经济指标及其他们各自的影响和这些变因内部都是相互联系的。

由国民生产总值反映出经济活动的增长和收缩的经济活动称为经济周期。其中下降就相当于收缩，上升相当于增长状态。房地产市场也类似于一种周期性的运动。譬如说，在住房的高利息率，实际收入的减少以及高位房价这些主要因素的影响下，房地产市场会呈现下降趋势。1999 ~ 2007 年极为稳固的经济增长水平而利息率与通货膨胀在低水平，健康的消费与投资情绪推动就业率的提高，也使得家庭收入有了实际增长，刺激人们的买房欲望。换言之，一个国家的房地产市场与它运转周期的健康状况很大程度上是由它的人口与经济状况决定的；不过，有时候这些决定因素会被房地产的供过于求或供不应求的现象掩盖。因此，对房地产投资者来说，了解它们之间的联系是非常重要的。

在典型的经济周期的复苏期内，宽松的货币政策（不断降低的利息率）以及财政政策的延伸（即通过增加政策花费，扩大财政赤字）一般都会提高消费者和企业的信心，从而扩大商业投资，进而加大消费者的开销。开发与建筑公司以及零售业通常也有先期引导作用，它将直接导致就业机会的增加。1999～2003 年，前所未有的低利息，低通货膨胀率，房地产投资额和在建房产量的增长，这些都是促使中国经济的高速发展的原因之一。现在，读者能认真地关注经济与房地产市场健康状况的影响。任何时刻影响经济活动水平的因素，都是影响中国经济增长水平的关键因素，并且已通过国民生产总值的变化得到证实。在某一特定时间（通常为一年），国内生产总值可以衡量经济活动水平。

因此，房地产在中长期内实现了通货膨胀产生的利润以及实际的资金回报；不幸的是，这种循环周期并不是像它呈现出来的那么容易或准确。对高潮期起促进作用的因素在有时候并不怎么明显或清楚；在下降期与停滞期也是同样的情形。就是说，上升和高潮期与下降和停滞期之间的差异并不总是如前文介绍的那样清楚明显。BIS Shrapnel 在其房地产市场循环周期对投资者的影响的研究中指出：冒险性投资活动是极为不稳定的。它必须有投资资金流入社会才会促使投资达到高潮。在高潮期中活动越高，就使得住房出现供过于求的现象，因此在撤出资金的时候就不可避免地引起下降趋势。高峰期起伏的越厉害随之产生的下降幅度也就越多，而随后的高潮越能达到的程度也就越高。

经济环境与不断变化的人口既可作为当前周期运动的补充，也可能会减弱周期运动。同时可能因为其他投资产品有更大诱惑力、拥有住房所有权需成本的增加和高等教育的普及以及传统主要生活方式的延迟，例如晚婚或许多其他社会经济动力，现在越来越多的 35 岁以下的单身倾向于租房居住。所以房地产市场的循环周期（它是不断幅度而且费时的）受到经济因素的直接影响，譬如利息率、失业率、可用资金、实际收入的不断变化、经济增长率、转向其他投资产品、有关住房投资的税收政策、政府补助金、住房储量的供过于求、住房储量的供过于求与供应不求以及住房的目前价格与预期价格。人口因素也可能是运转周期的一个主要方面。例如，北京和上海移民是居住住宅循环周期的关键推动力。所有的市场都受到这些经济与人口变因的影响，而这些因素的变化幅度又决定着消费者和公司的信心度。

在了解了以上几个方面后，同时特别应该注意的是尽管随着我国经济各方面越来越市场化，但是房地产市场也就是发展了 20 多年，而其中政府的政策对房地产周期产生了巨大的影响，1992～1993 年的一次房地产建设高潮与 1992 年邓小平南方谈话和中共十四大关于建立社会主义市场经济体制的重大决定公布有直接关系，而 1999 年启动的新一轮房地产建设高潮和住宅消费市场的启动，一个主要原因是受国务院明确提出 1998 年以后停止住房实物分配，实行货币分房的一系列新政策的影响。所以，目前我们在研究中国房地产周期时国家的房地产及相关政策（包括金融政策等）对其作用和影响至关重要。譬如 2016 年以来，国家提倡"住房不炒和租购并举"和 2018 年 7 月提出的遏制房价上涨，这将对未来很多年的房地产市场发展产生较大影响。

以下是研究房地产周期 4 个要点：

（1）房地产市场的周期表现在需求市场（使用者的需求）的快速变化与相对时间长的房地产新供应的产生（的矛盾）。

（2）有限的房地产表现的历史资料使房地产周期研究受到限制，时常出现由于不同来源的房地产，建筑和施工数据资料使得研究结果相互矛盾。

（3）普遍认同的观点是房地产周期有 4 个清晰模式的独特阶段组成，它们是恢复、扩张、收缩和衰退。

（4）长期来看，房价呈波浪形上升，上升时期要大于下降时期。

长期以来，我国大多数房地产企业对商业银行贷款过度依赖，即商业银行贷款成为房地产开发资金的主要来源，造成房地产贷款的风险与商业银行在资本市场中的角色不相吻合。

随着全球次贷危机的警示和我国近年来房价的快速上涨，国家对房地产业的宏观调控日益增强，各种调控措施纷至沓来，使我国的房地产企业在资本市场融资难度加大许多，部分房地产企业陷入了资金方面的困境，其再开发能力受到了极大的限制。

其次，中国房地产市场发展到现在，越来越成了资本大鳄的竞技场。当前由于土地、设计施工、市场营销等方面成本不断上升，国内一、二线城市房地产优质项目逐渐向资金来源丰富的大型房地产开发企业倾斜；一些上市公司、金融控股公司、国有大型公司、民营实业财团纷纷投资房地产市场。大企业的进入和土地门槛的提高，越来越挤压了中小房地产商的生存空间，这些问题都对中小房地产企业的发展提出了越来越高的要求。

与此同时，国家对商业土地的控制日趋严格，土地取得的难度日益加大。这必然会导致一部分中小型房地产开发企业失去市场优势，而实力较强的房地产企业则会进行规模化扩张。房地产业并购的时代俨然来临。

房地产、金融和经济是相互关联和作用的，如果处理得当，国家整体经济情况会从中受益。与房地产市场有关的经济主要特点是：经济发展并不是与房地产市场发展完全一致的，而是不断地从增长期到停滞期（有时甚至下降）之间反复摆动并相互关联，这种经济活动的上下波动就称作经济周期。不过，首先，我们有必要仔细观察决定经济周期走势的关键经济因素，其中这些因素包括利率、失业率、商业投资水平、个人消费、政府政策、当前财政状况、主要贸易伙伴的经济健康状况、通货膨胀率以及消费者和商业信心等，这些都是影响经济增长水平的关键因素，并且很大程度可以通过国民生产总值的变化得到证实，国内生产总值可以衡量在某一特定时间（通常为一年）的经济活动水平。这些关键的经济指标及其它们各自的影响和这些变因内部都是相互联系的。此外，这些因素还将对购买自住或投资房产花费的时间产生非常大的影响。

2. 城镇化与房地产

衡量城镇化进程的一个最主要的标志是农民转变为市民的规模。近十年来，中国城镇化进程发展较快，城镇化率每年大约提高1%，并在2011年首次超过50%，预计到2020年，中国城镇化率将超过60%。按照人均30平方米的住房需求测算，这将为房地产市场带来巨大的需求。值得一提的是按照户籍人口计算我国目前城镇化率仅是36%，这说明我国城镇化发展质量还不够好或还存在很大的发展空间。

城镇化意味着农业人口不断进入城市，粮食安全必须保障，所以离不开农业现代化；加快城镇化离不开房地产行业的平稳健康发展；既要重视中小城市和小城镇建设，也要重视培育新的城市群；作为实现全面建设小康社会的实践中占据越来越重要地位的城镇化也为房地产行业带来了巨大机遇。

从宏观的角度来讲，我国住宅房地产业发展由以下因素决定：

（1）人口因素：人口数量、省市间移民、各年龄阶层的分布和家庭组成情况的不同比例。譬如我们应该注意虽然我国总体人口还在上升，但后继乏力；虽然80后的人口总数是2.28亿人，但90后的人口总数是1.74亿人，比80后少了0.5亿人。00后的人口总数仅有1.47亿人，比80后少了将近1亿人了。

（2）经济因素：包括目前和未来工资水平、利率的水平和浮动方向、融资的可能性、对当地或本国经济乃至国外经济的敏感程度（如在亚洲金融危机之后几年里公寓市场的国外投资者锐减）、商业活动层次、就业的增长情况和总体的信心水平。经济增长、利率的趋势和融资方式（这对开发商和有兴趣购买其他房产的卖房者都很重要，举例来讲：一些银行不贷款给小于50平方米和低于一定金额的老公房，这同样会给卖方、买方和投资者带来忧虑）；考虑到对未来的预期，收益和资金增值趋势的变化；总体的信心（这种信心基于国内经济状况、通货膨胀、就业情况、人民币的汇率变化和地位、中国以及国外股市的健康程度）。

（3）政府因素：包括中央的（譬如：税收，外商投资指导方向）和地方的（譬如：基础建设支出、中低价房的供应量和租赁辅助方案）。

（4）投资因素：潜在的投资者会考虑类似的资金支出和相应的风险因素来评价其他投资品种的回报。譬如股市的不稳定会驱使一些惧怕风险的投资者进入房地产领域。举例来说，如果其他投资的回报证明更具有吸引力，那么房地产的开发将会减少。

3. 房地产多元化和集中化

过去的十年，是房地产行业的黄金十年：住宅产业的发展，诞生了万科、龙湖等优秀的住宅开发商；商业消费的旺盛，催生了万达、宝龙等专业商业综合体开发商；工业园区的兴起，带动了上海金桥和苏州工业园区等一批工业地产开发商，仔细研究不难发现，房地产发展的轨迹同其他行业的发展存在紧密联系，这就是模式（行业）地产的奥秘所在。

保障房建设还会是住宅房地产开发中的一个重要组成部分。政府也强调了要建立市场配置和政府保障相结合的住房制度，加强保障性住房建设和管理，满足困难家庭基本需求。作为政府公共服务的一项重要职责，加快建立健全以廉租住房制度为重点、多渠道解决城市低收入家庭住房困难的政策体系。其中，城市廉租住房制度是解决低收入家庭住房困难的主要途径，同时明确经济适用房供应对象为城市低收入住房困难家庭，并与廉租住房保障对象衔接。

土地价格趋高；政策对房地产市场宏观调控与行业结构调整；许多地产商必须做好战略调整；房地产行业的发展将呈现以下多个方面的趋势：金融创新、模式地产、低碳绿色。模式地产：未来十年，中国的行业大发展将会集中在商业、工业、旅游、养生养老、文化、教育、农业等领域。

政府在出让土地时就以国家规定对土地性质有了明确界定，这样也就对土地上的房产有了明确的定性。国际上通常将房地产分成 5 大类，即住宅（包括长租公寓）、办公楼、商业（包括综合体和商店）、宾馆和旅游（包括度假村）、工业和物流房产，但其中住宅的总量会占到 60% 以上。以下作简要归纳介绍。

住宅：传统上投资者（开发商）主要从事住宅房地产开发；可以预售，现金流较好；有较好周边设施（商店和娱乐）和公共交通。住宅需求与移民水平、出生率、当地经济活动、买房承受力等密切相关。

商业：目标客户群（商家和买家）；自身定位；地点 [譬如大型商场（中心）一般位于人流大和好的公共交通方便的地方]；工期有长有短；现金流安排等。商场需求与就业、消费者年龄段、生活方式、花费和信心等密切相关。表 1-1 列出了中国大城市商业市场变化，从 80 年代商品缺乏阶段到近些年购物与娱乐和休闲相结合。相对来说，目前商业地产风险较大。

中国大城市商业市场变化   表 1-1

年份	需求主题
1980 年以前	各地区 1 ~ 2 家大商场，加许多小商店
1980 ~ 1990 年	各地区大商场增加，另加许多小商店
1990 ~ 2000 年	大型超市和购物中心出现，包括饭店和电影院等
2000 年以后	购物中心加入娱乐和休闲的功能
2013 年以后	受购物网络冲击，餐饮和娱乐部分增加

从开发商角度看，目前我国商业地产主要盈利模式有四种（表 1-2），目前商业开发商采用的模式主要以"部分持有部分销售"为主，此种模式兼顾了商业地产开发项目两个方面的要求：资金回笼的要求和商业地产本身生存、发展的要求。

商业地产主要盈利模式对比表   表 1-2

模式	优势	劣势	适合类型
整体销售	资金回笼快	售价较低	无招商能力、无经营能力
整体持有	统一经营，享受物业升值	资金沉淀	资金充沛的公司、资产证券化（详见第六章）
散售	资金回笼快	统一经营较难	住宅底商街铺、办公楼底商街铺、专业市场
部分持有部分销售	资金回笼快，可以统一经营	持有部分以 REITs 上市难度加大	资金有限的公司、擅长开发的公司

商业地产未来的几大趋势包括：线下与线上互动，使用互联网 +；商场由"经营商品、经营品牌"转向经营消费者；不同业态之间的复合是未来创新的一大方向；开发商由重资产转向轻重资产并行。

办公楼：目标客户群（使用者）、自身定位、地点（一般位于城市的中心商业区和公共交通方便的地方附近）、工期较长、现金流安排等。办公楼需求与白领就业，譬如金融、保险和房地产业等密切相关。当前不少中小城市办公楼供应量太多，风险加大。

宾馆和旅游：随着我国人民生活水平提高和国家提倡提高内需，我国旅游行业发展形势喜人，国家旅游局统计数据显示，2012 年我国旅游总收入达到近 2 万亿元，旅游业正在进入高速发展阶段。

工业和物流：有良好运输市政设施支持的制造业和仓储业；房地产类型会根据需求而变化（特别是工业市场，譬如工业园区中的总部园区等）；工期不长；可能出现与园区工业厂房的竞争等。工业厂房需求与经济活动（GDP）和出口等密切相关。由于商业地产受到电商的冲击，物流行业蓬勃发展，使得物流地产前景向好。

其他（房地产）包括医院、幼儿园、体育设施、高尔夫球场和运动场等。

展望未来，国家正面临全行业结构调整，房地产行业面临着大的转型，如何在未来的发展中找到下一个十年的地产发展模式，把握行业的趋势，紧扣行业脉搏，分享行业发展带来的丰厚成果是华房系成员和所有清华房地产总裁商会会员单位所应思考的。

未来十年，中国的行业大发展将会集中在旅游、文化、教育、农业等崭新领域，新的地产模式将在这些行业诞生；大型企业具有中小企业所缺乏的品牌效应和规模效应，各类资源进一步向大企业集中，近十年来，中国房地产行业集中化程度在不断增长。

克尔瑞信息显示到 2018 年，TOP100 房企全年的销售金额进一步同比增长 35%，TOP100 各梯队房企销售金额门槛进一步提升；TOP20、TOP30 和 TOP50 房企的门槛增幅都在 44% 左右；2018 年全国千亿房企数量达到 30 家，相比 2016 年、2017 年的 12 家和 17 家有了较大幅的增加。2019 年一季度，各梯队房企的销售金额集中度较去年保持了一定幅度的提升；其中，TOP30 房企集中度近 50%，TOP100 房企集中度达 70.5%。

虽然近些年百强房企占的销售份额越来越大，企业收购也越来越多，但专注和特色中小房企还有大量机会和发展空间。

4. 房地产资产化和金融化

房地产投资和与房地产金融之间，存在着一种相互依存、相互支持和共同发展的密切联系，也称之为良性互动的关系，这是由于双方的特性所决定的。因此，许多人也将房地产金融称为与房地产投资有关的金融活动。房地产作为商品，也同其他各种商品一样，其经营活动的全过程，也是一个资金运行的全过程，因此房地产投资活动的许多方面都需要金融业的支持。

房地产投资会使用大量资金，即房地产投资活动的全过程都要使用大量的资金。另外抵押品是金融贷款活动顺利进行的纽带，而房地产则是很好的抵押品，使得金融业必然会与房地产业结成亲密的伙伴。同时许多银行和金融机构本身也直接和间接拥有许多房地产，它们也是房地产投资的参与者。确实，房地产行业是典型的资金密集型行业，与金融紧密相连。因此，如果能够很好地协调金融与房地产之间的互动关系，使二者相辅相成，必然会对经济增长产生巨大的推动力量。

我国房地产和金融市场中投资和融资产品缺乏；要投资房地产，只能投资房地产实物且过分偏重住宅房地产，而全面的房地产投资领域应该包括住宅、商业、办公楼、宾馆旅游、工业房地产等；这些年我国房地产开发和投资也从以前的比较单一的住宅发展到目前住宅、商业、办公楼、宾馆旅游、工业房地产等齐头并进，甚至出现了很多细分市场，譬如养生养老地产、文化地产、创新创业园区等，这是很好的迹象。

房地产企业融资方面困难也很多，房地产企业过分依赖银行贷款。这些问题与目前我国房地产金融市场结构单一，没有形成完整的房地产金融体系有密切联系；而完整的房地产金融体系，应包括多元化、规范化的房地产投资和金融产品及市场。

事实上，我国房地产市场经历 20 多年的大力发展，目前已到关键阶段；而由美国房地产次贷危机引起的 2008 年全球金融危机和经济危机及其对我国各方面的直接影响，更使得我国房地产市场和金融成为非常突出的问题。如何保持我国房地产市场稳定健康发展已成为当前和今后几年的我国经济发展的关键因素之一。

长期以来，我国的资本市场一直在以一种不太协调的结构发展。譬如一般对房地产公司来说，较好的公司的资本结构中，债务首先占有一定的比例，其次要有短、中和长期债务相结合。债务过高会增加公司的流动性和破产风险；债务过低则表明资金运用效率偏低；而在债务中，短、中和长期债务也要有个适合的比例。相对而言，股权资金过高资金运用效率偏低，股权资金过低存在破产风险。因此，在保证公司财务稳健的情况下，根据公司的类型选择不同比例的股权和债权，有利于公司财务杠杆的良好运用，从而能为公司股东谋求收益最大化。

确实多年来房地产开发公司严重依赖银行贷款，受信贷政策对房地产企业融资的影响大；同时银行贷款时间较短，最长也就是一个项目的周期 3～4 年，这将使很多开发商紧绷的资金链经受不住政策变动的冲击。我国上市房地产企业平均资产负债率为 60% 左右，很多已超过 80%。

我国房地产市场和投资已经与房地产金融密切相关了；但房地产市场和投资相比，目前国内在房地产金融方面的实践和创新都显得较缓慢，包括很少有可操作和突破性的研究；甚至很多专业人士对房地产投资信托基金、房地产私募股权投资基金（或称房地产私募股权基金）、房地产夹层融资和住房抵押贷款证券化等一些基本概念模糊不清。随着我国在房地产业和金融业方面许多问题的暴露，加上市场对更多投资产品的需求以及进入 WTO 金融业的进一步开放等，关于房地产金融方面的许多实践工作和理论研究亟需创新。

这些年来政府也指出：优化资本市场结构，多渠道提高直接融资比重。因此，促进资本市场稳定健康发展，推动金融结构转型，对于提升我国经济竞争力具有现实而重要的意义。中国房地产投资和融资的创新意义包括了降低银行风险、增加开发商融资渠道和增加投资者投资产品等，也可以说它是中国房地产业和金融业发展的必然产物，它的发展对我国房地产业和金融业也会产生巨大的积极作用。

中国房地产市场经过近 30 年的发展，很多城市已进入、其他地区也将陆续进入存量房时代。这从至少以下几方面得以验证：

（1）2019 年，我国近 20 个主要城市的二手房交易已经大于新房交易。

（2）全国非住宅房地产的开发量从 1999 年末的近 10% 左右，发展到 2019 年的 35% 左右。

（3）更多传统房地产企业转型成房地产开发和资产管理双轮驱动或者资产管理公司。

（4）我国几大物业管理公司包括彩生活和碧桂园物业分别从母公司花样年和碧桂园分拆上市。

（5）针对持有型物业，近几年，国内发行了不少房地产资产证券化产品。

房地产买卖、物业管理、设施维护、更新和改造、重新出租、价值提升等越来越受到重视。房地产资产管理作为资产管理中重要板块，也是我国房地产业和金融业未来发展的趋势，将对我国房地产业和金融业产生巨大作用，也日益获得房地产开发企业和金融机构等的参与和重视。

六、我国房地产金融 70 年简述和展望

我国房地产金融在改革开放之前的 30 年基本处于停滞期。改革开放后，特别是随着住房制度改革，我国房地产金融逐渐发展起来，它在我国近 40 年来的发展过程中，对国家经济和人民生活的改善作出了非常重大的贡献，也必将在我国经济、金融和房地产市场等方面发挥更大和更积极的作用。与此同时，我国房地产金融方面也暴露出了很多问题并对我们提出了更多的挑战，其中牵涉到银行的贷款风险、开发商融资渠道少和投资者投资品种缺乏等方面的问题。本文将我国房地产金融近 70 年的发展归纳为五个阶段。

1. 第一阶段：停滞期（1949 ~ 1978 年）

改革开放前，由于长期实行公有制和计划经济体制，在房地产领域包括住房建设的资金实行国家财政资金统一拨付的方式；住房建设无偿占有资金；在住房的分配上采取的是福利制，通常如入住共有住房，只需交纳很少的租金。虽然这中间也出现过部分和短暂的融资活动，但可以说一直到 1979 年，我国房地产金融基本上是处于停滞期。

2. 第二阶段：萌芽期（1979 ~ 1987 年）

1979 年以中国国际信托投资公司的成立为标志，中国的信托业得到恢复。1980 年 6 月，中共中央、国务院在批转《全国基本建设工作会议汇报提纲》中正式提出实行住房商品化政策，1984 年四大国有银行陆续开始经营部分商业性金融业务，接下来几年广东一些沿海发达地区尝试借鉴香港地区的贷款买楼做法，这可以作为我国房地产

金融业务之一。1987 年底，烟台和蚌埠成立住房储蓄银行，也是我国房地产金融萌芽期的一个象征，住房储蓄银行专门办理与房改配套的住房基金筹集、信贷、结算等政策性金融业务。

3. 第三阶段：初步发展期（1988～1997 年）

1988 年 1 月，国务院决定分期分批实行住房制度改革。1991 年 2 月，国务院办公厅对上海市人民政府上报的房改方案作了批复，原则同意。1991 年 5 月上海住房公积金制度实施，并在接下来的几年全国推广。1996 年 7 月 1 日中国人民银行《贷款通则》发布和实行，1997 年 5 月 9 日建设部发布《城市房地产抵押管理办法》，它们为接下来实行的银行个人住房贷款业务确立了方向。1991 年 1 月 29 日，万科正式在深交所挂牌交易以来，房地产企业在证券市场中走过的是一条由热到冷再缓慢升温的曲折之路。1994 年以前，房地产企业曾经是证券市场的一个亮点。从 1994 年下半年开始，国家为了抑制房地产开发过热，出台了一系列政策，譬如在新股发行方面，中国证监会 1996 年开始对金融、房地产行业企业暂不受理。1987 年国家颁布了《企业债券管理暂行条例》，但企业债市场一直停滞不前；在这阶段，发行房地产企业债券的屈指可数。在这段时间里，中国的信托业出了不少问题，国家对信托业开展了几次整顿。

4. 第四阶段：发展和创新期（1998～2010 年）

1998 年，《国务院关于进一步深化城镇住房制度改革加快住房建设的通知》，决定停止住房实物分配，逐步实行住房分配货币化；同时，建立了职工住房补贴和住房公积金制度，为推进住房商品化创造了条件。在接下来的年份里，全国许多地方出现房地产供需旺盛的现象，房地产贷款增量增加也很快；从 2003 年开始，国家陆续出台了许多包括房地产金融相关的宏观调控政策。多年来，在银行房地产贷款方面值得注意的是房地产企业开发贷款不良贷款率是个人房产贷款不良贷款率的几倍，同时总体上不良贷款率也呈现略微上升的趋势，这些应该引起警觉。另外到 2011 年，我国推行住房公积金制度已有 20 年，这项改革举措，对推动房地产业及相关产业的发展，帮助城镇职工实现买入自住房，也起到了积极的作用。这阶段在沪深两市上市的房地产公司有100 多家，其中房地产公司首次公开发行股票并上市和通过买壳上市的各占一半；与此同时很多房地产公司选择到境外上市或者借壳上市，境外上市的以选择香港的居多；值得一提的是到了这阶段，我国前 30 强房地产企业中的大多数是香港上市或在香港有其他融资平台，这也证明多渠道和低成本融资对房地产企业发展至关重要。2001 年 10 月《中华人民共和国信托法》实施以来，在信托公司发行的信托计划中房地产项目始终占有较大比重；尤其是国家加强房地产信贷监管政策出台后，房地产信托逐渐成为房地产企业融资的重要渠道，2007 年和之前的几年，我国房地产信托规模每年低于 200 亿元，在这之后，房地产信托出现爆发式发展（到 2018 年中已经超过 10000 亿元）。海外房地产投资资金对中国的投资，应该有 20 年多年的历史，开始它是伴随着中国经济的持续稳定地增长、房地产业的发展和人民币升值预期等。特别是 2002 ~ 2007 年这阶段，外资房地产投资热情很高，量有明显增加。2006 年我国商务部等联合发布《关于规范房地产市场外资准入和管理的意见》以后，以及 2008 年爆发全球金融危机后，海外资金的投资和融资能力及预期回报受到较大影响。目前外资对我国房地产投资趋于平稳。

政府有关部门也意识到发展多元化和多层次的资本市场的重要性，并在积极开展有关工作。譬如房地产抵押证券化在 2005 年开始也有了一些尝试；2007 年 8 月 14 日国家正式颁布实施《公司债券发行试点办法》，2007 年 8 月以来，很多公司等陆续发行了公司债券，特别是境外上市的房地产公司发行了大量债券，由于资金成本较低且规模大，这为它们在土地和项目获得及做大做强方面起到关键作用；2009 年开始的新一波房地产金融创新包括但不限于房地产私募基金和保险资金投资房地产等，为接下来的大资产管理时代到来起了重要作用。

5. 第五阶段：大资产管理时代（2011 ~ 2019 年）

当前我国房地产开发和投资的种类及领域也从以前的比较单一的住宅，发展到目前住宅、商业、办公楼、宾馆旅游、工业房地产等齐头并进，甚至出现了很多细分市场，譬如养老地产、文化地产、新型科技园区等。未来，我国房地产行业的发展趋势会包括多元化、集中化、资产化和金融化等。政策导向也将加速房地产资产管理的发展：从"卖地"到"管楼"；从城市开发到城市更新和智慧城市；房子是用来住的，不是用来炒的。

一直以来，房地产业与银行关系密切。2018 年末，房地产贷款余额 38.7 万亿元，同比增长 20%。房地产开发贷款余额 10.19 万亿元，同比增长 22.6%，其中，保障性住房开发贷款余额 4.32 万亿元，同比增长 29.5%。个人住房贷款余额 25.75 万亿元，同比增长 17.8%。

银行房地产贷款绝对领先于其他房地产融资方式。我国房地产开发资金 70% 左右依赖于银行贷款，使银行承担较高的风险。个人住房贷款余额与 GDP 之比虽然还在可控范围，但增速太快，这也是造成很多地方房价上升过快的原因之一。

近年来，国家对民间资本投资逐步放开，各类房地产金融产品在市场上逐步活跃起来。其中，房地产私募基金与房地产信托在民间资本融资领域表现得尤为活跃，为民间资本投资房地产和房地产融资提供了渠道。从 2012 年下半年起，证监会、保监会和银监会等陆续发出了资产管理方面的一系列重要政策性文件，放开了部分投资限制，促使更多资金进入以前受到更大限制的领域，包括房地产市场，更多各类金融机构和投资公司及个人加入到这个行业，业内称为大资管时代已经在 2012 年底开启。

　　大资管时代对于房地产开发商和房地产资金方来说，都是挑战和机遇并存。大资产管理时代下，一个更加开放、竞争的资产管理时代已经到来；譬如私募基金也将纳入统一监管，公募基金管理公司可以通过设立子公司从事专项资产管理业务，证券公司、信托公司、商业银行、保险资产管理公司及其他资产管理机构纷纷申请开展公募基金业务；它们与第三方理财和各类私募基金等机构纷纷直接参与房地产基金业务，初步形成多方鼎立势态。

　　譬如至 2018 年 6 月底，我国 68 家信托公司管理的资产规模为 24.27 万亿元，其中，配置到房地产领域的规模为 2.51 万亿元，占比总信托资金规模的 10.34%。截至 2017 年末，基金子公司业务规模超过 12 万亿元，已经超过了公募基金管理总规模的 11.64 万亿元，其中房地产资产管理计划占一定比例。经过几年的发展，我国直接或间接参与房地产私募基金管理的大小公司和企业已经超过几千家。

　　2014 年初开始，私募基金被纳入中国证券投资基金协会监管，即要求对私募基金进行登记和备案，这将有助于我国私募资产管理机构的正规化和规模化，同时也将推动整个资产管理行业的多元化发展。虽然之后的几年里，发生了一些备案的私募不规范运作甚至犯法行为，相信后续配套措施的出台，为私募基金提供了坚实的制度保障，也为私募基金的发展创造了历史性机遇和广阔发展空间。截至 2019 年 3 月底，基金业协会已登记私募基金管理人 2.44 万家。已备案私募基金 7.53 万只，管理基金规模 12.79 万亿元，私募基金管理人员工总人数 24.1 万人。

　　从全球来看，房地产资产管理是当今世界上财富管理中最重要的部分之一；而在未来的中国，预计今后 10 年会以年均复合 20% 或以上的增长率增长。无论机构还是个人都希望资产升值，目前我国具有 600 万元以上资产的投资人士，已经超过 250 万人。国家有关部门在 2018 年 4 月 27 日发布实施《关于规范金融机构资产管理业务的指导意见》（银发〔2018〕106 号文），对打破刚性兑付和鼓励股权投资等有重大意义和作用。

　　在房地产资产证券化和房地产投资信托基金方面，2014 年 1 月 16 日，中国证监会《关于核准中信证券股份有限公司设立中信启航专项资产管理计划的批复》，同意中信证券设立中信启航产品，以私募 REITs 的形式推动国内不动产金融实践。中信证券旗下拥有的两幢办公楼将作为中国首个 REITs，募集资金近 51.6 亿元，进行非公开发售，并于 2014 年 5 月在深圳证券交易所挂牌综合协议交易平台交易，这是中国房地产投资信托基金的里程碑。

　　接下来几年，陆续的创新不断，从世茂全国首单物业费资产证券化和世茂全国首单购房尾款资产证券化到前海万科公募 REITs，各类 ABS、CMBS、类 REITs 产品陆续推出，直到 2017 年下半年开始有了较大批量的出现，特别是符合国家政策导向的如长租公寓资产证券化产品。2018 年 4 月 24 日，中国证监会和住房城乡建设部联合发布《关于推进住房租赁资产证券化相关工作的通知》称，重点支持住房租赁企业发行以其持有不动产物业作为底层资产的权益类资产证券化产品，积极推动多类型具有债权性质的资产证券化产品，试点发行房地产投资信托基金（REITs）。随着不动产资产管理时代来临，促进着房企在资产证券化领域寻找机会，譬如企业之间的不动产资产并购日益频繁，而 ABS、CMBS 和类 REITs 等新型融资模式正在兴起，2018 年，房地产资产证券化产品发行规模累计达到 2629.31 亿元，同比大幅增长 69%。相信接下来的几年将会是我国房地产资产证券化发展非常重要的时刻。同时我们不应该拘泥于学习几个成功案例，而是有必要了解和掌握其重要原理和法规，并结合企业、产品和个人的特点作创新与实践。

无论是 2018 年和 2019 年海外资金大量买入北上广深商业地产，2019 年 1 月，中国人民银行称对美国标普全球公司在北京设立的全资子公司——标普信用评级（中国）有限公司予以备案，这都标志着中国金融市场国际化进程不断加快，国际投资者会配置多元化人民币资产，对中国金融市场的规范健康发展具有一定的积极意义。

表 1-3 基本上归纳显示了我国房地产金融产品现状和展望。我国房地产金融的发展离不开我国宏观经济、房地产和金融市场的形势和发展趋势，相信它的创新和发展任重道远，但前景光明。

我国房地产金融产品现状和展望   表 1-3

资金来源	目前状况	展望	股权 / 债权	集团 / 项目公司
企业银行贷款	量大，但难度也加大	额度下降，偏大企业	债	集团 / 项目公司
并购贷款	规模减小	新规（有限制）	债	项目公司
委托贷款	民间较多	新规（有限制）	债	项目公司
房地产信托	规模较大	新规（有限制），量还是增加	债为主	项目公司
保险资金	进入非住宅，潜力巨大	较多	股 / 债	项目公司
房地产债券	规模明显收缩	控制规模	债	集团公司
房地产公司上市	这些年直接 IPO 极少	新 IPO 很少，近年几乎停止	股	集团公司
房地产私募基金	发展较快	会很多（鼓励股权，限制债权）	股和夹层	项目公司
资产管理计划	规模明显收缩，非标不做	新规（有限制）	债为主	项目公司
房地产资产证券化（含 REITs）	还没有立法，最新试点是住房租赁 REITs	ABS、CMBS、住宅 REITs 会较多（ABN 属于银保监会）	股 / 债	项目公司

注：表格中的前五项属于银保监会监管的产品，后五项属于证监会监管的产品。2018 年 4 月 8 日，中国银行保险监督管理委员会在京揭牌，标志着新组建的中国银行保险监督管理委员会正式挂牌运行。

七、房地产资产管理、基金和证券化的黄金时代刚刚来临

1. 中国已经逐渐进入存量房时代

若以二手房交易量超过新房交易量作为进入存量房时代的判断条件，不难发现，中国房地产市场逐步进入了存量房时代。北京、上海和深圳在 2014 年都已经进入存量房时代；从 2016 年开始，我国已经有 10 多个大城市的二手房销售量超过新房的销售量；人口结构转变、住房需求饱和及城镇化趋缓，压缩了新增住房需求，推动了存量房时代的进程；房地产持续开发投资的动力不足，以及政策上去库存导向，客观上加速了以存量房交易为主的房地产销售模式。预计到 2025 年，我国一、二线城市将全部进入存量房时代。

2. 万科等房地产公司将转型成房地产资产管理公司

2017 年 12 月 8 日，万科董事会主席郁亮曾公开表态，万科的发展商时代结束了，万科通过入股各类有助完善城市配套服务商布局的公司和平台，提升万科新的生态系统。

近年来万科先后参与设立了物流地产、商业地产、文化产业等多只基金，还对普洛斯、链家等公司进行了股权投资。在转型为城市配套服务商的过程中，万科谋求摆脱单一住宅地产开发商的角色定位，不断进行多元化拓展，其中包括建造养老公寓、商业地产、老旧小区改造和推进产城融合、建造长租公寓、介入装修等。在加快转型为城市配套服务商的路上，万科一直着力摆脱单一住宅地产开发商的角色定位，不断进行多元化拓展。万科通过建造养老公寓、商业地产、老旧小区改造和推进产城融合、建造长租公寓、介入装修等形式，构建美好的人居生活场景；通过开展"特色田园乡村"建设，搭建美好的人文生活场景；通过并购重组布局物流业，建造通往美好生活场景的桥梁和通路。

2017 年 7 月 14 日，万科联合厚朴投资、高瓴资本、中银投组成财团参与普洛斯的私有化，交易总价约合 784 亿元人民币，其中万科占股 21.4%，由万科主导运营。万科借此迅速成为物流地产巨头。普洛斯私有化后，由万科主导运营。万科借此一跃成为物流地产巨头。普洛斯最新财报显示，其旗下 57% 的资产在中国，市场份额超过第 2 ~ 10 名的总和。2003 年进入中国以来，普洛斯在华物流配送网络覆盖中国主要的空港、海港、高速公路、加工基地和消费城市，在中国持有或管理的物流地产面积约 5500 万平方米，对应的资产价值约 410 亿美元。

传统的房地产公司主要采用"投资 - 开发 - 建设 - 销售"模式，存量房时代的房地产公司模式主要是"投资—运营（资产）—管理、基金"，运营（资产管理）和基金包

括证券化将会愈加重要。相信有更多开发商会加入资产管理的队伍，第二章有更多相关介绍。

3. 大多数人的最大的资产就是房产

中国人有着传统持家理财的习俗，随着我国整体经济实力的增强和人民生活水平的提高，理财这一概念更加逐渐深入人心；而兼有投资理财和居住功能的房地产理所当然成为理想的理财产品。怎样当好家和理好财是每个家庭需要直面的新课题。

事实上，房产投资也是许多人一生中作出的最大投资决策，哪怕很多人买房仅仅是为了居住，但事实上也是做了一项很重要的投资决策。

房产投资能致富，这不但被福布斯排行榜证明，更被千千万万普通老百姓所证明和推崇。虽然人人有机会房产理财致富，但对具体时刻和特定个人或家庭来说，也并非轻而易举；而买入房产后的物业管理和设施管理等也将决定未来房产的价格。

4. 持有型物业也可以上市

一个房产（比如，办公大楼、购物中心等）的资产价值常常会比一个上市公司的资产价值还要大，既然一个公司能够上市，那么为什么一个房产不能上市呢？还有为什么大众不能联合起来买入资产价值很大的房地产项目而且它可以在股票市场上进行公开交易？最初房地产投资信托这一投资产品的出现与这些想法有关，所以美国在1960 年的时候就通过了房地产投资信托立法。

作为房地产间接投资的房地产投资信托一般投资经营包括办公大楼、购物中心、住宅、饭店和大卖场等，多为不动产投资组合，有现金流量，主要有租金收入稳定、可有效避免投资标的集中风险、投资标的交易信息公开透明等优点，因此房地产投资信托的投资风险相对较低。所以相对房地产直接投资来说，投资房地产投资信托有较大的优势，就如其他许多金融产品是由美国发起的，其他许多国家跟进学习和建立。从国外情况来看，自 20 世纪 60 年代以来，包括美国和澳大利亚等很多发达国家房地产投资信托市场得到较大的发展，房地产投资信托对投资者和房地产市场都带来积极作用。

目前房地产投资信托在我国、东南亚、东亚地区和欧洲许多国家已是很热的话题。随着亚洲地区相关法律政策的健全，房地产投资信托产品已进入了日本、韩国、新加坡、马来西亚和我国台湾地区。

5. 只要有现金流就可以上市

"如果你有一个稳定的现金流，就将它证券化"。这句华尔街的名言正在中国资产管理行业变成现实。

房地产投资信托基金要表现出的能力足以可靠地增加利润。投资者可以调查公司的房地产目前租金是否低于市场水平，所选取优质的商业项目是决定该等房地产投资信托成功的主要因素。项目的素质（如地段和租户的背景等）就是现金流质量的最佳保证。此类的房地产在市场向好时提供价值增长的潜能，当经济增长放缓时也保护价格相对稳定。

6. 不动产是可以流动的

和所有上市交易股票的公司一样，房地产投资信托股票在市场中每天都会定价，让投资人可以每天评估投资组合的价值。

对房地产投资信托的投资可以分散投资者的房地产资产组合，由于基金单位可以转让和上市交易，流动性强。与传统的房地产投资只能投资于固定单个项目相比，房地产信托投资可以投资于不同的项目，这样回避风险的能力较强。

房地产投资信托基金的总收益主要是租金收入和资产增值，因此我们应该寻找能提供很高的股息，而且有潜力、稳定、长期地增加资本。房地产投资信托股票的长期总和收益可能低于部分高风险高成长的股票，但这恰恰能满足追求稳当收入和资产增值的投资者的要求。公开交易房地产投资信托的股份已经转换成现金，因为在主要的股市中交易。

7. 房地产企业融资是战略问题

《哈佛商业评论》前些年曾经引用的一项调查写道，"在世界范围内（调查）的259名高级经理人中80%以上的人员指出，战略的生命周期正在变短。72%的人员认为，首要竞争对手在5年内会成为一家风格迥异的企业"。企业越来越多地发现，它们所制定的战略在有机会得到证明之前，已经开始面临时过境迁的危险了。

承认房地产企业融资是战略问题，那在企业正常发展阶段就开始布局企业的融资计划和企业资本结构，这样可以使企业有较好的股权和债权比例等，对企业的中长期健康成长有利，也会很大程度避免临时抱佛脚的事情发生。如果认为自己企业缺钱的时候去融资，可能出现非常被动的局面，有时会无意间要求别人雪中送炭。

虽然2005年开始大型房地产企业融资难问题得以缓解，但也不会是一劳永逸。传统上，开发商以各种不同方式获得一块土地，然后银行贷款、建房和销售，对刚起步的企业还有一定吸引力，但对一个成熟的房地产企业，这些已不是进一步发展的最关键因素了。而尽早和合理地制定企业的融资计划和优化企业的资本结构，将成为房地产企业长期健康发展的最关键因素之一。值得注意的是近年来，越来越多的房地产企业（特别是发展到一定规模的）董事会或老总意识到了企业融资与投资一样都是战略问题。

　　房地产行业是典型的资金密集型行业，与融资紧密相连。在许多西方发达国家，房地产企业融资有很多年的发展和创新，已经摸索出了较成熟的方法。它的具体内容有：房地产公司贷款、房地产股票与债券、房地产投资基金（包括上市的和私募房地产投资信托基金及其他私募房地产投资基金）、房地产夹层融资、股权转让和其他各种基金（包括退休基金和保险基金）等。房地产企业融资渠道可以有很多，但是资金性质无非两类，即股权和债权。一类是项目不必偿还的资金，即股权资本；另一类是项目必须连本带息偿还的资金，即债权资金。事实上也存在股转债和债转股资金，它们还是在股权和债权的范畴。

　　而房地产企业股权和债权可以从企业资本结构角度来探讨。企业资本结构是指企业各种长期资金来源的构成和比例关系；长期资本来源包括长期债权资本和权益资本。譬如，一般来说，较好的公司的资本结构中，债务首先占有一定的比例，其次要有短、中和长期债务。债务过高会增加公司的流动性和破产风险；债务过低则表明资金运用效率偏低；而在债务中，短、中和长期债务也要有个适合的比例。相对而言股权资金过高资金运用效率偏低，股权资金过低存在破产风险。因此，在保证公司财务稳健的情况下，根据公司的实际情况选择不同比例的股权和债权，有利于公司财务杠杆的良好运用，从而能为公司股东谋求收益最大化。

　　总体上，我国房地产企业平均负债率较高（注：房地产公司有大量预收款，这也会使资产负债率偏高），很多家公司负债率超过80%，有些高负债公司的破产风险是存在的。

　　合理的资本结构能够使一家企业在风险最低的情况下保持最高的最快的增长，能够使企业达到利润的最大化。根据我国房地产市场目前发展的实际情况，房地产开发企业债权一般不能占一家公司总资产的60%或以上。当然一段时间如果几个月半年超高，特别是房地产大家都认为绝对的牛市出现的情况下债权达到70%，偶尔一段时间也是可以的。

　　债权可以分成短期债权和长期债权，短期债权就是一年或一年以内。一家公司如果全部是短期的债权那就风险很大了，短期债权应该占整个债权的40%或30%以下。

　　股权和债权的关系理清了，我们也应该理解收益和风险的匹配。当然股权和债权的融资都要把握房地产和资本市场的趋势，譬如认识和预测今后两三年利息要上升，企业现在发行债券应该有其合理性。

　　房地产企业应该根据自己企业实际情况和目前形势作出合理的融资战略决策，尽可能在企业健康发展阶段考虑和实施融资计划，这样无论是股权还是债券融资，融资成本都会较企业出现财务困难时低，这样就为企业资本结构最优化和未来利润最大化打下扎实的基础。

我国房地产企业融资发展趋势包括：

（1）大企业相对容易，融资成本多样化，包括上市公司可以增发和发债等，非上市的可以买壳上市或以较低的价格私募融资等。

（2）大企业可以在开发的前端获得金融机构的资金支持，譬如拿地阶段获得金融机构就提供资金。

（3）中小企业融资难度加大。许多中型企业可以寻求突破，但很多小型企业将面临开发贷款难和按揭贷款难的双重压力。

（4）房地产融资方式与房地产企业的大小及开发的产品更加密切相关，譬如商业地产怎样与保险资金合作，持有型物业未来可以房地产投资信托基金形式上市，各类企业怎样与私募基金和信托等合作。

（5）更多的各类金融机构和民间资金参与房地产投资和融资业务。

8. 房地产金融市场潜力巨大

直接金融得到更快发展，为了改变目前中国经济过分依赖银行体系的间接融资，金融风险过分集中在银行体系的现状。现在社会融资总量迅速增长，银行贷款在社会融资总量中的比重在迅速下降，已经在50%以下。社会融资的机构、社会融资的渠道、社会融资的方式越来越多样化。目前在我国，由于历史的原因，房地产金融产品中房地产信贷占了绝大部分；但当房地产市场发展到一定规模以后，单一的房地产信贷所遇到的问题就愈加明显了。事实上自2000年以来，我国房地产企业融资相继涌现自有资金加上银行贷款融资方式、自有资金加上信托计划融资方式、股权融资加上银行贷款融资方式等融资模式。

国家大力发展股票市场、债券市场，越来越多的企业都将直接面对市场融资。直接融资与间接融资将并驾齐驱、共同发展。使企业和个人的投融资渠道越来越宽，金融将不再是经济发展的瓶颈。房地产发展确实需要多元化和多层次的资本市场的融资渠道来支持，以化解或者分解单一靠银行贷款的风险。因此我国房地产金融面临的主要问题，不是房地产信贷政策松紧问题，而是房地产融资渠道宽窄的问题，多元化融资是国家宏观调控背景下房地产业的必然选择。

在最近十几年的发展中，房地产业对国家经济、人民生活的改善作出了非常重大的贡献，已成为国民经济支柱产业之一。但同时暴露出了很多问题并对我们提出了很大的挑战，譬如长期以来，我国大多数房地产企业对商业银行贷款过度依赖，即商业银行贷款成为房地产开发资金的主要来源，造成房地产贷款的风险与商业银行在资本市场中的角色不相吻合。

人民币与世界主要货币基本实现可自由兑换。中国在几年内会成为世界最大经济体，中国经济占世界经济比重日益提高，中国的外汇储备充足，人民币币值稳定。利率市场化的趋势，民营金融机构的放开，互联网金融的发展，使我们进入了大资产管理的时代。

随着全球次贷危机的警示和我国这些年来房价的快速上涨，国家对房地产业的宏观调控日益增强，各种调控措施纷至沓来，诸如：紧缩银根、提高二手房贷款条件、限制房地产企业上市融资、土地付款和房产预售政策趋紧，以及最近出台的"国十条"等措施层出不穷，使我国的房地产企业的在资本市场融资难度加大了许多，部分房地产企业陷入了资金方面的困境，其再开发能力受到了极大的限制。

其次，中国房地产市场发展到现在，越来越成了资本大鳄的竞技场；当前由于土地、设计施工、市场营销等方面成本不断上升，国内一、二线城市房地产优质项目逐渐向资金来源丰富的大型房地产开发企业倾斜；一些上市公司、金融控股公司、国有大型公司、民营实业财团纷纷投资房地产市场。大企业的进入和土地门槛的提高，越来越挤压了中小房地产商的生存空间，这些问题都对中小房地产企业的发展提出了越来越高的要求。

与此同时，我国房地产业在我国经济中的地位重要，成为支柱产业，其资本需求也趋于旺盛；另一方面在我国工业化和城市化发展进程的推动下，经济增长和社会生活对住房及其房地产的需求量不断增长，房地产业在相当长的时期里会保持较高速增长。

在我国金融市场中，房地产企业融资始终是一个非常突出和关键的问题，它牵扯到银行贷款风险、开发商投融资渠道少、投资品种缺乏和立法、监管和信用体系的建立等方面。在当前的经济形势和房地产融资环境下，许多大中小房地产企业都面临融资难的问题。这些问题与目前我国房地产金融市场结构单一，没有形成完整的房地产金融体系有密切联系。

从投资方面看房地产投资产品也很少，普通投资者只能通过直接购买房产，基本上没有其他房地产投资产品，而部分机构投资者目前还不能直接参与房地产投资。建立和创新我国自己的房地产投资产品，将其中的一部分吸引到房地产产业上来，将有利于房地产市场和金融市场的持续稳定发展。

在欧美发达国家，房地产金融市场发展得比较成熟，其中私募基金市场高度发达，譬如房产基金、保险基金、养老金等是房地产企业私募股权融资很好的方式；当前我国房地产金融处在探索阶段和创新的阶段，挑战和机会并存。挑战方面包括了我国房地产企业融资过分依赖银行贷款、投融资机制和资本市场存在着缺陷与房地产业是我国经济的支柱产业地位不相匹配、落后的房地产金融已经严重阻碍和制约着房地产业的发展。以下归纳了几个方面：

房地产基金对中国房地产金融具有创新意义，例如降低银行风险、增加开发商融资渠道和增加投资者投资产品等，可以说它是中国房地产业和金融业发展的必然产物，它的发展对我国房地产业和金融业也会产生巨大的积极作用。房地产股权投资基金投资的范围可以较广泛，从传统的房地产五大分类（住宅、商业、办公楼、宾馆旅游、工业房地产）到目前我国的很多细分市场，譬如养生养老地产、文化地产、创新创业园区等。

房地产股权投资基金在中国从无到有，现在恰逢房地产和金融的整合时代。改革开放30年来，造就了大批富有的企业和个人，他们都是潜在的基金投资人；而能够把握商机但缺乏融资渠道的房地产企业可能是潜在的基金融资者。我们相信，随着股权投资基金的参与，房地产企业将有更多和更灵活的融资渠道，它也将会引导房地产行业向各级城市以及其他潜力较大的房地产领域发展。

多年来我国房地产和金融市场中投资和融资产品缺乏；要投资房地产，只能投资房地产实物且过分偏重住宅房地产。房地产企业融资方面困难也很多，房地产企业过分依赖银行贷款。这些问题与目前我国房地产金融市场结构单一，没有形成完整的房地产金融体系有密切联系；而完整的房地产金融体系，应包括多元化、规范化的房地产投资和金融产品和市场。

图1-1显示了中国和美国房地产金融市场各类主要产品规模，我们可以发现：

（1）我国银行（主要指私募债权）在整个房地产金融中比例过高，去杠杆还要持续。

（2）我国房地产私募股权基金发展潜力很大。

（3）我国房地产上市公司规模已经较大，接下来上市股权方面要大力发展房地产投资信托基金。

（4）房地产资产证券化包括ABS、CMBS和REITs，有较大发展空间。

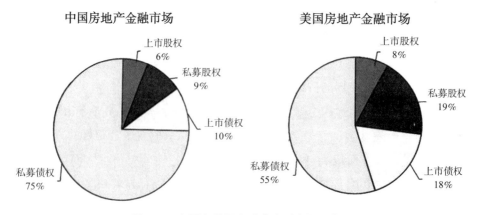

图1-1 中国和美国房地产金融市场四象限

资料来源：Quadrant Research 和作者整理。

近些年来，我国房地产金融业确实也发生了很大的变化，可以说是空间大和前景好。从 2012 年下半年起，证监会、保监会和银监会等陆续发出了资产管理方面的一系列重要政策性文件，放开了部分投资限制，促使更多资金进入以前受到更大限制的领域，包括房地产市场。我国的资产和财富管理行业进入了"大资产管理时代"，大资管时代对于房地产开发商和房地产资金方来说，都是挑战和机遇并存。大资产管理时代下，一个更加开放、竞争的资产管理时代已经到来。譬如私募基金也将纳入统一监管，公募基金管理公司可以通过设立子公司从事专项资产管理业务，证券公司、信托公司、商业银行、保险资产管理公司及其他资产管理机构纷纷申请开展公募基金业务，它们与第三方理财和各类私募基金等各类机构纷纷直接参与房地产金融产品业务，初步形成多方鼎立势态。

9. 法律、监管和信用体系的有待完善

更多房地产金融产品的出现是房地产业发展到一定阶段的必然要求。不仅使房地产投资主体多元化，拓宽了房地产的融资渠道，而且，由于投资基金股权结构明晰，提高了房地产投资的利用效率，降低了房地产开发和建设的盲目性。

目前我国房地产金融立法方面的不完善，已经给房地产金融业的发展带来了相当的负面影响。虽然目前基本的法规建设与监管工作都取得了可喜的进步，但与行业发展的要求相比仍有待改善。有了较完善的金融产业立法，就有了明确的发展方向和发展目标，房地产及相关金融行业就有了可供遵循的政策依据。因此尽快制定适合中国国情的房地产金融相关法规，已成为推进我国房地产金融甚至我国金融行业的重要环节。

加强社会道德和信用建设，建立与完善个人和企业信用体系，对房地产金融的健康发展也非常重要。我们知道房地产金融的主要包括融资和投资，而联系二者很重要的是信用，缺乏信用的体系是不会正常运作并有巨大风险的。

我国房地产金融行业的发展，迫切需要比较完善的法律与监管环境，使相关企业的经营有法可依，并在平等的环境下开展竞争。虽然目前基本的法规建设与监管工作都取得了可喜的进步，但与行业发展的要求相比仍有待改善。同时对于房地产金融创新，虽然各方面的积极性和呼声很高，但总体上推进还比较缓慢。而法律是其推进比较慢的原因之一。

房地产投资基金、房地产投资信托基金和房地产夹层融资是什么？首先要从法律上界定它，各方面要协调并立法，这样一来投资者才愿意投资，才能使这个市场长远发展。

房地产金融产品多样化的出现是房地产业发展到一定阶段的必然要求。通过多元的房地产投资和融资产品，不仅使房地产投资主体多元化，拓宽了房地产的融资渠道，

而且,由于这些投资和融资产品立法后结构明晰,投资者对其投资行为能够有效地监督,提高房地产投资的利用效率,降低房地产开发和建设等的盲目性,因此我国应该借鉴发达国家的成熟经验,建立符合我国国情的多样化的房地产金融产品。

市场经济的发展需要依靠强大的法律体系,而目前我国房地产金融相关法律的制定落后于市场需要。缺乏相关法律的保障是发展我国房地产金融最明显的障碍之一。譬如由于我国规范产业投资信托基金的法律法规还未正式出台,所以在当前情况下,我国设立房地产投资信托只能通过《公司法》和《合伙企业法》来约束,这些法律法规尚不能对有限合伙制投资基金的设立提供较有力的保障,因此,对于房地产有限合伙制投资基金来说,设立的难度比较大。正因为我国目前缺乏相关规范各种房地产投资信托经营业务的政策、法规及实施细则,关于房地产投资信托基金的运作方式、结构和条件、房地产信托经营业务的税收制度等具体操作需要探讨和解决的关键问题没有明确的规定,在一定程度上妨碍了房地产投资信托的发展,如果这些问题不理清楚,可能在以后的操作中留下较大隐患。

多年的宝贵经验和教训告诉我们,任何一类金融机构或产品要长久稳定健康发展,只有提高经济效益、加强风险管理并最终为投资者带来投资回报。

10. 需要更多房地产资产管理、基金和证券化专业人才

房地产资产和金融产品包括基金的成功运作,同时需要大量既懂房地产专业知识,又掌握金融业务和相关法律法规的复合型人才,通常包括房地产专家、律师、税务专家、估价师等,他们常常会组成一个团队来核实交易的所有方面,有时这些队伍由许多人组成。这样对项目可行性研究、风险控制、现金流预测和分析等具体操作至关重要。另外必须认识到人才的专业能力和诚信精神的培养同样重要。

譬如房地产资产管理人士与物业管理人士对物业的管理深度和广度是不同的,资产管理人直接向公司高层领导或投资人汇报,因此资产管理人需要对资产的收入、支出、估值和财务等有一个全面掌握和把控。

再譬如我国信托公司在运作房地产信托产品时,往往集多种角色于一身,既是信托计划的管理人,又是房地产项目的管理人,缺乏专业化分工。事实上国内大部分信托公司缺乏既懂房地产、又懂金融业的人才,结果是很多房地产信托产品运作得不尽如人意。

金融行业的竞争主要也包括人才的竞争,逐步培养熟悉中国国情又了解国际运作的各类业务人员有其必要性,目前国内能够符合这些条件的人才并不多,很难适应大规模房地产金融市场的经营运作,一些人士还没有意识到其迫切性和重要性,所以发展我国房地产市场也迫切需要大量房地产金融人才。

11. 发展我国房地产金融的重要意义

（1）推动生产要素的优化组合和产业升级，促进经济结构调整

房地产基金等不仅对企业提供资金支持，还提供必要的技术支持，并且有时参与企业的管理，这一特点决定了它可以作为有效整合资金、技术、管理等市场要素的金融工具。在产业重组、自主创新等方面发挥主导作用。

（2）房地产个人投资者

房地产投资有规模大、资金周期长及专业性等特点，这使得大众投资者难以直接介入，但发展房地产金融相关投资产品为投资者提供了多元化的投资渠道。

从目前我国的金融体制看，大众投资者因为投资渠道狭窄而没有得到有效运用。至 2007 年底，我国城乡居民储蓄余额预计达 17 万亿元左右，建立我国自己的房地产金融投资产品，将其中的一部分吸引到房地产产业上来，譬如让散户有机会去购入包括一些大型商业房地产的信托单位，让他们享受到以往只有大型房地产发展商可以持有大型优质物业的权利。投资者在投资组合中加入房地产投资，使房地产投资基金成为房地产业的重要融资渠道，将有利于房地产市场和金融市场的持续稳定发展。

近年来虽然现在社会上运行着一些私募基金，但是由于我国相关的产业投资基金法律尚未出台，使得这些私募基金缺乏法律保护，运作不规范，而且投资方向单一，难以有效地避免市场系统风险，造成这些私募基金风险极大，因此社会大众资本急需拓宽投资渠道。房地产金融投资产品市场的发展不单只是一种有利于房地产商套现的工具，它也让投资者有更多的投资选择，这肯定会促进资本市场多元化的发展。同时这几年，全国许多地方出现了很多房地产投资者和炒房者，对各个方面伤害很大，除了政府推出相关抑制措施，譬如相信私募集房地产投资基金产品的推出，会吸引其中相当一部分人过来。所以，房地产金融投资产品这类新型投资工具的出现为社会大众投资者介入房地产业提供了有利条件。

而美国国会在 1960 年正式建立房地产投资信托立法，主要目的是让资本额不大的投资人也可以参与大规模并可带来收益的房地产投资，可以引导部分炒房者进入房地产投资信托基金市场。美国国会决定，一般投资人投资大规模商业性房地产的方法和投资其他产业一样，也就是通过购买股票。拥有其他企业股票的投资人可以获益，同样的，房地产投资信托股东也可以赚取商业性房地产所有权的收益带来的经济利益，按照持股比例计算。房地产投资信托为投资人提供明显的优势，即透过房地产投资组合，更多元化地投资，而不是仅投资于单一栋建筑，而且所投资的房地产都由经验丰富的不动产专业人员管理。

目前中国已积累大量能产生稳定现金流的资产，通过资产证券化，将提升该资产

的使用效率和降低其融资成本，也给投资者一个新的投资产品。值得欣慰的是，经过了近10年的酝酿，我国的房地产投资信托基金已有实质性创新（更多有关房地产投资信托基金的内容见第六章）。

（3）房地产机构投资者

对国内许多机构投资者来说，目前我国由于金融市场不成熟和金融产品的单一，加上国家对机构投资房地产有较大限制，还不能有较安全的方式投资房地产，这种情况已经被很多业内人士意识到，而一些投资和金融机构也意识到了这里所蕴含的巨大的商机。几年来保险公司、信托公司和基金公司等机构的一些人士也非常关心并愿意参与到这个市场。因此如何顺利地开展房地产融资和投资业务，已成为业界十分关注的问题。各类金融资产之间的合理配置方式，实现组合投资和对风险的更加有效的管理，获得更高的投资收益。

对机构投资者来说，房地产投资和融资对其业务的长期稳当和多元化发展都是有利和必须的。譬如投资公司或投资基金能作房地产股权基金和夹层基金（或称夹层贷款基金），这样一来不但能减少商业银行的压力，而且能给投资者带来相对高的回报。再譬如房地产投资信托基金产品出台，对于拓展信托投资市场规模、促进金融产品创新、增加信托公司的盈利基础，也有积极的现实意义。因此借鉴国外先进经验，并结合我国现实的金融体制，建立由包括退休基金、保险公司、银行、信托公司银行、各类基金公司等组成的多元化投资机构体系，并由各方投资者和政府相关机构进行监督的房地产金融投资和融资市场对机构投资者有重要意义。

事实上，在过去的几十年里许多发达国家房地产市场结构发生了巨大变化，原来的许多由公司和家庭拥有的房地产项目，现在已经被机构投资者所控制，包括退休基金、保险公司和其他基金公司等。因此我们应该加快培养大量的机构投资者，只有在一个机构投资者占主体的市场上，才能保证有一个稳定健康的市场。比如美国房地产投资和融资市场发展规模之大是与他的融资渠道较宽和法制较齐全有关的，大量的退休基金、保险基金等大型的机构投资者对房地产业的投资有利于房地产金融的发展。

（4）房地产公司

正如前面多次提到的，房地产开发具有投资大、周期长的特点，目前国内金融体制造成房地产企业融资困难，长期以来，我国房地产业大贷款是推动房地产开发的主要资金动力，房地产开发非常依赖银行贷款。采用银行贷款的方式进行融资一直是我国房地产公司主要的融资渠道，大约70%的房地产开发资金来自银行贷款的支持。为了防止房地产市场的隐患最终转嫁给商业银行及其他相关社会问题，2003年6月央行《关于进一步加强房地产信贷业务管理的通知》的"121号文件"等政策的出台，在业界引起强烈反响。特别是2005年3月底国务院出台控制房价的八条意见，开发商想从银行贷款已有较大的难度，各级银行都对开发商和项目的选择非常谨慎。

随后 2006 年 5 月 29 日 9 部委《关于调整住房供应结构稳定住房价格的意见》(国六条）及相关文件的出台，它们要求加强对房地产开发贷款的信贷管理，调整和改善房地产贷款结构。加大对商业银行房地产贷款的检查力度，切实纠正违规发放贷款行为，包括督促商业银行调整贷款结构和客户结构，严格控制不合理的房地产贷款需求，防范贷款风险。

因此在我国每当政府进行宏观调控或房地产项目出现一些问题，许多房地产企业都面临资金周转困境，经营步履艰难，这也是造成我国房地产开发企业生命力较短的主要原因之一。而发展房地产投资基金给房地产企业带来了生机，房地产企业通过这些金融产品可以大大拓宽融资渠道，减少对间接融资的依赖，从而降低了经营风险，房地产投资和融资产品可以改善房地产企业的融资渠道，降低房地产企业对银行贷款的依赖性，可以促进房地产企业的规范化操作。作为股东它必然更加关注企业的规范化运作，从而对房地产企业的运行起到外部监督的作用。

合理的房地产投资基金产品可以促成房地产投资的理性化发展，通常只有那些运作规范、市场前景好的房地产及相关项目才能得到房地产投资产品的资金支持，因此，发展我国房地产投资基金产品在客观上促进了房地产行业内部的结构调整，促进了优胜劣汰，同时通过兼并、收购等手段加快同行业企业间的联合，有利于实现资源的优化配置，对房地产市场长期健康发展有利。

（5）商业银行

发展房地产投资基金首先可以满足房地产市场对信贷资金的部分需求，尤其是在通过增加直接的融资渠道的同时，使商业银行本身也有更好的抗风险能力。从国际经验看，一旦经济不景气或房地产泡沫破灭，呆坏账比例容易升高，而实施房地产投资和融资渠道多元化使开发商有更多融资渠道，同时对银行的依赖减少。其次我国银行房地产贷款业务发展很快，但当它发展到一定规模时，银行可能会面临较大的资金缺口，以及资金来源的短期性与住房贷款资金需求长期性矛盾，这无疑会带来新的金融风险，因为商业银行的资金主要是吸收社会存款，如过多投向期限较长的房地产项目，不符合银行资产的流动性、安全性的要求，容易造成清偿危机，产生金融风险。

到 2006 年后，外资银行在服务对象、经营地域和服务品种上要享受国民待遇，一些外资银行在体制和机制上的创新早已有突破，在产品和服务多元化上又有良好的基础，因此，竞争将会是很激烈、很残酷的，中国必须面对的最大挑战之一，为国内银行系统的民营化和与外国银行竞争做好准备。

譬如，虽然目前我国商业银行信贷资产里，个人住抵押贷款是优质的一块，但是如果从长远着想还是存在较大的风险。《金融机构信贷资产证券化试点监督管理办法》于 2005 年 11 月 7 日以中国银行业监督管理委员会 2005 年第 3 号主席令正式发布，于 2005 年 12 月 1 日实施，预示着这个投资渠道已被打通，目前建行等在做的试点工作已展开。通过抵押型房地产投资信托（抵押贷款证券化，即 Mortgage-Backed Securities 或 MBS），可以分散该业务面临的金融风险，使整个住房金融市场与资本市场有机互动，可以扩大商业银行的融资规模，同时还会带来良性的连锁效应，提高银行资产的流动性、降低银行开展住房贷款业务成本。

（6）证券市场

发展房地产投资基金对我国房地产投资者、房地产公司、商业银行的积极作用已被大家达成共识，但对证券市场的影响这方面讨论的较少，事实上这一点很重要。

譬如目前我国证券市场最大的问题之一就是产品结构不合理，高风险产品占主要地位，在证券市场上的可交易品种，大约 70% ~ 80% 为风险较高的股权类产品；低风险产品品种单一，不但是市场规模小，而且品种极为单调，只有少量流动性较差的国债及少量企业债等，不能满足广大个人和机构投资者的需求。因此，大力发展低风险市场产品，包括更多房地产投资信托基金，以使我国证券市场的产品结构趋于合理，是目前我国证券市场发展的重点之一。

随着金融市场的进一步完善和开放，国外金融机构投资我国房地产金融市场已经成为可能，所以为了适应竞争的需要，我国有必要积极促进房地产金融的发展，加快我国房地产金融市场的前进步伐。同时对上海和深圳来说，缺少投资产品，同样会减低吸引外资能力和成为国际及地区金融中心的地位，对我国证券市场中长期发展不利，因为在成熟规范的市场中，各种房地产金融工具同时存在，包括房地产上市公司、各种房地产投资基金、债券等，这样一来可以使房地产投资和经营更专业化和资源配置的合理化。

延伸阅读 作者 2018 年 4 月 22 日在北京大学房地产创新经济论坛上的演讲摘要

今天的分享包括三大部分：（1）中国房地产行业现状和趋势；（2）不同的房地产产品投资策略；（3）不同的房地产金融产品融资策略，现概括和有选择地来介绍。

第一部分房地产行业发展趋势，它从不同的角度来看有多种。这里列了六条：第一条是多元化。未来十年，除了住宅大量在建之外，中国的房地产行业大发展也将会集中在商业、旅游、物流、文化、教育和农业等崭新的领域，譬如当前特色小镇热潮出现。非住宅投资在 2017 年占房地产总投资的 34% 左右。

第二条是集中化。到了 2017 年进入前十强的房地产企业销售总额加起来已经占到了近 1/4 的销售量，前 30 强已经达到了国家整个销售量的近 40%；从 2018 年一季度情况来看前一百强的整体销售额比去年又增长了 29%，现在兼并收购案例越来越多，品牌集中化非常明显。中国现在很多中小房地产企业都陆续被吞并了，大鱼吃小鱼，这样的情况预计还要持续近三年。

现在我们无论到了纽约、洛杉矶、伦敦或悉尼，发现国外反而中小开发商非常多，跟中国有点不一样，我理解是国外已经进入存量房时代，它们大量新建房子的时代已经过去，所以它们的项目占地都是城市中心一小块一小块的，也就更加适合中小企业来运作。

第三条是资产化。持有型资产增多、物业管理、轻资产管理加强（包括办公、商业、工业和物流、长租公寓等）。房地产市场发展到现在为止，特别是一线城市，像上海和北京新造的房子已经很少了，上海中环内和北京三环内基本上没有房子可建了，换句话说中国一线城市和部分二线城市如天津和杭州等已经出现了二手房交易量超过新房的交易量，即这些城市已经进入了一个存量房时代。这是一个趋势。以后像物业管理、设施管理、经营管理这方面的工作量会越来越大，对人才和管理的要求也越来越高。

从全球房地产行业趋势来看，到 1990 年的时候，全球房地产还是以开发为主导的。其实对于我们国家也是这个情况，1990 年的时候或者到 2000 年的时候，哪怕是北上广也是开发型的占绝对主导地位，但是到了今天为止北上广深和部分二线城市在已经进入了存量房占主导地位。

第四条是金融化。资金渠道和成本是决定因素之一，资产证券化创新不断。举两个案例：个人买房要贷款，从长期看一般贷款多的人挣得较多，以前温州炒房团炒房的时候基本上也是先支付首付款，然后向银行按揭的；过一段时间，基本上买了房产，其价格上升幅度一般会超过通货膨胀率，所以个人从银行按揭也是合算的。从企业来看，大家都想从银行这边融资，但是当前融资难度加大，不是每家企业都能融到的。

从现在全国排行前 20 强房地产企业来看，大多数都有在香港融资和国内融资两种渠道，这非常重要，也绝不是一种巧合。前 20 强房地产公司，恒大、碧桂园、绿城、融创、中海地产、华润置地、龙湖等，绝大多数都在香港上市。因为香港融资成本总体来说这 20 年都是比国内低且灵活。

第五条是国际化。前 20 年，主要是吸引海外资金投资中国房地产市场，当然其中也有些限制政策，但总体上是开发的。前几年开始，我国很多房地产企业已经开始投资或者希望投资海外房地产市场，出于各种原因，这个需要是存在的。但由于国家外汇大量流失等原因，从前年年底开始对海外房地产投资有严格的限制，现在大量萎缩了。

第六条是互联网和智能化。这个也是未来发展的重要趋势之一，与第三条的房地产资产化密切相关，对房地产资产升值起到关键作用。

我今天在这里特别强调前面的四化。房地产行业这些未来的发展趋势，不仅是对企业的发展战略和具体业务方面有很大的影响，对个人找工作等的影响也是比较深远的。以上第一部分是房地产行业发展。

现在进入了第二部分，不同的房地产投资产品的投资策略。

我们国家在 2000 年的时候，房地产开发 85% 左右是住宅，甚至有些城市占到 90% 以上是住宅开发。但现在情况也不同了，最近得到的数据是 2017 年底，我们国家住宅开发只占了 66%，还有 34% 就是非住宅的，这个量已经非常大了。我们知道房地产不仅仅是住宅，可以分成这样五类：第一类是住宅；第二类是办公；第三类是商业；第四类是宾馆和旅游；第五类是物流和工业厂房。这个分类是根据国家这么多年来运作和参照国外的情况作出的，我国有的城市在具体执行方面也有一些特殊的调整，但原则是不能突破的。

譬如养老地产建设在旅游景区，那它和旅游地产结合，如果养老地产建在住宅里面，那就是相当于住宅，所以它是跟土地性质有关的。土地性质基本上可以这样区分，住宅 70 年，商业、旅游和娱乐是 40 年，其他基本都是 50 年，这个政策从 1990 年 5 月政策发布后没有改动过。土地性质不同，使用功能不同，所以它的投资策略都是不同的。

首先是住宅。住宅开发和投资最关键的就是看当地的就业情况和人口情况，这两项一定要注意。另外国家政策也是至关重要的，最近国家一直强调住房不炒，房子是用来住的，这个其实也会极大影响房地产市场和房价。譬如现在长租公寓是建设潮，但也要注意产品定位和盈利性及现金流。

第二是办公楼。办公楼的一个特点就是要扎堆。上海现在入住率高和价格最贵的地方不在淮海路，也不在南京路，在浦东陆家嘴；北京现在入住率高和价格贵的在金融街、国贸和中关村。办公楼扎堆，工作效率就高了，这一点非常重要。

第三是商场。商业地产受到互联网的冲击是显而易见的，现在商场从购物方面应该是越来越少了，都是吃喝玩乐，所以商场现在跟吃喝玩乐密切相关。另外像京东，虽然它物流仓库基地都放在郊区，广义上其实它做的是商业地产，这些物流基地其实是为商业配套的，用的土地其实是工业用地。以前建商场，1～4 层是卖东西的，第 5 层可能是仓库，只不过现在这个第 5 层的仓库放到郊区去了。

第四是宾馆和旅游。传统的宾馆，譬如五星级的，宾馆里要配置多个餐厅和一些商店，但是未来趋势应该建设更多配套设施少的精品酒店或者酒店式公寓，与长租公寓结合的产品也会越来越多。

国内很多开发商做旅游也是看到周围有配套的土地，这一点是挺关键的；纯粹做旅游通过门票，回收挺困难的。当然纯粹做旅游的成功案例也是不少的。

我们国家养老地产也有一部分误区，虽然说郊区的住宅满足了部分老年人养生的需求，但其实有时候也不见得都合适，年纪大了，特别到了七八十岁，建议可以学国外的一些做法，我以前工作过多年的澳大利亚公司 Lend Lease 也做养老地产，但房子是建在市区且离医院很近，房子不大，两房一厅或者一房一厅都可以，老年人看医生比较方便，住在市区生活各方面也都比较方便。

第五是物流和工业。去年下半年，万科成了普洛斯公司的大股东，在我任职 Lend Lease 期间曾参与过在上海和苏州的两个工厂的建设，我对工业和物流房产还是有一定了解。其实工业和物流它都是量身定做。量身定做非常重要，拿地之前是要和工厂方交流的，因为每一个工厂对流水线都有要求，所以国内华夏幸福做得比较成功，跟这个也是有关系的，一定要量身定做。

第三部分是不同的房地产金融产品的融资策略。从去年开始开发商融资又加大，特别是百强之后的房地产企业融资非常难。国家现在一直强调的去杠杆，银行的房地产资金在 2018 年肯定会紧张的。开发贷额度减少，减少非标业务。今年上半年甚至出现了前 30 强的房地产企业，满足 432（"4"是指房地产开发商进行银行或信托开发贷融资前要拿到《国有土地使用证》、《建设用地规划许可证》、《建设工程规划许可证》和《建设工程开工许可证》四证；"3"是指房地产开发商必须至少已经投入 30% 的自有资金；"2"是指房地产开发商必须有国家二级资质）。后开发贷还是不能获得的现象，这就可以看到今年银行房地产贷款规模在缩小，委托贷款和并购贷款也有极大的限制；譬如委托贷款，监管机构要求"集合资产管理计划不得投向委托贷款资产或信贷资产"。投向房地产开发土地并购，或房地产开发土地项目公司股权并购的，应按照穿透原则管理，拟并购土地项目应完成在建工程开发投资总额的 25% 以上。并购贷款不得投向未足额缴付土地出让金项目，不得用于变相置换土地出让金。

人民银行将保持货币政策稳健性摆在首要位置，切实防范化解金融风险紧随其后。加强影子银行、房地产金融等的宏观审慎管理。

信托：满足 432。信托今年一季度的量反而大大超过去年，在房地产方面的量非常非常多，而且价格在往上升。因为信托的成本都比较高，它给投资人都要 7% ~ 8% 左右，那他给开发商要 9% ~ 11% 左右。今年总体成本要超越去年同时期的 0.9 左右。

资产管理计划：要求集合资产管理计划不得投向委托贷款资产或信贷资产。定向投向委托贷款的资产或信贷资产需要向上穿透符合银监会的委贷新规。另外，集合类和基金一对多投向信托贷款的停止备案。基金业协会也明确对"明股实债"和"明基实债"不予备案。

2018 年房地产企业在房地产私募股权基金和资产证券化方面还是有很大的机会。房地产企业参与私募股权基金要以正股权或者夹层投资主导，房地产资产证券化对发行主体有一定的要求，现状的项目地点最好在一线和二线城市。

第二章 房地产资产管理的内容

——基础资产的质量和现金流构成了房地产资产管理的关键因素

第一章通过将电影和电视剧的拍摄背景和内容等直接与房地产资产管理、基金和资产证券化的运作挂钩，说明了这些房地产金融相关知识也并不枯涩难懂。

房地产资产管理虽然目前对大多数人来说是一个新概念，其至很多专业人士也对资产管理的内容和概念模糊不清。现在越来越多的开发商和投资者开始更加关注自持物业抵抗风险能力和方式，房地产行业的资产管理越发受到重视，无论是主动或被动，都将享有长期收益和期待资产升值。而房地产投资也从过去的实物投资即买卖房地产，开始过渡到包含有对房地产私募基金和房地产资产证券化产品的多元化投资等。

当前房地产买卖、物业管理、设施维护、更新和改造、重新出租、价值提升等越来越受到重视。房地产资产管理作为资产管理中重要板块，也是我国房地产业和金融业未来发展的趋势，将对我国房地产业和金融业产生巨大作用，也日益获得房地产开发企业和金融机构等的参与和重视。可以说如果没有良好的基础资产，又谈何基金和证券化呢！房地产资产管理中的基础资产的质量和现金流构成了房地产资产管理的关键因素，房地产资产管理具体还包括对租金、租户、运用成本、物业和设施维护、资产评估、资产收购和处置、增加价值和长期规划等方面的运营和管理。

一、物业管理、设施管理、房地产资产管理和基金管理的概念和相互关系

1. 物业管理

"物业"一词译自英语 property 或 real estate，自 20 世纪 80 年代由香港传入沿海、内地。现在对物业的定义是指已经建成并投入使用的各类房屋及其与之相配套的设备、设施和场地。物业可大可小，一个单元住宅可以是物业，一座大厦也可以作为一项物业，同一建筑物还可按权属的不同分割为若干物业。物业含有多种业态如：办公楼宇、商业大厦、住宅小区、别墅、工业园区、酒店、厂房仓库等多种物业形式。

"物权法"规定，业主可以自行管理物业，也可以委托物业服务企业或者其他管理者进行管理。中国物业管理协会认为：物业管理是指物业管理经营人受物业所有人的委托，依照国家有关法律规范，按照合同和契约行使管理权，运用现代管理科学和先进技术，以经济手段对物业实施统一管理，并为居住者提供高效、周到的服务，使物业发挥最大的使用价值和经济价值。

物业管理（property management），受物业所有人的委托，依据物业管理委托合同，对物业的房屋建筑及其设备，市政公用设施、绿化、卫生、交通、治安和环境容貌等管理项目进行维护、修缮和整治，并向物业所有人和使用人提供综合性的有偿服务。物业管理关注资产的日常运营，为租户提供及时的服务，保证物业的持续收入和现金流。它是对整个物业资产进行科学化管理，包括制定物业整体发展策略，进行物业定位和定位调整分析、持有或出售物业的决策分析、物业费用支出的管理与审批、物业运行绩效的监控。

2. 设施管理

设施管理（Facility Management）是自 20 世纪 60 年代开始伴随着办公环境与设备的日益复杂而逐渐产生并发展起来的。国际设施管理协会（International Facility Management Association，IFMA）将设施定义为服务于某个目的的二建造、安装或构建的物件，所包含的范围广泛，可以从两个层面理解。狭义上，设施也即物业，指已建成并具有使用功能和经济效用的各类供居住和非居住的房屋，与之相配套的设备、市政公用设施，以及房屋所在的土地及附属场地、庭院等；广义上，设施则包括所有的有形资产，不仅包括物业，也包括家具、生产设备、运输车辆等。

国际设施管理协会认为，设施管理是包含多种学科的专业，它通过人员、空间、过程和技术的集成来确保建成的建筑环境功能的实现。英国、德国和澳大利亚等国也对设施管理有不完全相同的定义，但基本观点是一致的。设施管理应该是综合利用管

理科学、建筑科学、经济学、行为科学和工程技术等多种学科，提高人员工作和生活环境并保持高品质的活动空间等。设施管理强调其管理过程必须与组织发展战略高度一致，能主动适应并为组织发展提供必需的物质条件保障。设施管理工作承担者，可以是企业内的部门，也可以外包给外部专业公司。

房地产设施管理工作包括各种水电管网和设备管理、安防管理、保洁管理、商务服务、前台服务、维修管理、技术改造、节能管理、系统运行和日常巡查等。设施管理所显示出的服务水平对于资产的价值发挥具有重要的意义。房地产设施管理主要包括住宅和商业性的设施管理，包含住宅、写字楼、商场、酒店、宾馆和各类厂房（含科技园区）等，还有公共设施管理，包含医院、学校、体育场、博物馆等。

3. 资产管理和房地产资产管理

资产管理（Asset Management）是一个被广泛使用的词汇。广义上的资产管理是指投资人委托资产管理者对其资产进行管理和维护，以实现资产保值增值的过程，委托人要承担投资风险，管理人收取适当的佣金。资产管理者作为受托人，为客户提供投资管理和相关辅助服务。客户多样化的需求使得资产管理者发展出不同的公司结构和商业模式——从专注于单一资产的精品投资公司到能提供全方位服务的大型金融机构。企业资产指企业拥有或控制的能以货币计量的经济资源，包括各种财产、债权和其他权利。资产按其流动性（即资产的变现能力和支付能力）划分为：流动资产、固定资产、长期资产、无形资产、递延资产、生物资产和其他资产等。各种类的资产相互之间还有共存的关系。

资产管理是指资产管理人根据资产管理合同约定的方式、条件、要求及限制，对客户资产进行经营运作，为客户提供投资产品的投资管理服务的行为。实际上，资产管理可以是机构自己的内部事务，也可以是外部的。资产管理，通常是指一种"受人之托，代人理财"的业务；如果资产管理是指委托人将自己的资产交给受托人，由受托人为委托人提供理财服务的行为。是金融机构代理客户资产在金融市场进行投资，为客户获取投资收益。从这个意义上看，凡是主要从事此类业务的机构或组织都可以称为资产管理公司。

一类进行一般资产管理业务的资产管理公司，没有金融机构许可证；另一类是专门处理金融机构不良资产的金融资产管理公司，持有银行业监督委员会颁发的金融机构许可证，譬如我国的华融、信达、东方和长城这四大资产管理公司。近 20 年特别是近 10 年，我国资产管理业务的受托管理资产规模一直保持稳定的上升趋势。除 2008 年受金融危机影响，整体规模增速有所放缓外，其余时期资产管理业务规模基本都保持在 20% 以上的增长速度。从全球的整体情况来看，各类金融资产已经达到 250 万亿美元。虽然存在不同的口径，但估计中国现在的资产管理体量还很小，未来中国资产管理发展的空间非常大。

房地产资产管理可以分为两个层面，侠义的是存量房地产资产管理，广义的是包含所有与房地产相关的投资资产管理，我国称之为大资产管理。

狭义房地产资产管理的定义是对不动产资产管理，是对不动产进行经营和维护以实现不动产所有者的目标的过程，特别重要的是资产管理引入了资产组合管理和每股收益分析的内容。资产管理与房地产相结合，是指对不动产，特别是非住宅类不动产的全方位的管理和经营，以达到不动产收益最大化的目的。

广义房地产资产管理的定义是包括所有对房地产相关投资的资产管理，包括各类房地产公司或企业债权、夹层和股权投资方面的管理，也可以分为直接和间接投资的管理。在我国商业银行、信托公司、证券公司、公募基金、私募基金、资产管理公司、保险公司等都参与了广义的房地产资产管理。

无论广义还是狭义，房地产资产管理对中国来说是一个比较新的概念；尽管在我国还没有引起足够重视，但目前人才市场上专业的房地产资产管理人才已呈现出供不应求的趋势。20 世纪 60 年代以来，随着房地产市场和客户需求的变化，在发达国家以房地产私募基金和房地产信托投资基金这两类机构为代表的机构投资人大量进入房地产投资，他们追求利益回报最大化和资产组合风险最小化。对房地产资产进行经营管理的技能成为获得投资收益的重要保障。

中国房地产行业正在进入存量时代，总体上开发商和投资者持有的物业越来越多。在此背景下，房地产行业的资产管理越发受到重视。无论是主动或被动，将享有长期收益和期待资产升值，可是多数开发商及投资者还普遍在资产管理上缺乏相关经验。目前国内大多数物业管理公司的职能是三个方面：维修、保养、安保，而资产管理远远大过这个范畴，包括楼宇招商、财务设计、客户服务、空置率规划等。譬如一个办公楼，包含楼宇保洁、招商、设计、定位、财务核算以及买卖建议等。

图 2-1 和图 2-2 分别显示我国百强物业企业分业态管理面积的分布情况和我国百强物业企业多业态管理费水平，可以发现住宅物业管理还是占了近 2/3，但其单位物业管理费也是最低的。

根据易居发布的 2018 年中国房地产企业运营收入榜（表 2-1）显示 2018 年内房企运营收入 TOP10 入榜门槛分别为 35.4 亿元，内房企的运营收入 TOP10 门槛比外资房企高出了 23.2 亿元，运营收入 TOP20 入榜门槛为 19.3 亿元。与 2017 年相比来看，内房企发展尤为迅猛，尤其是内房企 TOP5 的入榜门槛相比 2017 年大幅增长 64.18%，此外 TOP10、TOP20 门槛分别增长 30.48%、8.67%，内房企的商业拓展速度更为迅猛，展望 2019 年随着内房企的商业扩张进一步加速。

百强物业服务企业分业态管理面积分布情况

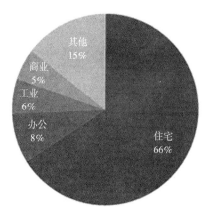

图 2-1　我国百强物业企业分业态管理面积的分布情况

数据来源：中国物业管理协会，CRIC。

百强物业服务企业多业态物业费水平（元／平方米／月）

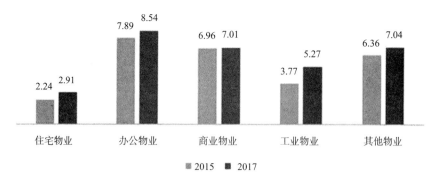

图 2-2　我国百强物业企业多业态管理费水平（元／平方米／月）

数据来源：中国物业管理协会，CRIC。

内房企与外资企业类似，租金收入都占据到了运营收入较大比例（图 2-3），其中内房企该比例达 79.6%，而外资房企则为 86.8%。大多数的企业都以租金收入为主要收入来源，也有部分公司的运营收入以酒店运营为主；此外多数企业都加大了长租公寓的布局力度，预计未来租金中长租公寓的贡献占比将持续增大。

2018 年度内地房企运营收入 TOP20　　　　　　　表 2-1

排名	企业简称	运营收入（亿元）	排名	企业简称	运营收入（亿元）
1	万达商业	327.4	11	陆家嘴	35.2
2	红星美凯龙	157.4	12	招商蛇口	33.0
3	华润置地	93.4	13	绿地集团	31.9

续表

排名	企业简称	运营收入（亿元）	排名	企业简称	运营收入（亿元）
4	富力地产	78.9	14	苏宁置业	29.9
5	保利地产	75.2	15	北辰实业	25.7
6	碧桂园	47.4	16	合生创展	25.5
7	大悦城地产	43.9	17	世茂房地产	25.3
8	中海地产	39.0	18	金融街	24.5
9	龙湖集团	36.0	19	金隅股份	19.6
10	中国金茂	35.4	20	新城控股	19.3

注：

1. 企业范围：以房地产开发为主业的企业。

2. 数据范畴：包含房地产企业在办公租赁、商业运营、酒店管理等经营性业务中获得的收入，不包含住宅相关的物业管理费收入。

3. 地理范围：只考虑企业在内地的相关项目收入，不考虑境外收益。不考虑企业项目权益划分问题。

4. 时间跨度：如无特殊说明，统计时间段位为2018年1月1日～2018年12月31日。

5. 汇率换算：港币兑换人民币同意按照0.87换算。

数据来源：CRIC商业库。

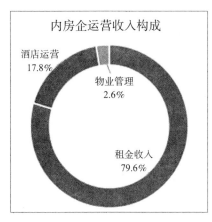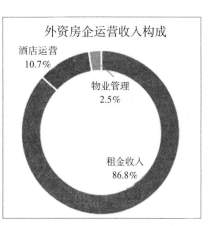

图2-3 2018年内房企和外资房企运营收入构成

资料来源：企业公布、CRIC。

资产（含运营）管理服务的目的在于更好地优化配置持有的物业资产，让不动产资产实现保值和升值。房地产公司或物业管理企业纷纷地都在提出战略转型方案，由房地产开发、物业管理向资产管理的转变。

房地产资产管理包含物业管理和设施管理，是对整个物业资产进行管理。包括：制定物业策略计划、持有或出售分析、检讨物业重新定位的机会、审批主要的费用支出、监控物业运行绩效，根据物业在同类物业竞争市场上的绩效表现，管理并评估物业管理公司的工作，协助物业管理公司与租户的关系，定期进行资产的投资分析和运营状况分析。

房地产资产管理的核心之一是实现房地产资产增值。房地产资产通过出租获得收益，而资产的价格直接与收益挂钩。资产管理的对象是物业，资产管理的财务目标是实现资产长久性的保值、增值并获得超额利润。在资产成长的过程中，前期的工程和设备的质量以及后期的经营管理等都对于房地产资产增值有着十分重要的作用。

资产管理人员的日常工作包括定期完成月报、季报、半年报和年报。内容主要是：资产总市值、入住率、租金和管理成本趋势、现金流状况、应收应付。其中市场分析方面包括：资产市值与同类物业比、租金价格与同类物业比、空职率与吸纳量趋势、需求与供给分析。提出的建议包括：设施维修、资产处置和抵押情况等。

基金经理一方面可以通过组合投资的方法来减少系统风险，包括确定物业投资者或业主的投资目标，评估资产管理公司的绩效，审批资产管理公司提出的物业更新改造计划以保持资产的良好运行状态和市场竞争力，管理资产以实现组合投资收益的最大化，就新购置物业或处置物业作出决策等。主要工作包括：与投资者沟通并制定组合投资的目标和投资准则，制定并执行组合投资策略，设计和调整房地产资产的资本结构，负责策略资产的配置和衍生工具的应用，监督物业购买、处置、资产管理和再投资决策，评估投资组合绩效，客户报告与现金管理。通过科学的组合投资，投资者可以在收益与风险之间找到平衡点，即在风险既定的条件下实现收益最大化，或在收益既定的前提下使风险尽可能降低。随着物业经营管理的发展，组合投资理论将在房地产投资管理中得到广泛应用。

当前社区物业资产管理是房地产业的新"蓝海"，2014 年 6 月 30 日更是在香港联合交易所主板成功上市作为内地首个独立上市的物业服务企业。彩生活在全国拓展和管理的物业面积总量达几亿平方米左右，并在不断增加。花样年开始摒弃盲目追求规模扩张的房地产开发理念，转向以提高经营效益和投资回报为核心的轻资产运营理念。作为中国最大的小区服务运营平台，彩生活的上市得到资本市场的热烈追捧，成为房企轻资产转型的重要标杆。多家物业公司提出合作要求，彩生活借机加快并购扩张步伐。

房地产资产管理虽然目前对大多数人来说是一个新概念，甚至很多专业人士也对资产管理的内容和概念模糊不清。现在越来越多的开发商和投资者开始更加关注自持物业抵抗风险能力和方式，房地产行业的资产管理越发受到重视，无论是主动或被动，都将享有长期收益和期待资产升值和运营策略。而房地产投资也从过去的实物投资即买卖房地产，开始过渡到包含有对房地产私募基金的多元化投资。目前多数开发商及投资者和相关专业人士还普遍在资产管理上缺乏相关经验。

4. 房地产基金管理

房地产基金业可以分为两个层面：一个是私募基金；一个是资产证券化（部分是公

募的）。

房地产资产证券化可以分为多个层面：ABN（非公开定向发行、资产支持票据）、ABS（资产支持证券）、MBS（抵押贷款支持证券）、CMBS（商业房地产抵押贷款支持证券）和REITs（房地产投资信托基金）等（更多相关内容见第四章、第五章和第六章）。

房地产资产的基金经理（包括上市和非上市的基金）工作包括：

（1）确定物业投资者或业主的投资目标，评估资产管理公司的绩效。

（2）审批资产管理公司提出的物业更新改造计划以保持资产良好运行状态和市场竞争力。

（3）管理资产以实现组合投资收益最大化，就新购置物业或处置物业作出决策。

（4）与投资者沟通并制定组合投资的目标和投资准则。

（5）制定并执行组合投资策略，设计和调整房地产资产的资本结构。

（6）负责策略资产的配置和衍生工具的应用。

（7）监督物业购买、处置、资产管理和再投资决策。

（8）评估投资组合绩效、客户报告与现金管理。

（9）通过科学的组合投资，投资者在收益与风险之间找到平衡点，风险既定条件下实现收益最大化，或收益既定前提下使风险尽可能降低。

5. 物业管理、设施管理、房地产资产管理和基金管理相互关系

物业管理、设施管理、房地产资产管理和基金管理相互关系如图2-4所示。

图2-4 物业管理、设施管理、房地产资产管理和基金管理相互关系

建筑物都需要良好的资产管理，包括物业管理和设施管理。目前全国很多房地产企业，都有大量的存量资产，需要资产管理，很多企业也开展了房地产基金和证券化业务；房地产基金和证券化产品已经与我们的生活越来越密切相关了。

房地产资产管理更多从拥有资产角度看问题和管理，房地产基金管理和资产证券化更多从投资角度看问题和管理，因此，他们管理和运作的角度及方式是不同的。

反思房地产资产管理、基金和证券化领域，很多人觉得房地产基金管理和资产证券化高大上或者来钱快，而常常忽略或不重视其基础资产的管理。事实上，谈论房地产基金和资产证券化离不开良好的房地产资产管理。毕竟，好的资产管理是基础，开发商或者投资者也可以完全自己持有，基金和资产证券化只是投融资的方式之一或者说是较好的方式之一，也不是必然的选择。

二、房地产资产管理的主要内容

1. 房地产资产管理的流程（融资、投资、管理和退出）

房地产资产管理可以是一个全生命周期的管理过程，可能从资金安排、拿地、建设开发、运营管理、销售退出，或者从资金安排、买入资产、运营管理、销售退出等。如果项目在前期开发过程中出现成本过高，项目租金收入水平较低的情况，可能出现物业的估值与投资成本之间差异不大，甚至出现投资亏损的情况，主要包括：

（1）时间和市场合适，消费者锁定。

（2）选址合适（但地段不是唯一），控制土地成本。

（3）产品合适，特色引领。

（4）控制投资，锁定造价。

（5）营运管控，提升效益。

房地产资产管理的流程包括基础工作阶段、投资阶段、注册变更阶段、持有阶段和出售阶段，从中可以发现基础工作阶段会占用很多资源和时间，它们具体是：

（1）基础工作阶段

1）制定公司发展规划（经济状况、政策法规、竞争格局和公司内部资源等），确定产品类型（办公、商业或酒店等）、并购目标资产（成本效益、拟并购对象确定、后并购时期整合难度和法律障碍等）。

2）前期项目寻找：搜集信息，初步沟通，了解目标企业情况和意向、联系人和方式的重要性；检查物业，评估和财务分析，谈判确定基本原则（基本价格、交易结构、融资、财税和法务等），签订意向协议。

3）递交立项报告、上报公司或 / 和上级主管部门。

（2）投资阶段

1）尽职调查：尽职调查报告、审计、评估。

2）确定成交价、融资和支付方式。

3）上报项目建议书。

4）董事会决策程序。

5）协议书及附属文件签署。

（3）注册变更阶段

1）开始分阶段资金注入。

2）物业接管、产权交接、变更登记。

（4）持有阶段：各方面运作与整合，确定管理和租赁等方式和策略，资产增值措施等。

（5）出售阶段：委托中介和直接寻找买家、交易谈判等。

如果这个物业开发后，开发企业自持，其资产管理团队的工作应该在开发阶段就介入，不仅仅是对物业和设施的熟悉过程，前期的租赁工作也可以尽早开始。不断优化和改进帮助资本退出获利也是资产管理的核心内容。以下我们对其中的几个重要部分再作一些分析。

2. 资产管理人的责任

资产管理人主要负责资产的投资回报率、增值、品牌提升，即资产管理经理应该表现的像业主一样，把每座建筑视为一个单独的产业；让建筑产生利润，为其增加价值包括提升物业的品牌度，作为领导人要对一座建筑所有管理方负责，这些关联方包括开发商或投资人，也即资产管理人的领导或委托人、运营商（可能是受到资产管理者的委托）、商户、消费者、政府有关部门等。现以商业地产各个参与方及其利益来看资产管理人的责任，如图 2-5 所示。

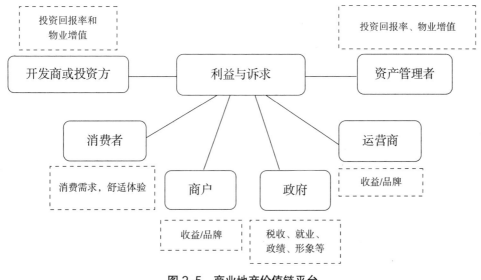

图 2-5　商业地产价值链平台

3.物业资产增值的要素

（1）理解建筑和市场中所有不同元素在一起如何为资产管理带来价值。

（2）强调了房地产资产管理当做生意来看待，而不仅仅是物业管理和租赁等。

（3）利润：利润＝收益－支出＝净租金收入。

（4）资本化率：资本化率是一项资产的净营业收入与它的资金成本（买入这项资产的原始价钱）或当前市场价值的比率。资本化率（净租金收入／资产价格）至关重要，其常常对资产价格起决定性作用。

（5）有时候一些重大的费用，如电梯更新或大堂翻修，虽然是支出，但对物业整体价值是提升。

（6）商业计划书的制定。

（7）市场信息的掌控。

（8）训练有素的物业、设施和租赁运营团队。

（9）各项收入的增加策略和支出优化（譬如能源管理和费用控制）或减少策略。

（10）相关风险控制，譬如预防性维护。

（11）融资计划和实施，它影响现金流和投资回报。

（12）好的客户服务利于租户挽留，并且给建筑带来好的声誉以吸引其他租户等。

图 2-6 是一个商业地产的资产管理部分增值服务内容。

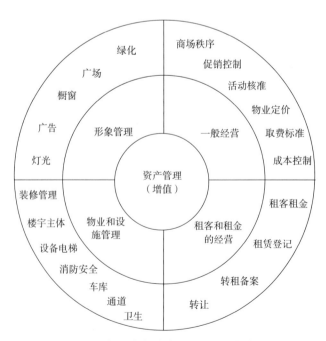

图 2-6　各项商业地产部分增值服务内容

以下这些方式可以影响资产的价值：

（1）定位是否准确；

（2）品牌组合是否合理；

（3）竞争者策略；

（4）租金绝对值及未来提升空间；

（5）租期短中长结合，以短期租赁为主；

（6）团队的打造及提升；

（7）物业的维护与更新；

（8）债务处理和优化等。

4. 招商、租赁协议和租客服务

（1）租户、租期、租金、租约、出租率；

（2）租户品质、租金和出租率的关系和平衡；

（3）客户的选择，包括考虑购物和休闲组合以及品牌商户组合调整；

（4）严格的市场调查（确定每一种类别的店能够保持良性竞争的数量）；

（5）租期的长短（譬如 2 ~ 5 年不等）；

（6）租金的确定和支付方式；

（7）了解了租户的经营模式，进行更合理的租金设计；

（8）定期的租客的沟通（含商场的方案计划）；

（9）寻找一个新租客的成本将是维持现有租客成本的 3 ~ 5 倍。

5. 预算管理、收入、支出和现金流

（1）预算管理

1）编制依据；

2）对比项目可研或审批测算；

3）实际运营控制；

4）编制、审批、回复和调整及执行收入；

5）租金收入（固定租金和 / 或提成租金）；

6）物业管理费；

7）停车费；

8）广告收入；

9）场地租赁；

10）其他收入（譬如有直接运营的商店和配套服务，包括没收保证金、花车、

ATM、违约金）等。

（2）支出

1）公共事业费（水、电、气）；

2）维护／维保（保安、保洁、机电、绿化、垃圾、保险等）；

3）推广费（媒体、印刷、活动、律师等）；

4）办公行政费（办公、IT、差旅、培训等）；

5）薪金及相关费用（工资、招聘等）；

6）税费（营业税、房产税）；

7）折旧；

8）其他费用。

（3）现金流

1）资金收入；

2）资金支出；

3）资金收入和支付的时点；

4）随时调整；

5）与预算对比。

6. 财务、评估和融资

房地产项目因天生具备投资总额高、运营管理复杂、投资回收期较长等特点，因此相关财务数据也是至关重要的，决定了资产的价格、价值和融资等。有关行业数据，可以从专业咨询公司或行业协会等的报告中获得，从中可以发现同行的类似资产的投资回报率。类似资产的财务及相关数据对一位资产管理经理来说有很大用处，他们可以用这些数据按照资产分类（办公楼、商业或酒店等）和分布地区来判断自己的资产表现的好坏程度，并制定及时的应变策略。

以商业地产项目为例，其重要的财务技术指标是 EBITDA，EBITDA 是 Earnings Before Interest，Taxes，Depreciation and Amortization 的缩写，即未计利息、税项、折旧及摊销前的利润。计算公式如下：

EBITDA ＝净利润＋所得税＋利息＋折旧＋摊销，或 EBITDA ＝ EBIT ＋折旧＋摊销。

EBITDA 非常适合用来评价一些前期资本支出巨大，而且需要在一个很长的期间内对前期投入进行摊销的行业，比如核电行业、酒店业、物业出租业等。EBITDA-U 达到 6% 是境外 REITs 发行的门槛。一般而言，一个成功商业地产项目的 EBITDA-U 可达到 8% 或以上。围绕 EBITDA-U 的核心财务回报数据，资产管理的评价标准也变得清晰可控。

使用 EBITDA 优点包括其不考虑融资成本和税收等因素，这样能够更加清晰判断项目本身。EBITDA 经常被用来与企业现金流进行比较，因为它对净利润加入了折旧和摊销，这两个对现金没有任何影响的主要费用科目，由于并没有考虑未来补充营运资金以及重置设备的现金需求，我们不能简单地将 EBITDA 与现金流对等。虽然 EBITDA 已经被很多专业人士和企业用来衡量公司业绩，但缺乏其他衡量标准地配合使用，EBITDA 呈现出的公司财务状况就是不全面的，甚至是危险的。譬如针对一个快速成长型的公司来说是一个最大的问题，因为快速成长性公司销售量的增长会带来应收账款和库存的增加。这部分运营资金消耗了大量的现金，但却被 EBITDA 忽略了。如果了解公司完整的运营现金流状况，就一定要看公司的现金流量表。

商业地产运营管理者关心的重点是多从消费者和商户维度进行思考，其 KPI 为客流量、提袋率、客单价、商户入住率、销售坪效等指标。商业资产资产管理者，关注的重点则是现有投资收益和未来资产增值，其 KPI 为 EBITDA 和 EBITDA-U（投资回报率）等指标。

EBITDA-U 被作为投资市场对购物中心资产价值的核心 KPI，它反映出一个购物中心通过持续运营所能带来的投资回报水平，即要求增加收入，主要是租金收入，控制成本。

商业地产资产是以资产增值为目标的管理工作，涵盖了运营管理的基本职责，从相对单一的招商及物业服务和设施管理，发展为跨越了会员和数据技术管理、供应链整合、新业态发展、项目融资和评估等，甚至参与资金募集、发行与退出等，这就要求企业从根本理念上和组织架构上要作改变或 / 和调整。

对同属于大的商业地产项目范畴的商业、办公、酒店、工业和物流、养老和文旅等项目，都有其各自特点，譬如酒店项目，其重要的财务指标还包括营业总利润即 *GOP*。*GOP*= 酒店营业总收入—酒店营业总支出；*GOP* 率就是利润率，*GOP* 率 = *GOP*/酒店营业总收入 ×100%。

房地产评估主要有三种方法，即市场比较法、投资收益法（或称投资回报法和租金收益法）和资产重置法（或称成本计算法）。

虽然市场比较法最有说服力，因为它是通过很多最新可比成交案例来做直接比较的，但一个估价师不会有许多一样或及其类似的商业房地产样本。成本计算法是运用建设目标房产所需的花费再减去房屋折旧和损坏来算出其价值，其中它更适用于新建房屋，因为新建房屋还没有折旧和损坏，更便于计算。

因此，投资回报法，即通过净租金除以市场的房地产投资回报计算出目标房产的市场价值的方法，常用做评估商业地产资产。运用此方法，也需将目标房产与周边和近期内已经发生交易的类似的房产或／和其他在出租房产的租金加以比较对照。但使用投资回报法也需要注意：

（1）此房地产高于或低于市场租约；

（2）不同的租约长度和租金提升；

（3）业主和房客在房地产运作费用上不同的分摊；

（4）机构和私人投资者对相同房地产的不同定价。

针对一个相对长期持有的物业，在评估方面，一个较好的方法是，投资回报法主导，市场比较法和成本计算法作为重要参考依据；内部评估和外部评估相结合，可能的话定期更换外部的评估师。

如果是评估一个正在运营的商业项目，其他很多因素也作为重要考量，譬如其空调和机电等设备是否已运行多年，未来各类设备和建筑的维护费用会怎样？设备是否需要更换？建筑何时需要大修？这些因素会降低项目的 EBITDA。

房地产投资一般需要融资来配合，无论从利用杠杆放大投资收益或者从盘活资产角度都是有必要的；同时，没有金融机构愿意融资的资产本身可能存在很大的风险或不确定性。房地产资产无论做股权和债权或者做夹层融资都需要一系列的条件和手续，而一般来说其较好的现金流是必然条件。

资产负债率 = 负债总额／资产总额（含债务总额）

资产负债率是衡量房地产资产杠杆水平的重要标准，但是当市场价格高企的时候，会使得资产总额也放大。所以需要其他的指标来辅助理解其资产负债表的稳健性和偿还能力，譬如通过息税税前利润除以债务利息的利息保障倍数。

利息保障倍数 = 息税前利润（净利润 + 利息费用 + 所得税费用）

这个比率反映企业的经营收益支付债务利息的能力，越高说明偿债能力越强，至少应该大于 1 才表明有偿付利息的能力，如果利息保障倍数小于 1，表明自身产生的经营收益不能支持现有的债务规模，我国较多金融机构在提供资金时，一个条件是利息保障倍数不小于 1.3 或更高。

有的金融机构采用偿债备付率（即 DSCR—Debt Service Coverage Ratio）又称偿债覆盖率。偿债备付率是指项目在借款偿还期内，各年可用于还本付息的资金与当期应还本付息金额的比值。其表达式为：

偿债备付率（DSCR）= 可用于还本付息的资金（EBITDA－T）／当期应还本付息的金额（PD）EBITDA—可用于还本付息的资金，包括可用于还款的折旧和摊销、成本中列支的利息费用、可用于还款的利润等；

T—企业所得税；

PD—当期应还本付息的金额，包括当期应还贷款本金额及计入成本费用的利息；

贷款对资产值比例（TLV）也是一个关键指标，很多金融机构规定无论此不动产偿还能力多强，贷款金额与资产价值之比也不能超过一个特定的比例，譬如当 DSCR（偿债覆盖率）大于 1.3 倍；TLV（贷款对资产值比例）不高于 50%（折算覆盖倍数 2 倍）认为是有较好的支持效力（图 2-7）。

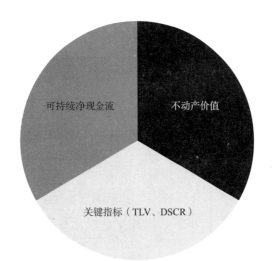

图 2-7 两个房地产贷款融资关键指标

有关更多房地产融资方面的介绍，请看接下来的几章。

7. 维修和更新

物业的质量会随着时间延长而下降，适当的预防维护计划和维修计划，对保持甚至提升物业质量至关重要，从而是此物业在竞争的市场中保持很好的竞争力，即合理的维修支出是可以代理较好的回报的。

物业的维修包括很多年一次的大修、几年一次的小修和日常的维修，有些维修费用支出的时点是大租户进驻或业态调整。

有时候更新（或大修）会伴随再次规划，譬如老客户搬离后，新的大客户迁入时有特色需求等。

8. 风险和合约管理

（1）租客维护；

（2）业态调整——与时俱进；

（3）保险：业主保单、租户保单、施工单位、顾问单位和员工等；

（4）合规：合约签订流程和公司制度；

（5）公章管理风险合约和印章管理制度等；

（6）招投标和授权表等。

9. 项目的买入和卖出

资产管理者买一座物业，需要包括有市场、租金、客户、评估、谈判和交易等很多方面能力。

房地产是一项投资，与任何投资一样，它将在合适的时候被买入或卖出。具体退出或处置的时候包括资产转让和股权转让，在交易过程中也需要熟知各项税费，包括契税、土增税、所得税和房产税等。

10. 资产管理报告

资产管理者需要定期做以下投资报告并报企业领导或投资者，报告和其内容包括：

（1）月报、季报、半年报和年报；

（2）汇报内容主要是：资产市值、入住率、租金和管理成本趋势、现金流状况、应收应付；

（3）市场分析：资产市值与同类物业比、租金价格与同类物业比、空置率与吸纳量趋势、需求与供给分析；

（4）业绩指标、价值、绝对回报、账面价值、资本支出预算、关键措施、闲置期；

（5）运营计划（包括租赁、物业和设施管理）；

（6）物业年龄和财产类型（办公楼、零售、工业、住宅、地面租金、其他）；

（7）物业融资情况（包括银行贷款或者资产证券化等）；

（8）租客介绍和租客挽留等；

（9）建议：处置／维修／抵押时机；

（10）团队、顾问、承包商；

（11）服务优选流程：各类服务报价、招投标团队顾问承包商、造价顾问的询价函等；

（12）管理团队组织架构、培训计划和决策机制等；

（13）行业的认可情况，包括参与的相关专业评比情况等。

三、商业、办公、宾馆、旅游和养老、工业和物流、长租公寓资产管理的特点

1. 商业资产管理

（1）目标客户群（商家和消费者）和自身定位；

（2）地点 [譬如大型商场（中心）一般位于人流大和好的公共交通方便的地方]；

（3）工期有长有短；

（4）现金流安排；

（5）就业，消费者年龄段、生活方式、花费和信心对需求影响很大；

（6）商场由"经营商品、经营品牌"转向经营消费者；

（7）商业品牌由重规模转向重创新，不同业态之间的复合是未来创新的一大方向；

（8）其他。

2. 办公资产管理

（1）目标客户群（使用者）和自身定位；

（2）地点（一般位于城市的中心商业区和公共交通方便的地方附近）；

（3）工期较长；

（4）现金流安排；

（5）需求：白领就业，譬如金融、保险和房地产业办公楼市场在很多城市风险更大；

（6）其他。

3. 宾馆、旅游和养老资产管理

（1）共同的特性：

1）目标客户群和自身定位；

2）地点（选址的重要性）；

3）工期相对较长；

4）现金流安排；

5）其他。

（2）旅游、休闲、养生和养老的区别如下：

1）旅游：景点和住宿等；

2）休闲：舒适和住宿等；

3）健康（养生）：住宿、配套和环境等；

4）养老：住宿、医疗、配套和环境等。

4. 工业和物流资产管理

1）有良好运输市政设施支持的制造业和仓储业；

2）房地产类型会根据需求而变化（特别是工业市场，
譬如工业园区中的总部园区等）；

3）工期不长；

4）可能出现与园区工业厂房的竞争；

5）最大特点是量身定制：找客户、找地块、建设、持有和出租；

6）其他。

5. 长租公寓资产管理

1）目标客户群（外来和年轻人）和自身定位；

2）移民水平、当地经济活动、买房承受力等；

3）开发商、中介、运营公司何地方政府等提供的不同产品；

4）租金回报一般不高；

5）公寓产品土地性质多样性（住宅、商业和工业等）；

6）其他。

6. 各类资产的管理部分特点比较

各类资产的管理部分特点比较见表 2-2。

各类资产的管理部分特点比较 表 2-2

	办公	商业	生产厂房	仓储配送	酒店	长租公寓
咨询管理 / 人员培训	√	√√	√√	√√	√√	√√
财务预算 / 应收付 / 资产管理	√√	√√	√√	√	√√	√√
清洁护理 / 内外保安	√√	√√	√√	√	√√	√√
会议设施 / 复印打印	√√√	√	√		√√√	
邮件收发 / 餐饮 / 配送	√√	√	√√		√	√√
公司车辆 / 停车 / 卸货	√√	√√	√√	√	√√	√
耗品采购 / 供应商管理	√	√	√√	√	√√√	√√
建筑维护 / 能源管理	√√	√	√√	√	√√	√√
设备运营 / 维护维修	√√	√√	√√	√	√√	√√
业主关系 / 租户关系	√√	√√	√	√	√√	√√
政府 / 媒体 / 社区关系	√	√	√	√	√√	√√
客户服务 / 服务外包	√	√	√	√	√√	√√
安全管理 / 门禁与监控	√√	√√√	√√√	√√√	√√√	√√√
应急疏散 / 运营恢复计划	√√√	√√√	√√√	√√	√√√	√√√

注：√多代表这一项目在这类资产管理中的重要性。

资料来源：BOMA 和作者。

第三章　房地产资产管理和大资产管理及轻资产管理

——黑石集团在招股说明书中写明，如果出现问题，他们会把有限
合伙人的利益放在公众投资者之上

第二章，我们主要介绍了房地产资产管理，即不动产资产管理，是指对不动产，特别是非住宅类不动产的全方位的管理和经营，以达到不动产收益最大化的目的。

本章主要介绍更加广义房地产资产管理，即是对所有对房地产相关投资的资产管理，包括各类房地产公司或企业债权、夹层和股权投资方面的管理，也可以分为直接和间接投资的管理，甚至包括代建和代运营;资产管理者的收益主要体现在基金（资本）管理费、代建费收入、运营管理收入、各类业绩提成收入（包括退出奖励）等。当前我国很多房地产企业及相关服务公司、商业银行、信托公司、证券公司、公募基金、私募基金、资产管理公司、保险公司等都参与了广义的房地产资产管理，可以称为"大资产管理"或"大资管"时代已经来临。

大资产管理的核心特征之一就是很大程度上把资产管理方与投资方分离，类似于所有权和管理权相分离。以资产管理为纽带，极大程度地发挥各专业能力的集成和整合，为投资人创造更合理的回报。

近些年来，我国房地产金融和基金业确实也发生了很大的变化，可以说是空间大和前景好，更多各类金融机构和投资公司及个人加入到这个行业，业内称为大资管时代已经在 2012 年底开启。虽然当前我国房地产资产管理总体规模虽然还相对较小，但增长速度很快。

从全球来看，资产管理行业是当今世界上金融服务业中最重要的部分，在未来的中国，预计今后 10 年也会以年均复合 25% 的增长率增长。房地产资产管理虽然对我们大多数人来说是一个新概念，将在中国大资产管理中扮演重要角色。

这几年，房地产轻资产化也越来越流行，它也伴随基金和资产证券化的发展，前途光明。轻资产管理就是用有限自由自己投入，获取最大收益，是所有房地产企业追求的最高境界。在轻资产模式中，企业紧紧抓住自己的核心价值，是以价值为驱动的资本战略。

本章首先介绍房地产直接投资和间接投资，以便我们对房地产资产管理的范围有一个更加清晰的认识，然后介绍房地产大资产管理机构包括商业银行、信托公司、证券公司、公募基金子公司、保险公司、私募基金公司等，最后介绍房地产轻资产管理。

一、房地产直接投资和间接投资

房地产投资可以分为直接投资（direct property investment）和间接投资（indirect property investment）（图 3-1）。简单地对许多个人投资者来讲，房地产直接投资可以是指投资者直接买入住宅房产、办公楼和商铺，对机构投资者来讲，房地产直接投资可以是指投资者从事房地产开发或直接买入整幢办公楼、商场和酒店式公寓或其中的几个层面（几千到几万平方米或更多平方米）等，而房地产间接投资可以是指投资者包括个人投资者和机构投资者买入房地产上市公司股票、房地产投资基金和房地产公司债券。

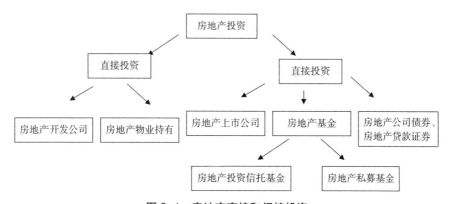

图 3-1　房地产直接和间接投资

房地产直接投资主要指从事房地产开发或直接买入房地产，另外在许多国家也有一些个人买地造房，但目前我国城市的商品房还没有出现这种情况，还有近几年来讨论比较多的个人集资建房也是很难具体操作，事实上也与现有法律有冲突。

房地产间接投资包括买入房地产上市公司的股票和债券及房地产投资基金，而房地产投资基金包括了房地产投资信托基金、私募房地产投资基金、夹层融资基金和对冲基金房地产投资等。

1. 房地产直接投资的特点

直接开发或拥有房地产的优点包括以下多个方面：

（1）直接控制权：从事房地产开发，可以从买地、规划设计、施工、市场和销售等多方面控制项目。公司或个人直接拥有房产时，可以根据自己对市场的判断或对资金的安排来买进或卖出。在买卖交易的时候，也可以自己委托房产中介、律师等服务机构。买卖价格、付款周期和中介服务费用等合同条款可以自己通过谈判来定。在房产出租阶段，对租金的要求、租客的选择、出租期限、服务机构的选择、装修标准和维修保养费用等方面也都有决策权。

（2）财务杠杆作用：房产投资可以使用其他人的资金，即用房产作为抵押品从银行贷款，它可以用少部分资金来做一项较大投资的项目，这远远胜于其他许多形式的投资方式。虽然许多发达国家也接受比如股票的抵押，但限制条件会更多，且贷款机构的放款比例较低。基本上，如果使用贷款投资房产，那么投资者就会获得住房所有权带来的好处（即租金收入和资金增值所得），而如果房产的资金净收益（净租金收入）超出了资金花费（即贷款的支付）和管理费用，那么通过借贷投资的策略要比无债务的拥有住房更有利可图，而且能够积累财富。

（3）拥有房产的自豪感：对一些个人投资者来说，拥有自住房也可以是一种地位和荣誉的象征，这一点目前在我国尤为明显，这不仅是对成功人士，对一般家庭和要结婚的年轻人也如是。同时如果拥有了自己的房产，投资者有权希望自己在装修、维护等方面适当放入自己的想法，以及有收租金的满足感。对一些机构投资者来说，拥有自己的房产也可以是一种公司地位、品牌和实力的象征，许多公司在自己的办公楼上挂上公司的招牌或直接以公司名字命名次办公楼等。

（4）无资产管理费：由于自己直接开发或直接拥有房地产，不需要另外特地聘请资产管理人；有关资产方面问题，就由自己处理，所以无需另外支付资产管理人费。

（5）较少的管理人道德风险：由于自己直接开发或拥有房地产，并无资产管理人介入，所以管理人道德风险相对较少。

直接开发或拥有房地产的优点已为投资者知道，它们的弱点虽然我们也经常提到，但许多投资者重视不够。特别是经过近几年来房价的上涨，同时随着国家宏观调控政策对抑制房价上升较快和房地产投机炒作起到积极的作用的显现，这些房地产直接投资的弱点更加体现出来，下面我们提出主要的几条作分析。

（1）流动性较差：房地产开发项目特有的流动性较差。

直接拥有房地产，譬如对个人投资者而言（对机构投资者也类似）可以得到完全控制个人或家庭资产的优势，但它并不是流动的资产，即不可以立即转变为现金，要想出售房地产一般是要花费一段时间的，有时会很长时间。而且房地产是不可分割的，常常很难将部分房地产转为现金。所以房地产投资通常还必须要有一种较中长期的打算，因为资产是固定的。

（2）可能买卖成本较高和管理成本较大：直接拥有房地产，可能买卖成本较高和管理成本较大。譬如目前我国个人投资房产（机构投资者也类似）所花费的成本包括：购房前期费用、运作成本和卖房费用。购房前期费用包括首付款、契税、贷款和保险费用等。房产投资日常的运作费用包括:归还贷款本金和利息、物业管理费、维修基金。

另外，住房的结构和建房质量以及以前的租客和／或卖主对该房的使用情况也会影响运作成本等。一旦房产卖出，也会有很多的花费。其中可能包括中介代理费、税费和银行对提早还清贷款可能收取的罚金等。

（3）资金的要求较高：房地产开发需要的资金量较大，整个项目或首期买地需要几千万元甚至几亿元也是很正常的。买入房产需要的资金量也较大，譬如如果是个人投资房地产（机构投资者也类似），房产投资是那种最初要有相对较大资本支出额的投资，首付的 20% ~ 40% 房款也往往要十万以上或几十万元及以上，我们可以看到许多人或家庭等到凑足了原来房价的首付款，但房价也上涨了，这样一来就买不起了，同时这部分原来房价的首付款放在银行的存款利息又较低，他们可能进入尴尬的境地。

（4）投资风险可能较大：房地产的位置一般都是固定的，不好任意搬动的。而且由于受到经济的限制，理想的住宅类型和地点的选择常常是由不得你自己做主的。房产价格的变动是有周期的，你买入的时候，可能是在高价格，存在房价下降风险即是指由于房产价格下降，致使该房产价值减少，房产拥有者的资产减少，最坏情况可能出现"负资产"，即未还款额大于房产价值，对于楼价下跌风险，防范措施主要是要把握好整个房地产市场发展的形势和自己抗风险的能力及措施。还有如果买房者需贷款买房，由于买房者（贷款人）收入发生变化或其他原因，没有能力及时归还银行贷款的风险。如因为违约除要归还正常贷款，另外还要交纳违约金，会遭受双重的损失。因此，应对此类风险的方法就是要根据自己的资金实力，量力而为，不要过分追求资金杠杆效益，将贷款比例控制在安全范围内，一般来说，每月还款额应在家庭收入的 25% ~ 35%，不能超过 50%。事实上，在经济合作与发展组织（OECD）2005 年和国外其他最新的资料中，我们可以发现发达国家居民的每月还款额都在家庭收入的 25% 以内。

由于 20 世纪 90 年代以来我国中央政府采取了更灵活和市场化的金融政策和加入了世界贸易组织（WTO），可以预见，以后利息率的波动就更加市场化了。住房拥有者可以发现，利息率可能会随着许多不确定因素而上升，而他们的支出也会相应增加。

如果是房地产开发商，要考虑的风险更多，它们包括但不限于以下几个方面：土地获得、市场和产品定位，政府批文、施工质量、建设成本和销售等。

（5）专业性可能不强：房地产投资还是需要较强的专业技能，特别是通过这十多年的房价有升有降的过程，广大投资者（包括机构投资者和个人投资者）也认识到全面的信息和专业知识的重要性，比如对一特定区域房地产供求关系和市政规划、中央和地方政府对房地产的政策影响分析等。而一部分高收入者也没有时间去花费在这些工作上，甚至于许多投资机构也没有完全的能力对许多细分的市场作很多深入的研究。

2. 房地产间接投资的特点

在我国直到目前，作为个人和机构房地产投资者若要直接买入房地产，常常也需要中介机构协助，费时费力，手续也复杂，最重要的是，变现性不佳。而通过房地产间接投资，譬如投资人可以在股票市场买入房地产公司股票、房地产投资信托基金或私募房地产基金。

表 3-1 中简要列出房地产直接投资、将要创新的房地产投资信托基金和合伙私募房地产基金主要几个方面作比较，并将房地产直接投资与房地产投资信托基金（房地产投资信托基金有上市的和非上市的，详见第六章，这里以上市的作比较）作比较讨论。

房地产直接投资、房地产投资信托基金和合伙制房地产基金的比较 表 3-1

内容	房地产直接投资	（上市的）房地产投资信托基金	房地产私募基金
流动性	较差	较好	较差
买卖和管理成本	相对高	相对低	相对适中
资金的要求	较高	低	较高
降低风险投资组合多样化	相对较难	相对容易	可以
专业性	相对较弱	强	强
税收优惠	自住有，非自住房无	许多国家有	许多国家有
控制的优势	可以	不可以	不可以
信托管理人职业道德危机	无	有	有
管理费用	少	有	有
预期回报	一般～很高	一般～较高	较高～很高

（1）流动性较好：由于房地产本身的特性，导致在交易过程中通常需借助于中介机构，不但费力，且转让手续繁杂，变现性差，从而使得投资者具有较大的流动性风险。

作为另一种投资方式，房地产投资信托基金更灵活，它可以很快将其部分和全部转换到现金。通常情况下，上市的基金是可以卖出其中的任何一部分（然后再买进），但是房产不行，比如说您想卖了自己住房的一个房间，那是不可能的。由于房地产投资信托基金投资在证券交易所上市，与传统的以所有权为目的房地产投资相比，投资者可以根据自己的情况随时处置所持房地产信托投资的股份，具有相当高的流动性。

（2）资金的要求不高：而投资房地产公司股票和房地产投资信托基金的起点要低很多，一般几千元就可以；而且投资者本身不用直接向银行贷款。

（3）降低风险的组合多样化投资：由于房地产投资往往需要庞大资金的投入，一般大众投资人无法同时进行多项房地产投资，这样容易造成投资过分集中的风险。

房地产投资信托基金可将部分资金，继续投资于不同类别的资产，增加收入来源，让投资更多元化。房地产投资信托也可以通过多元化投资组合，选择不同地区和不同类型的房地产项目及业务，有效地降低了投资风险，也取得了较高的投资回报。虽然自行投资房地产仍是不错的选择，而结合房地产投资信托股票后更能加强投资的益处。

（4）专业性强：房地产投资还是需要较强的专业技能，特别是通过这十多年的房价有升有降的过程，广大投资者也认识到全面的信息和专业知识的重要性，比如对一特定区域房地产供求关系和市政规划、中央和地方政府对房地产的政策影响分析等。而一部分高收入者也没有时间去花费在这些工作上。所以房地产投资信托基金和房地产基金会集中力量通过专业化的调研分析和经营管理，来使项目营运业绩提高，并使投资者可以分享房地产专业投资的成果。

（5）不完全控制性：自己直接拥有房产时，可以决定什么时候将此房产卖出或再买入其他房产。但普通的房地产公司投资者和房地产投资信托投资者不会有买卖这方面的权利，房地产公司和房地产投资信托基金管理人会决定。

（6）信托管理人职业道德和专业能力的风险和危机：房地产公司股票、房地产投资基金和房地产公司债券，都有投资者对管理者的信托成分，这样对管理人职业道德和专业能力有很大的依赖。譬如房地产投资信托基金的优势，不仅取决于拥有的房产当时的品质和与租客的素质，还包括市场上房产供给过量且可能造成房产空置率提高和租金下跌风险，同时也取决于信托管理人在发掘和提升房地产价值方面的诚信及商业能力。由于许多情况下，信托管理人的酬劳是根据资产价值及收购规模来计算的，如果信托管理人不注意受托责任（fiduciary duty），缺乏道德责任和进行不明智的资产收购，包括可能会追求扩大房地产组合规模，而不考虑房产的素质和价值及其升值空间，投资者的利益将受损。还有就是不负责任的信托管理人可能会与不诚信的房地产业主勾结，以高价买下房地产，而业主也答应比市场高的租金回租房地产，这样一来表面现象是每年回报较高，实际上投资人已有较大损失。

（7）信托管理费用：譬如房地产投资信托基金和其他信托基金一样有信托管理费用，它包括申购费和／或赎回费（买入和／或卖出）的基金费用和日常的管理费。目前许多人对基金就会觉得成本较高，购买积极性受到影响。我国目前基金申购赎回费都没有实行《开放式证券投资基金试点办法》的上限即 5% 和 3%，一般一申一赎大体在3% 左右。国外一些市场中已出现取消申购费和／或赎回费这些费用的信托基金产品。

基金管理费是支付给基金管理人的报酬，其数额一般按照基金净资产的一定比例（年率）逐日计算累积，从基金资产中提取，定期支付。一般而言，基金规模越大，单位经营管理成本就会降低，相应管理费率也较低。同时，基金管理费率与基金类别及不同国家或地区也有关系。通常基金风险程度越高，管理的难度越高，管理费费率也越高。在基金业发达的国家和地区，竞争较为激烈，基金的年费率较低，一般不超过1%。我国目前已发行的许多基金的管理费都是固定费率，一些基金的年费率为2%左右。

3. 战略投资者和财务投资

"战略投资者"一词最早起源于西方的资本市场，随着我国经济的发展引入到中国。1999年，中国证监会发布的《关于进一步完善股票发行方式的通知》中首次提出了"战略投资者"的概念，将其定义为"与发行公司业务联系紧密且欲长期持有发行公司股票的法人"。具体来讲，战略投资者是指具有资金、技术、管理、市场、人才优势，能够促进产业结构升级，增强企业核心竞争力和创新能力，拓展企业产品市场占有率，致力于长期投资合作，谋求获得长期利益回报和企业可持续发展的境内外大企业、大集团。

从上面的介绍来看，战略投资者主要具有以下几个方面的特征：

（1）与投资对象业务形态相似或互补。战略投资者在对企业进行投资时更加看重行业的长远发展，期望通过投资来改变其在行业内的战略地位。

（2）长期稳定持股。战略投资者追求的不是短期收益，而是长远的投资利益。因而战略投资者持股的时间较长，一般都在5~7年以上。

（3）股份占比相对较高。资本结构影响公司的治理。战略投资者为了能够顺利地进入公司管理层，在公司经营过程中拥有话语权，都尽可能地争取更高的股权占比。

（4）参与公司治理的积极性高。战略投资者希望通过派驻董事、进驻管理层等途径来参与公司的经营管理，利用自身先进的技术、丰富的管理经验以及资源方面的优势来改善公司的治理结构。

财务投资者是相对于战略投资者而言的。财务投资者是以获利为目的，通过投资行为来获得经济上的回报，在适当的时候进行套现。

财务投资者主要有以下几个方面的特征：

（1）行业专业性可能不高。财务投资者对于投资对象的业务形态不熟悉，因而更倾向于通过深入的调研、数据的分析等来挖掘公司的价值进行投资判断与竞价。

（2）注重直接、短期利益。相对于企业的长远发展，财务投资者更关注短期收益、直接利益。

（3）仅提供资金支持。财务投资者以风险投资基金、私募基金、投资银行等为主，仅提供资金上的支持，不参与公司治理。

战略投资者和财务投资者之间存在着差异，但是两者都是以财务回报为目的，有时候同样一个投资者也会转变角色。换句话说，利益是投资者与投资对象合作的基础，双方能获得的价值大小是决定合作与否的关键。战略投资者的锁定期过后，未来的投资经营就决定了投资者身份的转变与否（战略投资者还是财务投资者）。

尽管中国的房地产行业目前还在进行产业调整，政府对房地产行业实行了严格地调控，但整体仍表现出良好的发展态势，蕴含着无限的投资机会。房地产行业是一个资本密集型产业，对资金的需求大、要求高，对银行的依赖程度高。房地产股权投资基金是将筹集到的资金以股权的形式投到房地产行业中，主要针对优秀的房地产企业、优质的房地产项目等。我们要判断房地产股权投资基金是战略还是财务投资者，需要从房地产股权投资基金的特点入手来解析这个问题。

股权投资基金是指以非公开方式募集的、专项用于对企业进行直接股权投资资金的集合。房地产股权投资基金是以房地产行业为投资对象的股权投资基金。因此，应将股权投资基金的特点与房地产的特征结合起来分析房地产股权投资基金的特点。

股权投资基金主要有以下特征：

（1）在资金募集过程中，通过非公开的方式面向少数的机构投资者或个人募集。

（2）大多数采用的是权益性投资的方式，即持有企业的普通股或可转让优先股等方式进行投资。

（3）投资非上市企业。

（4）一般在公司发展的种子期和成长期进入，并在成熟期上市前退出，由此可见它的投资期是比较长的，大约为 3 ~ 5 年或以上，属于中长期投资。

（5）属于一种创新的金融工具，并不要求长期的对企业进行控制。

房地产行业是资金密集型行业，项目的开发、经营等需要的投资量都比较大，但回收期较长，稳定的资金来源就显得尤为重要了。同时，现阶段房地产行业中的房地产公司数量多，规模一般都比较小，对资金有强烈的需求。

综合来看，每个房地产股权投资基金有其特点，可能有的偏向于战略投资，而有的偏向于财务投资。譬如有的房地产股权投资基金的特点决定了战略投资的主体地位。首先，时间的匹配。战略投资者追求长远发展，通常持股期长，与房地产股权投资基金更加吻合；其次，房地产行业是一个与其他产业相关度较大的行业，房地产行业的变化直接或间接地影响其他行业的经营状况。战略投资者对房地产行业情况较为了解，能够帮助企业作出合理调整，抢得市场先机；第三，资源优势。战略投资者不但能为房地产企业的发展提供资金支持，还可共享自己的其他资源。

有的房地产股权投资基金以财务投资为主。首先，财务投资者是通过自己的调研来发掘企业的价值，通过竞价来形成发行价格。这样看来，财务投资者的参与能够保证认购程序的规范化，价格的市场化；其次，财务投资者对于房地产行业不熟悉，一般不参与企业的经营活动，对企业的约束小，给了企业足够大的空间来自由发展。

无论是战略投资者还是财务投资者都是以预期的收益为最终目标，所以在房地产股权投资中可以将战略投资与财务投资相结合，使两者之间互相限制，更加有利于企业的发展。战略投资者在一定程度上会对房地产企业的发展有约束，加入财务投资者，可以减少战略投资者股权份额，削弱战略投资者对企业的干预，有利于投资对象按照原公司发展方向继续前进。资金的需求贯穿于房地产企业经营的全过程，形成了一个资金链。财务投资者撤资后，资金减少会给企业带来财务困境，战略投资者则在一定程度上缓和了企业的危机。

二、房地产大资产管理

大资产管理时代下，一个更加开放、竞争的资产管理时代已经到来。私募基金纳入统一监管，基金管理公司可以通过设立子公司从事专项资产管理业务，证券公司、信托公司、商业银行、保险资产管理公司及其他资产管理机构纷纷申请开展公募基金业务。这些机构投资者的性质与个人投资者不同，在投资来源、投资目标、投资方向等方面都与个人投资者有很大差别。它们与第三方理财等各类机构纷纷直接参与房地产基金业务，初步形成多方鼎立势态。竞争加剧、开发商融资需求量大、市场风险加大、低资金成本和真股权合作等既是机会也是挑战。将我国目前各类总受托资产合计，其管理规模近 70 万亿元，与我国居民储蓄存款的 70 万亿元左右相当，这也反映居民对投资理财产品的日益增加的需求。

1. 金融资产管理公司

我国的资产管理公司分为两类：一类是进行一般资产管理业务的资产管理公司，没有金融机构许可证；另一类是专门处理金融机构不良资产的金融资产管理公司，持有银行业监督委员会颁发的金融机构许可证。

许多商业银行、证券公司和许多国有或者民营企业等都通过设立资产管理业务部或成立资产管理附属公司来进行正常的资产管理业务，它们属于第一种类型的资产管理业务，资产管理业务分散在商业银行、保险和许多企业业务之中。

我国金融资产管理公司是经国务院决定设立的收购国有独资商业银行不良贷款，管理和处置因收购国有独资商业银行不良贷款形成的国有独资非银行金融机构。目前我国金融资产管理公司主要包括 4 家资产管理公司，即中国华融资产管理公司、中国长城资产管理公司、中国东方资产管理公司、中国信达资产管理公司，分别接收从中国工商银行、中国农业银行、中国银行、中国建设银行剥离出来的不良资产。它们于1999 年分别成立，有着特殊的经营目标，包括政策性收购国有银行不良贷款，管理和采取市场化手段处置因收购国有银行不良贷款形成的资产。自 2007 年，四大金融资产管理公司开始商业化运作，不再局限于只对应收购上述几家银行的不良资产。

近年来我国金融资产管理公司商业化转型步伐加快，四大金融资产管理公司资产总规模已经上万亿元。在财政部、中国人民银行和中国银监会的大力支持下，我国四家金融资产管理公司相继步入商业化转型轨道，依托不良资产经营管理主业优势，协同各自旗下平台子公司牌照业务，实现了比较快速的发展，金融控股集团模式和发展路径日渐清晰。在中国金融业 500 强评选中，四家公司全部入围前 100 强。

譬如成立于 1999 年 10 月 19 日的中国华融资产管理公司，当时的主要任务是应对亚洲金融风暴，对口中国工商银行接收、管理和处置国有金融不良贷款。近 15 年来，中国华融发展历程主要分为三个阶段：第一阶段是 1999 年成立至 2006 年前后的政策性处置时期；第二阶段是 2006 年开始至 2008 年前后的商业化转型探索时期；第三阶段是 2009 年至今的市场化转型快速发展时期。2012 年 10 月 12 日，由财政部（控股 98.06%）、中国人寿保险集团公司（持股 1.94%）共同发起设立的中国华融资产管理股份有限公司正式挂牌成立，公司从此由一家政策性资产处置机构彻底转变为完全市场化经营的国有大型现代金融服务企业，这标志着中国华融进入了一个全新的发展阶段。

2018 年华融和信达资产管理公司的营业收入包括：（1）应收款项类不良债权资产收入；（2）不良债权资产公允价值变动；（3）投资收益；（4）利息收入；（5）佣金及手续费收入等。上述（1）和（2）项目主要源于母公司开展不良资产业务，其他各类收入主要源于母公司投资业务及各专业子公司的主营业务。房地产销售收入主要是其基于对在不良资产经营管理过程中获得的优质房地产项目进行重组、投资和开发，实现相关资产增值获利。

事实上，金融资产管理公司也参与很多房地产项目的投融资，成为这些很多房地产企业的资金提供者之一。譬如它们向很多房地产企业提供融资，就是原价受让房地产开发商及其关联公司之间的债权，一定期限后要求房地产企业股东回购这边债权并支付一定的资金占用费。

2. 信托公司

改革开放开始后，1979 年以中国国际信托投资公司的成立为标志，中国的信托业得到恢复，但长期以来我国信托业操作很不规范。其间经过 5 次整顿。

2005 年 9 月银监发布《加强信托投资公司部分业务风险提示的通知》（212 号文件）规定的严格程度几乎要高于银行要求。

我国信托和房地产信托规模发展到 2007 年时规模还是较小，自 2007 年"一法两规"实施以来，2008 年以后发展迅猛，信托和房地产信托规模已经维持了 10 年多的增长。

近年来，尽管行业发展环境日趋复杂，但信托业维持平稳较快增长，管理资产的内部结构持续优化，行业固有资本实力不断增强，风险资产占比稳步降低，信托业持续增长的基础更加牢固。管理信托资产规模持续增长。譬如至 2018 年底，我国 68 家信托公司管理的房地产信托规模超过 2 万亿元。

我国房地产信托计划对投资者的回报为信托计划方案中的协议回报，投资回报是随市场行情和不同企业及项目等情况变化，一般在 7% ~ 12% 之间。目前的房地产信托普遍呈现资金在单个项目上过度集中，优点是风险隔离，缺点是不利于控制风险。

3. 公募基金及其子公司

1998 年 3 月 27 日，基金开元和基金金泰同日成立，宣告我国规范管理的公募基金业正式扬帆起航。中国证券投资基金业协会发布数据，截至 2018 年 8 月底，我国境内共有基金管理公司 119 家，其中中外合资公司 44 家，内资公司 75 家；取得公募基金管理资格的证券公司或证券公司资管子公司共 13 家，保险资管公司 2 家。以上机构管理的公募基金资产合计 14.08 万亿元（中国基金业协会网站）。

从 2012 年 11 月证监会正式颁布实施《证券投资基金管理公司子公司管理暂行规定》至今，基金子公司野蛮生长、规模膨胀。截至 2018 年 8 月底，基金管理公司及其子公司、证券公司、期货公司、私募基金管理机构资产管理业务总规模超过 50 万亿元。

基金公司也开始迈入全资管时代，盈利模式也将随之多元化。一个吸引机构成立基金公司的因素便是基金子公司业务的灵活，可以开展类信托业务。2018 年以来，基金子公司的资产管理规模持续大幅缩水。2017 年底的基金子公司专户业务管理规模达 7.31 万亿元，到 2018 年底仅剩余 5.25 万亿元，规模下降比例达到 28%。若与 2016 年相比，差距更为惊人。2016 年底，基金子公司专户业务管理规模有 10.5 万亿元。也就是说，在过去 2 年间基金子公司资管规模下降幅度接近 50%。规模的缩小与相关金融政策收紧有关，譬如 2018 年 1 月 11 日监管机构进行窗口指导，要求集合资产管理计划不得投向委托贷款资产或信贷资产。定向投向委托贷款的资产或信贷资产需要向上穿透符合银监会的委贷新规。按照新老划断原则，已存续的业务自然到期，新增业务需满足上述要求。另外，集合类和基金一对多投向信托贷款的停止备案。

上海证监局关于证券公司资产管理计划参与贷款类业务的监管规定，要求如下：

（1）不得新增参与银行委托贷款、信托贷款等贷款类业务的集合资产管理计划（一对多）。

（2）已参与上述贷款类业务的集合资产管理计划自然到期结束，不得展期。

（3）定向资产管理计划（一对一）参与上述贷款类业务的，管理人应切实履行管理人职责，向上应穿透识别委托人的资金来源，确保资金来源为委托人自有资金，不存在委托人使用募集资金的情况；向下做好借款人的尽职调查、信用风险防范等工作，其他监管机构有相关要求的，也应从其规定。

虽然没有权威数据显示房地产业务在其中的比例，但详细房地产债权和股权投融资业务减小了对公募基金子公司业绩的影响，很多公募基金子公司现状更多关注房地产资产证券化业务。

未来基金子公司如何转型备受关注。目前子公司不仅能经营类信托，还能发行私募产品，并且发行的私募产品投资标的囊括：股票、债券、股指期货等。其中投资于实体经济企业融资的专项资产管理计划（房地产占很大部分）等。当中，很大一部分都是从通道业务开始着手。由于业务增加较快也导致目前基金公司对子公司期待和估价较高。近些年证券市场行情不好，公募基金产品难发，而其子公司需要配备的人员和团队相对精简，管理成本也低，而受益较高。

目前许多公募子公司注册资金多为 2000 万～5000 万元数量级，相比信托公司动辄数十亿元的注册资金，在实力方面是欠缺的，所以也是其产品收益要高出信托产品 1 个百分点左右的原因之一。

4. 私募基金公司

2007 年 6 月 1 日起施行的《中华人民共和国合伙企业法》，为中国本土有限合伙型基金的成立和运作提供了法律依据。2008 年 12 月《国务院办公厅关于当前金融促进经济发展的若干意见》的（十九）是：加强对社会资金的鼓励和引导。拓宽民间投资领域，吸引更多社会资金参与政府鼓励项目，特别是灾后基础设施重建项目。出台股权投资基金管理办法，完善工商登记、机构投资者投资、证券登记和税收等相关政策，促进股权投资基金行业规范健康发展。2010 年 4 月 28 日国务院常务会议上确定了 2010 年重点改革任务，包括"加快推进政策性金融机构改革，启动资产管理公司商业化转型试点，加快股权投资基金制度建设。"

2011 年 3 月 16 日国家出台的《十二五规划》作为未来五年我国经济社会发展的宏伟蓝图，它指出"促进创业投资和股权投资健康发展，规范发展私募基金市场"。因此，相信房地产股权投资基金发展也正在且必将会给我国房地产和金融市场带来更多的活力。目前，我国在运作房地产股权投资基金的法律方面已不存在障碍，许多运作的基金和企业已经获得了回报。

2014 年 5 月 8 日国务院印发了《关于进一步促进资本市场健康发展的若干意见》（"新国九条"），其中主要任务如下：加快建设多渠道、广覆盖、严监管、高效率的股权市场，规范发展债券市场，拓展期货市场，着力优化市场体系结构、运行机制、基础设施和外部环境，实现发行交易方式多样、投融资工具丰富、风险管理功能完备、场内场外和公募私募协调发展。到 2020 年，基本形成结构合理、功能完善、规范透明、稳健高效、开放包容的多层次资本市场体系。

2014 年 6 月 30 日证监会 105 号令《私募投资基金监督管理暂行办法》确立了监管部门对私募基金不设审批、事后监管、鼓励创新的监管态度，"契约型"私募基金获得了制度与监管层面的生存环境，私募基金不得超过 50 名投资人的限制借道，"契约型"基金实现突破。加上契约型基金的投资收益有先分后税的特点，也是当下私募基金最流行的方式之一。截至 2019 年 6 月底，基金业协会已登记私募基金管理人 2.43 万家。已备案私募基金 7.77 万只，管理基金规模 13.28 万亿元，私募基金管理人员工总人数 23.83 万人（更多相关内容见第四章和第五章）。

5. 商业银行、保险公司和证券公司

2018 年 12 月末，银行业境内总资产 261.4 万亿元，同比增长 6.4%。其中，各项贷款 140.6 万亿元，同比增长 12.6%，债券投资 45.2 万亿元，同比增长 14.1%。贷款和债券投资占总资产的比重分别较上年末上升 3 个和 1.2 个百分点，保险业总资产 18 万亿元，同比增长 7.2%。

商业银行设立基金管理公司试点工作于 2005 年正式启动。在我国资产管理行业混业经营、社会融资规模扩大的背景下，推出商业银行设立基金管理公司第三批试点，对商业银行，对基金行业，对整个金融市场都有重要的意义。银行系基金管理公司在资产管理、债券基金和货币基金上具有明显优势。商业银行设立基金公司，有利于商业银行自身改革的发展，近年来，商业银行为拓展中间业务，在电子设备、通信网络、资金清算、电子银行和基金托管等方面投入了大量资金，但中间业务收入在银行总收入中的占比还不高，丰富中间业务产品、提高中间业务收入占比的空间还很大。增加中间收入，扩大非信贷盈利资产，使现有以资产负债业务和存贷利差收入为主体的经营结构向资产负债业务与中间业务协调发展、存贷利差与非利息收入并重的经营结构转变。

由于受资本约束和贷存比限制，银行往往借道信托公司以腾挪信贷额度，这就产生了所谓的影子银行问题。资产管理业务试点的主要目的是使影子银行阳光化、透明化。银行资产管理计划使得银行同证券、基金、保险等企业的竞争会有所加剧，资产管理行业将进一步进入一个全面竞争的时代。在房地产领域，不少银行更加愿意出资参与大型开发公司共同获得土地，及通过发行资产管理计划来给开发商做前期融资。由于银行理财中的保本理财是计入银行资产负债表的，扣除后纳入资产管理范畴的银行理财规模超过 8 万亿元。

保险也属于金融范畴，尤其是人寿保险中的投资保险，即投保人需定时（比如每

月）交一定的钱作为投资，以后如投保人出了事并符合担保的内容，则按照保险的额度来赔偿。保险公司一般会有不同的产品给投保人选择，其中有些产品仅有保险功能，而有些产品也会有投资功能，如果没出事，那就连本带息都还给你，即买了保险如果不发生意外，到时候钱不仅可以全都拿回来，而且还会得到投资的收益。

保险公司既是一般意义上的保险公司，也是资产管理公司，掌握着庞大的金融资产，保险资金投资收益是保险公司的主要的利润来源，其投资活动遍布全球并且是无所不包，比如股票、国债、企业债、金融债，还有设立投资基金、投资房地产和期货等。

保险公司可以通常以全资子公司的形式设立保险资产管理公司，负责保险资产的投资管理。保险资产管理公司的业务不仅限于保险资产的管理，也同时管理共同基金等，保险基金也是资本市场上最重要的机构投资者之一。

保险公司在投资方面一般有几个特性，包括长期性、稳定性和分散性，因此它们通常是商业房地产的直接和间接投资者，长期持有并获得稳定租金收入，同时房地产投资会占总投资的 10% 左右，这些特性与退休基金非常相似，但其会保留相当的变现能力，比如现金等。

2015 年 9 月 11 日，保监会连续发布两条重磅消息，印发《资产支持计划业务管理暂行办法》（以下简称《办法》）和《关于设立保险私募基金有关事项的通知》（以下简称《通知》），这两个规章对保险资金的运用将产生巨大影响。《办法》的出台对资产支持计划业务作了较大尺度的原则性规定，保监会体系下的资产证券化业务又向前迈了一大步。而《通知》的出台明确了保监会监管下的私募基金的设立、运作机制以及投资方向。保险资金的运用又有了更大尺度的突破，"不动产基金""互联网金融"等均赫然出现在"基金的类别和投向"中。

2016 年 3 月 8 日，保监会网站发布"为了进一步完善保险资金运用管理制度，防范保险资金运用风险，我会拟修改《保险资金运用管理暂行办法》，目前已形成《关于修改〈保险资金运用管理暂行办法〉的决定（征求意见稿）》，现向社会公开征求意见"。其中六到九条对保险资金投资作了新规定，具体如下：

六、增加一条，作为第十五条："保险资金可以投资资产证券化产品，具体办法由中国保监会制定。"

"前款所称资产证券化产品，是指金融机构以可特定化的基础资产所产生的现金流为偿付支持，通过结构化等方式进行信用增级，在此基础上发行的金融产品"。

七、增加一条，作为第十六条："保险资金可以投资创业投资基金等私募基金。"

"前款所称创业投资基金是指依法设立并由符合条件的基金管理机构管理，主要投资创业企业普通股或者依法可转换为普通股的优先股、可转换债券等权益的股权投资基金"。

八、增加一条，作为第十七条："保险资金可以投资设立不动产、基础设施、养老等专业保险资产管理机构，专业保险资产管理机构可以设立夹层基金、并购基金、不动产基金等私募基金，具体办法由中国保监会制定。"

九、将第十五条改为第十八条，将第一款第三项修改为："（三）投资不符合国家产业政策项目的企业股权和不动产。"

中国保险资产管理业协会披露 2018 年数据显示，2018 年全年，共有 26 家保险资产管理公司注册债权投资计划和股权投资计划 213 项，合计注册规模达 4547.26 亿元，同比下降 10.41%。其中，基础设施债权投资计划 121 项，注册规模 2940.86 亿元，同比上涨约 20%；不动产债权投资计划 89 项，注册规模 1245.40 亿元，同比缩减 40%；股权投资计划 3 项，注册规模 361.00 亿元，约减少 30%。保险行业累计发起设立各类债权、股权投资计划 1056 项，合计备案（注册）规模 2.53 万亿元。

截至 2018 年 12 月底，131 家证券公司总资产为 6.26 万亿元，净资产为 1.89 万亿元，净资本为 1.57 万亿元，客户交易结算资金余额（含信用交易资金）9378.91 亿元，托管证券市值 32.62 万亿元，受托管理资金本金总额 14.11 万亿元。由于受 2018 年股市低迷影响，管理的规模也略有下降。

公募基金大量设立子公司，券商以发起设立公募基金和基金子公司，或直接申请业务牌照的方式进军公募领域将是大势所趋，而随着公募领域向更多合规机构开放，我国财富管理行业将呈现出更加有效、更加多元化的竞争格局。

近两年，证券公司的资产管理公司与基金子公司一样，不断探索转型路径，由于当前房地产明股实债等业务的暂停，目前房地产资产证券化成了转型和升级方向之一，包括开拓房地产 ABS、CMBS 和类 REITs 等业务（更多相关介绍见第六章）。

证券公司资产管理就是证券公司对客户资产进行的管理活动，通常所说的"资产管理业务"是指证券公司作为受托投资管理人，借助自身在人才、技术和信息等方面的专业优势，将委托人所委托的资产进行组合投资，从而实现委托资产收益最大化，资产所有者和管理者之间的法律关系为信托关系。2012 年 10 月 18 日，证券公司资产管理业务实施细则才正式出台，细则的一个特点就是鼓励证券公司创新。长期以来，证券公司的资产管理账户只能投资股票、上市债券等证券账户可投资的品种；实施细则将投资范围进行了拓展，可根据不同的资产管理计划作不同的限定，并未禁止投资包括房地产在内的私募债等非上市品种。实施细则还有一个特点就是将审核权下放，证券公司发行资产管理计划无需事先获得审批，可在发行之后限定日期内提交证券业协会备案。

另外，中国证监会 2013 年 2 月 18 日公布《资产管理机构开展公募证券投资基金管理业务暂行规定》，宣布从当年 6 月 1 日起，证券公司、保险资产管理公司以及专门从事非公开募集证券投资基金管理业务的资产管理机构等，可以向证监会申请开展基金管理业务，中国证监会依法核准其业务资格。2013 年 8 月，国内首家券商系资产管理公司——东方红资产管理再度拔得头筹，成为首家获得"公开募集证券投资基金管理业务资格"的证券公司。按照目前的规定，证券公司没有设立过、参股过基金公司，并且符合主要股东资格条件的，可向监管部门申请公募基金业务牌照。

2013 年 6 月，新《基金法》实施，正式允许符合条件的资产管理机构开展公募基金业务。同月，证监会和保监会联合发布了《保险机构投资设立基金管理公司试点办法》，该办法明确保险机构申请设立基金公司的，应当符合保监会的相关规定，然后再向证监会报送申请设立基金公司的批复；证监会和保监会还联合发布了《保险机构销售证券投资基金管理暂行规定》，允许符合条件的保险机构可以销售基金产品。同时，监管部门要求保险机构进军公募基金要以设立子公司的形式进入公募基金领域。国寿安保基金管理有限公司在 2013 年 9 月 30 日已经通过了证监会的评审会，其中中国人寿资产管理公司持股 85.03%，安保资本投资有限公司持股 14.97%，这是首家由保险公司发起成立并进入评审的基金公司。

6. 财富管理

改革开放以来，特别是近 10 多年来，居民财富日益增加；财富管理越来越受到投资者特别是高净值人群及金融投资界的重视，商业银行、信托公司、证券公司、各类基金公司第三方理财等机构纷纷宣称致力于开展财富管理业务。虽然对财富管理规模有不同的统计，截至 2018 年 12 月底，中国财富管理市场已超 150 万亿元，其中主要是由银行理财、保险、信托、公募及私募基金、券商资管及第三方财富管理机构组成。虽然目前银行业仍是中国最大的金融机构类型，但也受到了资产管理行业和网络金融的很大冲击。到目前，我国高净值投资人群，即有能力投资 600 万元或以上的，已经超过 250 万人。

从全球来看，资产管理行业是当今世界上金融服务业中最重要的部分，收入占比已在发达国家超过 25%，在未来的中国，预计今后 10 年会以年均复合 25% 的增长率增长。譬如我国现有居民储蓄存款近 50 万亿元，为整个行业发展提供源源不断的资金来源。无论机构还是个人都希望资产升值。近年来，随着居民财富尤其是高净值群体的增加，财富管理作为一个新概念越来越受到金融投资界的重视，不仅以渠道业务为传统优势的商业银行、信托公司、证券公司、第三方理财等机构纷纷宣称致力于开展财富管理业务，而且以主动投资管理为传统优势的保险资管、公募基金、私募基金等机构也纷纷制定了向财富管理机构转型的目标。

目前市场上几种主要的投资理财方式包括银行储蓄银行、银行理财产品、互联网金融理财产品、股票证券投资基金、商品期货和金融期货、黄金（贵金属）、信托产品、红木家具、实物房屋、邮票、古钱币、其他票证、古字画、文物、私募股权基金和其他等。

第三方财富管理业市场巨大增长前景：现在，针对高净资产人群的财富管理产品数量越来越多，而市场对独立专业理财服务的需求也随之越来越大。此外，高净资产人群在作投资决策时变得更加成熟，并拥有了多样化的投资选择。

三、房地产轻资产管理

1. 房地产轻资产管理发展背景和主要内容

这几年，房地产轻资产化也越来越流行，它也伴随基金和资产证券化的发展，前途光明。出现这一情况的背景包括：

（1）土地价格高位。

（2）持有型物业主导，资金压力大。

（3）开发企业从甲方思维转换到管理人和服务者思维。

（4）开发企业转型等以及运作层面的细节问题，譬如轻资产运作、夹层融资、地产基金和代建等的关系。

（5）用有限资产，获取最大收益，是所有企业追求的最高境界。在经济迅猛发展的当下，"变轻"不仅仅是一种选择，也是一种必然。

（6）传统的房地产开发模式是，开发商向银行借贷拍地，然后开发建设，之后进行项目销售来回笼资金，房地产开发就是一个融资、拿地、开发、销售的循环过程。以较少的自有资金通过资本市场的手段来撬动大量社会资金来投资项目，不仅拓展了开发商的融资渠道，而且开发商本身不用承担过重的资金压力及风险。

（7）轻资产化：从重资产模式走向轻资产模式，从赚取资产升值收益走向赚取增值服务收益。

房地产轻资产化就是用有限自由自己投入，获取最大收益，是所有房地产企业追求的最高境界。在经济迅猛发展的当下，"变轻"不仅仅是一种选择，也是一种必然。在轻资产模式中，企业紧紧抓住自己的核心价值，而将非核心业务，例如物流、生产等外包出去。轻资产运营是以价值为驱动的资本战略。

企业资产组成（图3-2）可分为：固定和流动资产、人力资产和无形资产。相对固定资产来说流动资产比较小，而如果一家企业要做好轻资产管理，人力资产和无形资产需要强大，譬如万达和万科等。房地产轻资产管理模式包括代建、小股操盘、代建+基金、物业管理和基金管理等。

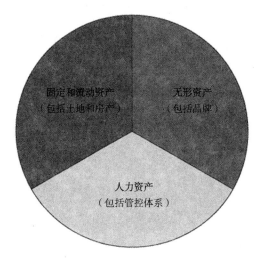

图 3-2　企业的资产组成

2. 代建模式

房地产代建是由拥有土地的委托方发起需求，一般由拥有项目开发建设品牌和经验的专业代建方承接，一种各自发挥优势合作共赢的业务模式。

代建方通常是品牌较好的大中型房地产企业，其在品牌、产品、成本、融资、管理、团队等方面积累的成熟的经验，可为委托方提供项目定位、规划设计、工程管理、成本管理、招投标管理、营销管理、品牌管理、交付管理等开发全过程服务。代建方通过专业的服务能力同样可以实现开发利润。与传统房地产开发业务相比，对做代建业务房企来说，这一新开发模式不仅收益率更高，风险也相对较低。

在住宅项目代建方面，绿城项目代建是比较有名和成熟的，其基本模式是合作方以契约的形式委托绿城进行开发销售环节的全过程管理，包括项目前期管理、规划设计管理、工程营造管理、成本管理、营销管理、竣工交付管理及最后的物业管理，同时根据合同，绿城可以在项目销售阶段使用"绿城"商标从而推广自己的品牌。

（1）资金管理方面，委托方负责项目开发阶段的全部资金，拥有投资决策权，承担投资风险，享受投资收益。

（2）绿城的收益来源于三部分：派驻团队基本管理费、委托开发管理费、项目业绩奖励。派驻团队基本管理费包括管理团队基本工资、社会保险、福利等；委托开发管理费是主要的代建收益来源；项目绩效奖则是根据考核指标给予绿城的项目业绩奖励。

商业地产项目方面，万达代建已经有多年经验。正如一位万达高管说的"2015年推出轻资产战略后，大批投资者上门，愿意出地出全部投资，万达出品牌，负责设计、建设、招商、运营；租金七三分成，投资者占七成，万达占三成。"这种模式有两大好处：

一是零风险，地是净地，钱别人出，而且我们要求合作项目建设时，施工队伍必须是万达指定的队伍，所有设备必须使用万达品牌库中的优秀品牌，避免建设品质不好影响后期运营管理；二不用资本化。只管建好管好项目，不用考虑资本化。

万达之所以有较多委托方，一是因为万达品牌有影响力，可能获得便宜的土地；二是万达成批施工、集中采购，使建设成本大幅降低；三是不断优化的设计等。

在发达国家，房地产开发大多数以轻资产模式为主；如果房企长期维持重资产开发模式，一旦碰到熊市风险就会波动很大，这也是传统地产股估值很低的重要原因。轻资产的开发模式不仅有利于分散风险，还可带来稳定和更高的回报。

3. 小股操盘模式

小股操盘又称为"股权式代建"，是指房地产企业在合作项目中只占有较小比例的股份，虽然按照房地产开发的相关规则，小股介入不能直接获得项目实际操盘的权利，但根据委托方和代建方的相关委托协议，项目仍然由持小股的团队操盘，使用公司品牌、产品体系和管理，共享企业的信用资源和采购资源，提升项目回报。

小股操盘是国际上房地产开发的主流模式之一，即品牌公司在合作项目中不控股，但项目仍由品牌团队操盘。

从实际情况来看，目前小股操盘的持股比例在30%以下，同时持股比例受双方品牌实力、风险评估、服务模式等方面影响，并没有固定的比例。对代建企业而言，股权式代建不仅收取代建服务费，还享受股权收益以及溢价分成。

万科等企业近几年选择小股操盘以及内部跟投作为新的房地产开发模式。在收益分配上，万科通常会与项目方约定项目的预期收益标准，并设立浮动的奖励分配方案，而非简单按照股权比例进行分配。通常而言，万科将赚取股权收益、项目管理费和项目超额利润分配。

先按照销售收入收取一定比例的管理费，再按照股权比例进行收益分配；同时，根据和其他投资合作方事前签订的协议，按照项目最终的收益情况，设立浮动的分配方案，收取项目的超额利润分配。

4. 代建＋基金模式

代建＋基金模式主要有以下两种：

（1）金融资本拥有开发项目100%的股权或者部分股权，以代建委托主体的身份，寻找与待开发项目品牌理念、产品匹配度、客户匹配度等相契合的代建开发商，签订委托代建合作协议，明确相关各方职责和权利，由代建方负责开发全流程的管控。

（2）这种模式多见于项目委托方拿地之后面临一定的开发资金短缺，代建方在看好项目发展前景的基础上，引荐金融资本加入项目股权、夹层或者债权。

5. 物业管理和基金管理

从母公司花样年分拆上市的彩生活，是时下房企轻资产运作的一个成功范本。2014 年 7 月初，虽然当时花样年的利润仅仅是母公司花样年的 1/10 左右，但上市仅 3 天的彩生活市值达 55 亿，轻松反超花样年 52 亿元总市值，引起了极大的关注。

这几年，物业公司在香港出现了上市潮并不为过，截至 2019 年 8 月已经登陆港股市场的内地物业管理公司有 13 家包括碧桂园服务、中海物业、绿城物业和雅生活等。

房地产基金管理方面内容详见第四章、第五章和第六章。

6. 房地产轻资产管理模式设计和方法

房地产企业要做轻资产管理，首先要发现和挖掘优势，即要发挥品牌优势和运作能力的优势。万科模式、保利模式、万达模式等都可以成为国内许多企业的标杆，但每家企业需要结合自己的优势、特点和战略等。虽然凯德置地在房地产轻资产管理方面非常领先，但其所处国际资本环境不同，国内开发商可以学其理念，但也不能去全盘模仿凯德。

房地产企业做轻资产管理，在模式设计和方法方面需要问自己以下问题，并有恰当的答案：

（1）什么优势？

（2）什么品牌？

（3）什么团队操盘？

（4）什么项目？

（5）什么产品？

（6）自有资金多少？

（7）开发还是持有阶段？

（8）外部融资股权多少？（是否有夹层融资）

（9）外部融资债权多少？成本？周期？

（10）基本模式复制？等。

（11）是否同股同权？

（12）是明股实债吗？

（13）是否有各种形式担保？

（14）股东会和董事会权利安排？

（15）怎样的操盘权利？

（16）如果土地已经获得，是否有溢价？或怎样评估？

（17）是否收取品牌费？总部管理费？

（18）合作方退出的时间和方式？

（19）其他等。

第四章　房地产私募基金之：融资、投资、管理、退出

——在我买进时，不要向我祝贺。在我卖掉时，再恭喜我。

——可拉维斯 KKR 创始人之一

房地产私募基金是通过集合社会各方面资金，使用专业人士投资和经营管理，为房地产投资者参与房地产投资和收益分配提供了现实途径，而且也可以解决房地产公司的外部融资渠道单一和融资难问题，并促进房地产业的资金结构和产品结构的优化。目前我国的房地产个人投资者、房地产机构投资者（信托公司、保险公司、基金公司和投资公司）和房地产公司等都对房地产投资基金有强烈的兴趣。

私募基金按照组织形式区分，主要有四类：公司制、信托制、契约制、合伙制或者三类：公司制、信托制和契约制、合伙制。公司制有它税收和管理方面的弱点，且为大家熟知；信托制方面，由于国内只有68家，不能普遍使用；本章以2007年以来在私募基金中广泛使用的合伙制以及2014年中以来最流行的契约制作为案例较详细介绍。

房地产私募基金是怎么运作的？作为一个投资产品，其具有哪些优势？法律和政策方面有什么支持？我们应该怎样投资房地产私募基金？投资房地产私募基金的安全性怎样？相关产品的管理公司能给被投资项目提供什么增值服务？在中国的外资房地产基金运作有什么特点，它们的运作情况如何？投资者至少需要关注以下这些关键方面：管理人的资质、投资范围、投资决策流程、管理费收取、收益分成、基金规模、预期回报和风险、基金存续期、协议的其他具体约定等。

本章，我们主要介绍房地产私募基金里的股权基金，下一章（第五章），我们会介绍房地产私募基金的其他几种形式，包括夹层基金、并购基金和对冲基金。

由于我国房地产私募基金作为创新产品是从海外引入的，所以本章最后，我们对外资的知名房地产基金（主要是房地产私募基金）的运作作归纳性介绍，使得我们对房地产私募基金有更深入和具体的了解。

一、房地产基金内容和不同的分类形式

1. 私募基金和公募基金

在许多发达国家，基金是一种专家管理的集合投资产品，以是否公开发行或向社会特定公众发行为区别，界定是公募还是私募。

公募又称公开发行，是指发行人通过中介机构向不特定的社会公众广泛地发售。在公募发行情况下，所有合法的社会投资者都可以参加认购。为了保障广大投资者的利益，各国对公募发行都有严格的要求，如发行人要有较高的信用和信息透明度，并符合主管部门规定的各项发行条件，经批准后方可发行。

私募又称不公开发行或内部发行，是指面向少数特定的投资人发行的方式。私募发行的对象大致有两类：一类是个人投资者；另一类是机构投资者，如大的金融机构或与发行人有密切往来关系的企业等。私募发行有确定的投资人，发行手续简单，可以节省发行时间和费用。

虽然没有严格意义上公募基金和私募基金发明的时间，一般认为它们分别于20世纪20年代和40年代在美国创立。在许多发达国家和地区，私募基金非常普遍。与公募基金相比，私募基金具有十分鲜明的特点。在美国，房地产投资信托基金、退休基金、共同基金等公募基金，一般可以通过公开媒体做广告招揽客户，而按有关规定，私募基金则不得利用任何传播媒体做广告宣传，私募基金投资者主要通过朋友介绍，或以直接认识基金管理者的形式加入。

在美国和很多发达国家，私募股权投资（Private Equity 或简称"PE"），在中国通常被称为"产业投资基金"。广义的私募股权投资涵盖企业的各阶段，相关资本按照投资阶段可划分为创业投资（Venture Capital）、发展资本（Development Capital）、并购基金（Buyout/Buyin Fund）、夹层资本（Mezzanine Capital）、重振资本（Turnaround），Pre-IPO（Bridge Finance）等。私募基金常常以有限合伙人企业形式出现，即由普通合伙人（简称 GP，General Partner）和有限合伙人（简称 LP，Limited Partners）LP 组成合伙人企业。基金公司的经营权（常常包括控制权）掌握在 GP 手里，一般是保险公司、财务公司、社保基金、大学基金会、慈善基金会都有可能成为 LP；GP 和 LP 共同组成的私人股本基金是一个有限合伙人企业。GP 负责寻找投资机会并作投资决定，他们的预期收益最高，每年要提取全部基金的一定比例（譬如 1.5% ～ 2%）作为基金管理费，如果达到了最低预期资本回收率，还要提取部分 LP 的利润，相对来说 GP 的风险也较大。

由于多年来私募基金表现出色，私募基金在国际金融市场上发展十分迅速，吸引市场资金大量涌入，并已占据十分重要的位置。近年来投资者（主要是公共退休基金和公司退休基金）向私人资本投入了更多的资金，用它来取代传统的股票投资和债券投资，希望能由此获得更多的回报。目前欧美地区的一些典型的私人股本基金包括：Blackstone Capital Partners，TPG Partners，Apollo Investment Fund，GS Capital Partners，Bain Capital Fund，Warburg Pincus Private Equity，Carlyle Partners，First Reserve Fund，Permira Europe，The Fourth Cinven Fund。许多私人股本基金的主业就是买卖公司（上市或不上市企业皆可），然后重组公司进行 IPO，IPO 之后，私人股本基金必然谋取套现获取差价。

虽然私募基金管理公司从投资者那里吸引来了越来越多的资金，但这些公司用于收购的资金中只有一部分是现金，其他相当一部分都来自借贷。因此从某种程度上看，这些公司能否继续完成大规模的收购交易，也取决于他们能否承受借贷成本的压力。如果利率上升至过高的水平，并购交易的强劲势头常常就要随之减小了。

据报道美国法律对私募基金的个人投资者的资格要求较高，其资产净值要达到100 万美元（不能包含个人或家庭第一住房），个人年收入要超过 20 万美元，家庭年收入要在过去两年中超过 30 万美元，且一次投入要在 10 万美元或以上。

在我国的实践中，广义的房地产私募基金包括房地产股权基金（或称房地产股权投资基金）、房地产夹层基金、房地产并购基金、房地产信托和房地产资产管理计划。我国的一般或很多私募基金公司、信托公司和公募基金公司子公司等在募集资金时，也要求投资人的投资金额从 100 万元起。

私募基金解决了几个关键的问题：出资人进入和退出的便利、高效率的投资管理、避免多重征税等。

具体来说，与其他房地产融资方式相比，房地产私募基金还具有以下优势：

（1）针对性强的优势

首先，房地产私募基金面向少数特定的投资者，因而其投资目标更具有针对性，能够根据投资者的特殊需求提供量身定做的投资服务产品；其次，房地产私募基金专注投资于房地产，容易积累投资经验，进而降低风险。

房地产私募基金所需的各种手续和文件较少，受到的限制也较少，因此，房地产私募基金的操作非常自由，投资更具有隐蔽性，投资组合随机应变，获得高收益回报的机会更大。

私募股权投资基金一般是封闭式的合伙基金，不上市流通。在基金封闭期间，合伙投资人不能随意抽资，我国目前房地产私募基金的封闭期限一般为 1 ~ 3 年，海外的房地产基金常常在 5 ~ 10 年，相对来说，时间越长，故运作期稳定，无资金赎回的压力。私募基金一般是非上市的，投资者可以通过对基金投资收益的分配来获得回报，其收益一般不受到股市波动的影响。

（2）治理结构的优势

房地产私募基金拥有"双"治理环节：一是基金运营治理环节；二是基金投资治理环节。以有限合伙企业为例，第一环节中的有限合伙制是典型的房地产私募基金组织形态，其 LP（有限合伙人）、GP（普通合伙人）的权利义务结构安排，既有利于资本和管理的分工，又有利于资本和管理的合作，也有利于决策责任的恰当落实。第二环节中，关于分散投资、管理型资本以及"相机"型资本权利（优先股权、可转换债）等制度安排，也起到提升投资对象中基金股权和非基金股权治理效应的作用。

在投资与经营过程中一般采取与业绩挂钩的薪酬激励机制，只给管理者一部分固定管理费以维持开支，管理者主要的收入则是在投资收益达到某一约定值之上部分提取。因而，基金管理人的敬业心极强。同时，基金管理人可用其独特有效的操作理念吸引到特定投资者，双方的合作基于一种信任和契约，故很少出现道德风险。

私募股权投资基金的组织结构简单、经营机制灵活，如私募基金大多使用合伙制和契约制，不设立董事会，由管理者负责基金的日常管理和投资决策，日常管理和投资决策自由度高。相对于组织机构复杂的官僚体制，在机会稍纵即逝的关键时刻，私募股权投资基金竞争优势明显。

和公募基金严格的信息披露要求相比，私募股权投资基金在这方面的要求低得多，加之政府监管比较宽松，故私募股权投资基金的投资更具隐蔽性、专业技巧性，收益回报通常较高。房地产基金可以有不同的分类，譬如按照房地产也可以根据投资的不同房地产类别来分类：住宅基金、工业地产基金、商业地产基金、旅游地产基金、办公楼基金等，即每个基金都专门投资一类房地产产品。以下我们分析另外几种分类。

2. 按照不同投资性质分类：股权基金、夹层基金、并购基金和对冲基金等

第五章有详细介绍。

3. 按照不同组织结构分类：公司制、信托制和契约制、合伙制

在我国，私募基金按照组织形式区分，主要有四类：公司制、信托制、契约制、合伙制，或者三类：公司制、信托制和契约制、合伙制。

公司制基金的投资者作为股东参与基金的投资，依法享有《公司法》规定的股东权利，并以其出资为限对公司债务承担有限责任。基金管理人的存在可有两种形式：一种是以公司高级管理人员直接参与公司投资管理；另一种是以外部管理公司的身份接受基金委托进行投资管理。公司制基金的特点包括需要缴纳企业所得税、股份可以上市、投资收益可以留存继续投资、企业所得税之外投资者需要缴纳个人所得税即涉及双重征税等。

信托制基金由基金持有人作为委托人兼受益人出资设立信托，依法享有《信托法》权利，基金管理人依照基金信托合同作为受托人，以自己的名义为基金持有人的利益行使基金财产权，并承担相应的受托人责任。信托制特点：类似有限合伙，很多年来实际上是享受免税地位；但资金需要一步到位，使用效率低；涉及信托中间机构，增加基金的运作成本。

广义来看，信托制和契约制基金可以统称为契约制基金，它是由信托公司或者基金经理人（即基金管理公司）与代表受益人权益的信托人（托管人）之间订立信托契约而发行的受益单位，由信托公司或者经理人依照信托契约从事对信托资产的管理，由托管人作为基金资产的名义持有人负责保管基金资产。契约型基金通过发行受益单位，使投资者购买后成为基金受益人，分享基金经营成果。契约型基金的设立法律性文件是信托契约，而没有基金章程。基金管理人、托管人、投资人三方当事人的行为通过信托契约来规范。2014 年 8 月证监会 105 号令《私募投资基金监督管理暂行办法》确立了监管部门对私募基金不设审批、事后监管、鼓励创新的监管态度，"契约型"私募基金获得了制度与监管层面的生存环境，私募基金不得超过 50 名投资人的限制借道"契约型"基金实现突破。

合伙制基金很少采用普通合伙企业形式，一般采用有限合伙形式。依照《合伙企业法》，有限合伙制基金的投资人作为有限合伙人参与投资，依法享有合伙企业财产权。普通合伙人（GP）与有限合伙人（LP）共同组成有限合伙企业，其中私募股权投资公司作为 GP，发起设立有限合伙企业，GP 代表基金对外行使民事权利，GP 一般认缴少部分出资，而 LP 则认缴基金出资的绝大部分。GP 承担无限责任，负责基金的投资、运营和管理，并每年提取基金总额的一定比例作为基金管理费；LP 承担有限责任，不参与公司管理，分享合伙收益，同时享有知情权、咨询权等。

契约型私募基金和有限合伙私募基金较详细的区别请看本章后面的"契约型私募基金与合伙制私募基金的各自特点"一节。

4. 按照股权和债权分类：股权、夹层和债权基金

我国房地产私募基金经过前五年发展，产品也日益丰富。从开始几年的债权型绝对主导，到目前股权型比例和夹层融资比例都大幅上升。

需强调多元性房地产基金产品的市场对投资者有很大的吸引力，但每一项产品都存在和投资回报对应的风险，投资者应该学习分辨这些风险。

股权、夹层和债权基金各自的风险和收益可以从以下公司一般破产清算顺序中确立：

（1）支付清算费用；

（2）职工的工资（包括职工险金）；

（3）缴纳所欠税款；

（4）有抵押贷款；

（5）施工单位欠款（部分可能在有抵押贷款之前）；

（6）明股实债（夹层资金）；

（7）债转股（夹层资金）；

（8）股转债（夹层资金）；

（9）股东分配剩余财产。

以上清算顺序仅供参考，具体项目情况需要咨询当地律师和有关政府部门人士等。

5. 按照进入阶段分类：开发型和持有型房地产基金

我国房地产私募基金按照基金进入时间不同，可以分为开发型基金、持有型基金等。开发型基金是参与房地产开发，最终通过房产销售来获得投资回报；持有型基金即投资已建成的物业并以租金和资产升值作为投资回报。

也有更加细分的，除了开发型基金和持有型基金，再增加发展型基金和机会型基金。发展型基金是参与土地一级开发，通过出让土地来获得投资回报；机会型基金一般是买入或控股在建型项目，等到建设完成后再转入。

无论是股权投资、夹层投资和债权投资，未来的一个趋势就是金融机构包括房地产私募基金更加积极参与前期的投资，但对项目和开发商的资信和能力要求也会趋高，譬如前200强公司或当地龙头企业等。因为资金到位早会增加资金拥有者的合作竞争力，既然担保和安全措施已经洽谈完毕，提前进入在风控方面差异很小。但在具体操作上，每一家金融机构或基金对风控的要求也会不同。

6. 中国证券投资基金业协会的私募基金分类

2016年9月8日中国证券投资基金业协会《关于资产管理业务综合报送平台上线运行相关安排的说明》，重新定义了私募基金的分类及产品类型，见表4-1，房地产基金属于私募股权投资基金，这也可以说明中国证券投资基金业协会鼓励房地产基金做股权投资或者偏股权的夹层投资。

私募基金的分类及产品类型　　　　表 4-1

机构类型（单选）	业务类型（可多选）	定义	产品类型
私募证券投资资金管路人	私募证券投资基金	主要投资于公开交易的股份有限公司股票、债券、期货、期权、基金份额以及中国证监会规定的其他证券及其衍生品种	权益类基金、固收类基金、混合类基金、期货及其衍生品类基金、其他类基金

续表

机构类型（单选）	业务类型（可多选）	定义	产品类型
私募证券投资资金管路人	私募证券类 FOF 基金	主要投向证券类私募基金、信托计划、券商资管、基金专户等资产管理计划的私募基金	不必填写
私募股权、创业投资基金管理人	私募股权投资基金	除创业投资基金以外主要投资于非公开交易的企业股权	并购基金、房地产基金、基础设施基金、上市公司定增基金、其他类基金
	私募股权投资类 FOF 基金	主要投向股权类私募基金、信托计划、券商资管、基金专户等资产管理计划的私募基金	不必填写
	创业投资基金	主要向处于创业各阶段的未上市成长性企业进行股权投资的基金（新三板挂牌企业视为未上市企业）；对于市场所称"成长基金"，如果不涉及沪深交易所上市公司定向增发股票投资的，按照创业投资基金备案；如果涉及上市公司定向增发的，按照私募股权投资基金中的"上市公司定增基金"备案	不必填写
	创业投资类 FOF 基金	主要投向创投类私募基金、信托计划、券商资管、基金专户等资产管理计划的私募基金	不必填写
其他私募基金管理人	其他私募投资基金	投资除证券及其衍生品和股权以外的其他领域的基金	红酒艺术品等商品基金、其他类基金
	其他私募投资类 FOF 基金	主要投向其他类私募基金、信托计划、券商资管、基金专户等资产管理计划的私募基金	不必填写

资料来源：中国投资基金业协会。

二、私募基金监管概况和房地产私募基金一般运作流程

1. 私募基金监管概况

自 2008 年 6 月以来，国家发改委先后在天津滨海新区、北京中关村科技园区、武汉东湖高新技术产业开发区和长江三角洲地区，开展了股权投资企业备案管理先行先试工作。直到 2011 年底开始，根据股权投资企业资本规模达到 5 亿元以上必须到发改委进行备案的要求，国家发改委批准了第一批备案的私募基金，当时作者任职的盛世神州房地产投资基金管理（北京）有限公司旗下的北京盛世神州房地产投资基金（有限合伙）成功备案，成为第一只在国家发改委备案的私募房地产投资基金；接着也陆续有基金备案，但总体数量不多。

2013 年 6 月，中央机构编制委员会办公室印发《关于私募股权基金管理职责分工

的通知》。该通知明确指出，中国证监会负责私募股权基金的监督管理，实行适度监管，保护投资者权益；国家发展和改革委员会负责组织拟订促进私募股权基金发展的政策措施，会同有关部门研究制定政府对私募股权基金出资的标准和规范；两部门要建立协调配合机制，实现信息共享。这意味着，私募股权投资基金和私募证券投资基金均被纳入中国证监会监管。

2014 年 1 月 17 日，中国证券投资基金业协会发布了《私募投资基金管理人登记和基金备案办法（试行）》，于 2 月 7 日起施行。其第一章总则 第三条 中国证券投资基金业协会按照本办法规定办理私募基金管理人登记及私募基金备案，对私募基金业务活动进行自律管理。第二章基金管理人登记 第五条 私募基金管理人应当向基金业协会履行基金管理人登记手续并申请成为基金业协会会员。第三章基金备案 第十四条 经备案的私募基金可以申请开立证券相关账户。该办法颁布以后，对私募基金管理人实行登记备案制度，登记成为私募投资基金管理人的机构，可自行发起设立私募投资基金，并无需取得行政许可。中国证券投资基金业协会自 2014 年 2 月 7 日正式启动私募基金登记备案工作以来，各项工作平稳有序推进。2014 年 5 月国务院《关于进一步促进资本市场健康发展的若干意见》（简称"新国九条"）发布，将培育私募市场提到了空前地位，提出了"场内场外和公募私募协调发展""培育私募市场""建立健全私募发行制度""发展私募投资基金"等重要发展方向。

根据《证券投资基金法》《私募基金监督管理暂行办法》和中央编办相关通知要求，中国基金业协会按照"受托登记、自律管理"职责，自 2014 年 2 月 7 日起正式开展私募基金管理人登记、私募基金备案和自律管理工作。两年来，私募基金登记备案和自律管理制度得到行业和社会各界的广泛认同，私募基金行业发展迅速（更多内容见章后延伸阅读）。

虽然我国私募基金发展还存在有的公司和基金运作不规范等问题，譬如当前规定合格投资者是指具备相应风险识别能力和风险承担能力，投资单只私募基金的金额不低于 100 万元且符合以下相关标准的单位和个人：净资产不低于 1000 万元的单位；个人金融资产不低于 300 万元或者最近三年个人年均收入不低于 50 万元；在实际操作中，管理人很难逐一鉴别各个投资者。但随着私募基金管理制度的建立和规范，私募基金管理者登记、私募基金产品备案制度的完善，私募基金行业已成为未来中国资产管理行业中主流之一。有关私募基金监管的文件和资料包括但不限于如下几个：《证券投资基金管理公司管理办法》《证券投资基金管理公司子公司管理暂行规定》《私募投资基金监督管理暂行办法》《关于进一步规范私募基金管理人登记若干事项的公告》《"关于进一步规范私募基金管理人登记若干事项的公告"答记者问》。本章的附件中包含了《"关于进一步规范私募基金管理人登记若干事项的公告"答记者问》。

2. 房地产私募基金一般运作流程

拥有较为完善的基金投资流程往往是基金成立和运作的重要前提，以下是××有限合伙制基金的投资流程案例，其中基本概括了基金运作的投资流程和可能需要签署的主要协议。

一般说来，基金管理企业都需要对其管理基金依据不同属性（不同行业）制定相应的投资管理流程，这不仅是防控风险之需，即通过严格的流程控制将投资风险降到最低，而且也是私募股权基金向投资人展现科学的投资流程，取得投资人更多支持和信任的渠道。同时，完善的投资管理流程也能帮助基金管理团队掌握项目的时间节点，从而提高整个基金运作的效率。

运营过程中坚持科学的流程和透明度是良好的基金运作的基本点。譬如某基金基本是采取先有基金再找项目的运营模式，来规避由于资金到位时项目还没有完全落实的情况，基金在募集的时候就采取了国际上规范的"承诺制"，即各位合伙人先交纳自己投资总额的一定比例（譬如20%）给托管银行，其他资金根据项目要求，基金经理提前一定时间通知投资者。与此同时，对一些特殊项目，也可以采取先签订项目意向书再找基金的方式。无论哪种方式，投资流程中的绝大部分程序和关键节点是一样的。

图 4-1 显示了基金运作的一般流程图。以下几个方面需要着重强调：

（1）这是流程图也代表一个案例，偏向于强调投资，当然投资也是"融、投、管、退"的流程中的重中之重。

（2）事实上每个基金的"融、投、管、退"的流程不尽相同，譬如有的基金管理公司采取先募资再寻找具体项目投资的方式；有的是先寻找到具体项目，然后再发起具体募资工作；大规模的基金（譬如几十亿元的）偏向于前者，小规模的基金（譬如几千万元或一亿元左右的）偏向于后者。

（3）融资阶段和投资阶段不是简单的顺序关系，部分实力的基金管理公司也经常是在投资协议签署后才正式开始资金的募集和到位。

（4）广义来看管理阶段和退出阶段也是投资阶段的一部分。

（5）退出阶段：退出阶段的很多安排应该在融资阶段说明方式，在投资阶段明确说明和确认，在管理阶段严格执行。

（6）我国房地产私募基金发展的开始阶段（2009 年）到目前（2019 年），基金管理公司募集的绝大多数是项目型的基金，及募集的基金基本都是针对具体项目的投资。国外大型机构的基金是很不同的，譬如每个大型房地产基金的投资周期 7～9 年，一笔资金投资很多个项目，甚至会投资不同国家的项目，这样做的好处是分散投资，即便个别项目投资出现重大失误，可能也不会对整个基金的长期投资回报产生决定性影

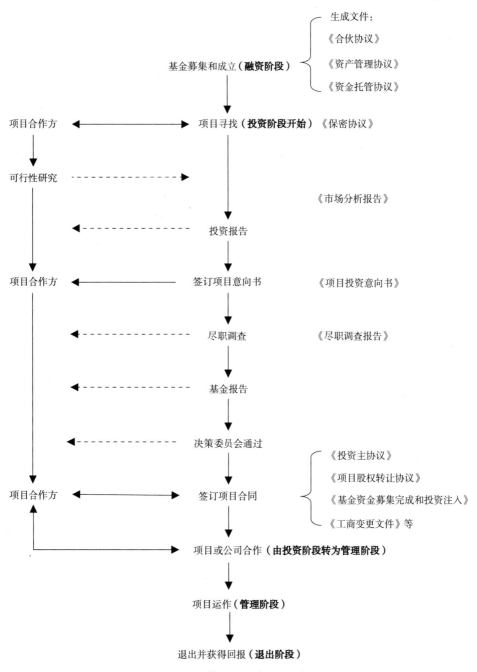

图 4-1　基金运作的一般流程图

响（图4-2），国内一些大型的基金管理公司已经在尝试采取这种方式。

（7）为了便于募资基金和保护投资人的利益等，有的基金管理公司在基金里设置了优先级和劣后级安排，相对来说优先级风险小回报低，劣后级风险大回报高（图4-3）。

（8）现以房地产信托产品交易结构示意图作为参考（图4-4）。

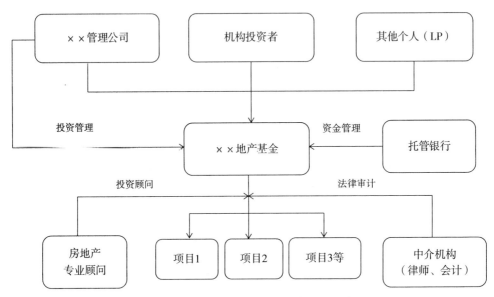

图 4-2　基金融资、投资和主要参与方示意图

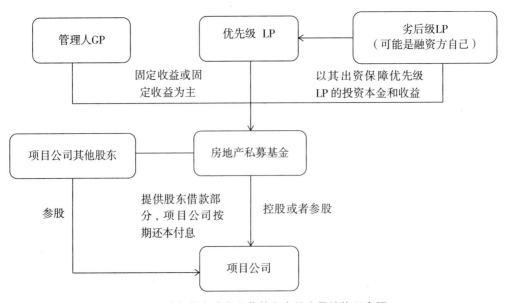

图 4-3　分级的房地产私募基金产品交易结构示意图

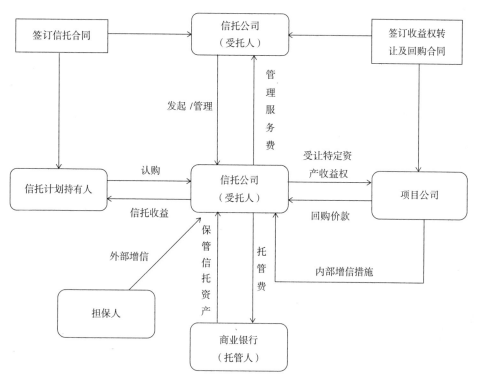

图 4-4　房地产信托产品交易结构示意图

三、基金募集、投资和管理

1.基金管理公司的角色

除非基金投资后，在项目中占有较大股份或处于控股地位，基金管理公司可能会直接或深度参与日常经营。其他情况下，在基金投资项目的运作过程中，基金管理公司通常会向项目方派驻至少一名董事（优势占投资的公司董事会的多数席位），参与项目方的重大决策，对危害基金资金安全的决策拥有否决权；一般不参与项目方的一般性具体经营管理。

基金管理公司能给被投资项目提供的增值服务包括：帮助企业确定战略方向，加强财务控制、法律架构；帮助公司建立治理结构和管理系统；帮助公司市场拓展、融资、寻找合作伙伴等。

基金管理人必须严谨、勤勉地履行职责，根据《资产管理协议》受托对基金资产进行管理，基金管理人不称职时，基金权力机构（合伙人大会）可以予以更换。基金管理人的收益与业绩挂钩。基金托管人根据《资金托管协议》受托对基金资产进行监管，基金权力机构（基金合伙人大会）可以要求更换基金托管人，且可在资金监管出现问题时要求其赔偿。

基金投资决策作出后，在项目方满足了基金划款条件的情况下，由项目方向基金管理公司提交用款通知书。基金管理公司对项目方情况进行审核，在符合条件后将相关资料和划款指令提交给托管银行，由托管银行进行划款操作。

由于每个基金都有独立的监管账户，其投资所形成的资产所有权属于该基金，基金管理公司不能挪用基金的资产。因此，基金管理公司不保证最低投资回报率，所提到投资回报率为预期的投资回报率。我国法律不允许基金管理公司作出保底承诺，承诺固定回报率是非法集资的主要特点。

房地产私募股权基金利润分配方案在合伙协议中已经约定，譬如：（1）分配原则：每年实现的投资收益全部用于当年分配，而不用于再投资。（2）分配方式：当投资收益率低于某个预期标准（该标准由合伙人会议决定）时，基金的全部盈利分配给投资人。（3）当投资收益率超过某个预期标准时，提取投资收益的一定百分比（该标准由合伙人会议决定）分配给基金管理人作为绩效奖励。

为了激励和约束基金管理，充分保障基金投资人的利益。某房地产基金在其《合伙人协议》中设定了基金购回条款。大体可以概括如下：

当年投资内部收益率超过某个预期标准时，基金管理人所获得的绩效分配的50%应该保存于基金在托管人处开立的单独托管账户中作为保证金；次年投资内部收益率达到或超过某个预期标准时，应将保证金退还管理方作为绩效分配；次年投资内部收益率没有达到某个预期标准时，作为保证金的绩效分配应优先偿付给有限合伙人以弥补基金低于该等预期标准的年投资内部收益率的损失。

基金管理公司应该认为公开透明是最好的监管方式，信息披露的义务人包括基金管理人和基金托管人，公开披露的基金信息包括年度报告（经审计）、半年度报告、季度报告、临时报告（发生可能对基金投资人权益产生重大影响的事件时）。每一投资人（无论其在基金中的份额是多少）拥有绝对的审计监督权，即：如果对基金披露的信息不满意，则有权自担费用委托专业人员对基金进行审计；如果任何实质性的错误在上述审计过程中被发现，与该次审计有关的所有费用应由基金管理人（或基金托管人）承担，并可追究基金管理人（或基金托管人）的责任。

许多情况下，对于一个已经存在的房地产企业，引入有实力和信誉的基金的目的是帮助企业抓住有利的市场机遇，实现企业价值的高速增长；而企业价值的高速增长过程也是房地产基金投资的价值创造过程。

由于房地产私募基金投资人相对少，投资人可以与基金管理者直接交流，便于及时了解基金运营状况，有机会对基金的重大决策发表自己的意见。基金投资人不直接参与基金的商业运营，而是委托基金管理人管理基金的日常事务和委托基金托管人对资金使用进行监管，能最大限度地保障资金安全，实现房地产行业投资者较高投资回报率。

2. 资金募集的渠道

私募基金的资金基本有两部分来源，机构和个人（包括委托第三方财富管理公司向个人募集）；第三章中房地产大资产管理中已经较详细描述了我国各类投资房地产的各类投资人包括机构和个人投资者，私募基金管理公司可以向这些机构或直接向合格的投资者募集；同时正如第三章提及的，有的机构譬如信托和公募基金子公司等的资金中很大比例也是来自于个人投资者。

3. 基金投资哪些项目

每一个基金都有其特定的要求和特殊性，每一个投资基金的风险和回报要求不尽相同，所以每一个基金对所要投资项目的具体要求也会有所差异。具体到项目筛选层面，不同属性的基金所参照的主要项目指标也不尽相同，这些项目指标主要包括：项目整体回报率、内部收益率、与当地合作方出资比例、项目周期、希望的项目地点、项目的种类、项目最高峰时资金需求、项目投资结构、当地贷款比例等。在关注项目本身静态指标的同时，对动态指标的把握以及评估也是基金筛选项目时所需凭借的重要手段。

基金管理公司在选择项目的同时，对项目经营团队的考察和评估也会同样重视。对项目公司的尽职调研不仅仅局限于对项目所属权或控制权的基础调研，对项目经营管理团队的综合评估也是调研的重点。因为基金在许多情况下不控股或不直接参与经营，同时基金会常常在项目完全完成之前退出。在这种情况下，基金会对项目经营管理团队会有一个较高的期望和相比一般团队更专业的要求。"行事当先，以人为重"，一直是私募股权基金投资的核心内容。

××基金主要投资方向为优质的房地产项目开发，与政府合作参与土地一级开发等。预计年收益都在 20% 以上。同时，以下这些房地产企业可以寻求 ×× 基金的帮助。

（1）项目公司已经获得至少一个证（譬如：土地权证），但缺乏资金开发。

（2）企业计划扩张，譬如企业有新增业务。

（3）企业陷入财务困境急需拯救。

（4）股东意见分歧，部分股东退出计划。

（5）自己觉得有较好的项目，但缺乏资金、房地产开发经验或人才。

×× 基金要求潜在的投资目标公司一般应具备：

（1）良好的社会声誉和信用记录（首要因素）；

（2）拥有优质的项目；

（3）项目产权清晰明确；

（4）拥有优秀的管理团队；

（5）具有领先的市场地位；

（6）具有较高的投资价值；

（7）有足额的资产作为抵押担保。

××基金要求禁止对具有以下特征之一的项目进行投资：

（1）实际控制人有信用记录污点；

（2）存在较大负面的法律纠纷，或潜在的较大负面法律纠纷；

（3）资产负债率超过70%，且无其他担保；

（4）其他不合相关法律法规的情况。

投资者资金的分期到位时间因各个基金的规定而不尽相同，对于基金的投资者而言，在投资项目落实前其投资额是不需要全额到位的。一般来说，在基金成立初期合伙人只出资其承诺投资的一定比例（譬如20%）作为首期资金交与基金托管人，用于基金的启动和基金运营的前期费用；其余80%的资金待到有合适的投资项目时根据基金管理人的资金使用计划交予基金托管人。这样做的优势在于对投资者来说可以分期投入资金，提高资金利用率。

4. 尽职调查

尽职调查是基金公司对目标公司的经营状况所进行的现场调查和资料分析，以便作出相应的投资分析和辅助决策委员会决策。尽职调查报告主要包括法律尽职调查、财务和税务尽职调查和市场及运营尽职调查，以上都要有专业人士直接参与这些独立的尽职调查投资的关键步骤。一旦尽职调查完成，基金管理公司需要完成基金报告并报决策委员会审批，基金报告内容包括全面而准确的市场分析、清晰的产品描述、科学的财务分析和合理的股权结构，其中包括报告概要、项目介绍、可行性研究（包括：产品、定位、客户群）、投资和合作方式和风险规避，另外须加上附件成本分析和现金流量及市场分析研究报告。

私募股权基金投资者对被投资企业进行尽职调查的内容主要包括但不限于以下的多个方面：拟投资目标公司主体资格合法性、公司基本情况、发展历史及结构；管理团队背景；公司治理结构及管理状况、产品和技术、业务流程和业务资源、行业及市场、财务报表的核实、资产负债状况、经营状况及其变动、盈利预测的核查、潜在的法律纠纷、发展规划及其可行性、重要交易合同、知识产权、目标公司的管理人员与普通员工的安排、对目标公司治理结构和规章制度及对目标公司是否存在重大诉讼或仲裁的调查。

尽职调查是基金管理公司对目标公司的经营状况所进行的现场调查与资料分析，以帮助投资者进行投资分析与决策。之所以进行尽职调查，源于企业与私募股权基金之间严重的信息不对称。一般私募股权基金通过尽职调查需要达到以下三个目的：

（1）核对商业计划书，以发现企业是否存在欺诈行为。获取未来任何影响企业存续、经营、发展的重大事项的信息，包括但不限于税务问题、法律问题、环境问题、经营问题等。

（2）了解商业计划书之外的企业风险，以全面评估这个项目投资的可行性。

（3）发现商业计划书之外的企业优势，以获得企业的真正价值。根据财务尽职调查报告，基金管理公司会对目标公司进行估价，这是尽职调查工作最重要的任务。

尽职调查的原则主要包括以下几点：

（1）全面性原则。尽职调查的内容要尽量涵盖调查对象各方面的情况。

（2）独立性原则。调查人员要独立进行尽职调查并作出自己的判断。

（3）客观性原则。尽职调查人员必须避免可能的利益冲突状况，保持客观公正。

（4）针对性原则。尽职调查要根据不同的种类和目的有区别地进行，不可无的放矢，对不同行业不同发展阶段的企业要突出重点，抓住关键。

（5）透彻性原则。尽职调查要尽量深入，要由浅入深，由现象到本质。

各个项目和公司是不同的，所以尽职调查也会各不相同。以下是一个尽职调查清单，作为案例，仅作参考。

尽职调查清单

本调查清单主要针对××基金拟投资××××房地产开发有限公司（以下简称"贵公司"）的交易行为出具。需要贵公司或关联公司提供下列相关文件或对相关情况作出说明。下列相关文件的准确性、真实性、完整性由贵公司负责。

本次为初步调查清单，随着工作深入我们将视具体情况调整本清单的内容。

一、所有关于贵公司成立的文件

（1）营业执照正、副本；

（2）企业组织机构代码证；

（3）税务登记证；

（4）公司现行有效的章程；

（5）贵公司所具有的房地产开发的资质等级证书及年检情况；

（6）政府有关主管部门的所有登记和批准文件；

（7）有关贵公司成立的政府主管部门的批文；

（8）有关出资和增资（如有）的验资报告，所有同验资有关的报告；

（9）所有同公司注册资本增减相关的申请和批准文件；

（10）公司股东变更的协议、工商变更等证明文件。

二、贵公司股东情况以及公司治理情况

（1）贵公司股东的设立批准文件以及全部许可性文件（股东法人）；

（2）贵公司各方股东的企业法人营业执照及章程；

（3）贵公司各方股东关于投资设立贵公司的董事会／股东会决议；

（4）贵公司的股东是否在其拥有的贵公司股权上设置任何质押或第三者权利，若有，请提供有关质押合同及贵公司的出资质押证明；

（5）贵公司对外是否投资设立下属公司或子公司，若有，请提供相关文件；

（6）公司的组织框架、部门职责以及董事长及高级管理人员的简历；

（7）公司完整的会议记录，包括股东会、董事会、董事会下设的主要委员会以及监事会的所有会议记录和书面决议；

（8）公司的保险及福利情况、人员情况。

三、贵公司及关联公司房地产项目的开发情况

（1）贵公司及关联公司目前拥有或正在开发使用的项目清单；

（2）贵公司及关联公司拥有或正在开发使用的土地之国有土地使用权证书；

（3）如贵公司或关联公司以出让方式取得土地使用权，请提供土地使用权出让合同及出让金支付凭证；

（4）如贵公司或关联公司以受让方式取得土地使用权，请提供土地使用权转让合同及转让金支付凭证以及在国土资源和房管部门办理转让登记的有关证明；

（5）政府批准使用土地的有关文件以及征用土地的有关文件。

四、贵公司不动产、重要动产及无形资产情况

（1）贵公司主要土地权属、房产权属、车辆清单、专利权、专有技术及其他固定资产的权属证明文件，其他能够证明贵公司对该资产拥有所有权或使用权的有关文件；

（2）贵公司如有租用或出租固定资产的情况，请提供承租或出租合同；

（3）贵公司之资产所存在或可能存在诉讼、仲裁和行政复议的文件，包括但不限于相关判决书、仲裁裁决和行政复议裁定，其履行、执行之最新状况说明等；

（4）贵公司有关房地产税费的全部支付凭证；

（5）贵公司在任何资产上设置的担保物权和／或其他限制转让或使用的文件。

五、财务情况

（1）贵公司与现有股东、全资、合作、联营企业间内部贷款／财务支付安排；

（2）贵公司自成立以来截至2011年××月××日的详细营业报表；

（3）贵公司成立以来截至2011年××月××日的资产负债表，以上各个年度的利润表以及现金流量表，以上各个年度的公司账簿和凭证，以上各个年度的科目余额表，以及历年财务报表的审计师及审计意见。

（4）过去五年贵公司的财务预算及执行情况。

六、税务情况

（1）所有政府给予的税收优惠及财政补贴批复文件；

（2）贵公司目前适用的税种和税率，提供纳税文件，并说明有无欠税、漏税等情形；

（3）开业至今所有营业税申报表及完税凭证；

（4）开业至今所有房地产税申报表及完税凭证；

（5）开业至今所有企业所得税申报表及完税凭证；

（6）开业至今所有土地增值税、契税申报表及完税凭证；

（7）开业至今所有应缴印花税的合同及缴税金额明细表；

（8）税务机关出具的贵公司是否欠缴税款的证明。

七、债权债务文件

（1）债权基本情况明细；

（2）债务基本情况明细。

八、重大商业合同及相关文件

（1）贵公司对外担保合同；

（2）贵公司对外抵押合同、质押合同包括但不限于贵公司以所拥有或持有的土地使用权、房屋、设备、存货、商标权、股权为第三人提供的担保；

（3）贵公司应付账款和其他应付款清单，包括单位名称、金额、期限、担保方式等及与之关联的合同和其他法律文件；

（4）贵公司应收账款和其他应收款清单，包括欠款单位名称、金额、期限、担保方式等及与之关联的合同和其他法律文件；

（5）贵公司与房地产项目开发有关的各类合同和文件（包括但不限于设计合同、建设施工合同、拆迁补偿协议、建设工程监理合同、广告合同等）；

（6）贵公司因环境保护、知识产权、劳动案例以及人身权等原因产生侵权之债的有关资料；

（7）贵公司处分金额较大资产行为的相关文件（人民币五万元以上）。

九、诉讼、仲裁或行政处罚文件

（1）贵公司尚未了结的或可预见的诉讼、仲裁、执行及行政处罚文件；

（2）贵公司如有因违反法律法规受到行政处罚的情形，请提供有关证明；

（3）正在执行的法院判决或仲裁判决；

（4）贵公司尚未了结的或已知将发生或提起的任何诉讼（包括仲裁）的资料。

十、相关问题和文件

（1）当地政府对于房地产开发项目的有关政策性文件。

（2）本项目目前进展情况。

敬请贵公司将书面答复于2011年××月××日前提供给本司，以便本司进行文件的审查。感谢贵公司的配合！

5. 风险控制和项目管理

基金在投资时并不惧怕有风险，但需尽可能控制和规避风险，投资风险大体上包括但不限于以下几种：

（1）批文风险：希望合作方的项目最好取得"一证"以上。

（2）市场风险：项目和产品的定位分析、市场供求关系评估、城市存量房消化周期等；竞争对手间的差异化管理，是否存在恶性竞争等。

（3）项目运作风险：包括项目合约风险、项目开发团队信用风险、道德风险、专业度风险等，其中选择信誉良好的当地合作方，一定有利于工作开展；也要重点考虑是否有较好的退出方式、项目是否已抵押及项目是否由一家以上单位所有等。

所有基金在与合作伙伴分享企业经营成功的硕果时也承担投资风险；面对不同方面的风险，基金管理者会通过项目调研分析和尽职调查等来提前准备防备措施用来控制和规避风险。

在投资的房地产企业中，好的基金管理都会委派至少一名人员进入公司的董事会担任董事，并派专业人士监管和参与企业的财务、设计、施工和销售等方面的活动。××基金会时刻关注投资的房地产企业潜在成长性并努力使其成为现实，并认识到签约投资只是投资过程中关键的一步，而不是结束。

除了参与房地产项目的财务管理，好的基金管理通常会不同程度参与房地产项目的"三定位（客户、产品和价格）"和"三控制（成本、进度和质量）"。譬如许多情况下，某基金对于项目的管理和监控往往通过监测项目方的财务、成本控制和现金流来进行。某基金会要求项目方提供的财务、成本控制和现金流量安排的需尽可能准确，每月或每季度项目公司需报基金经理一份项目最新的成本分析和现金流量表。基金经理会全面跟踪审核项目最新的成本分析和现金流量，内容包括：项目的需求、与最初批准的预算和目前需求的比较、利息的变化和项目进一步操作的资金可能的变化情况。另外须及时调整成本分析和现金流量，除特殊情况外，一个月一次正式报投资方，并密切注意项目回报率和内部收益率的变化情况。

6. 私募基金投资也是短兵相接的战斗

虽然私募基金行业在中国发展只有十多年，而房地产基金只有近5年，但到目前竞争非常激烈。对房地产基金来说，特别是一、二线城市区位较好的项目，从信息获得到资金到位，往往只有几个月时间，可谓狭路相逢勇者胜，一些残酷点的案例，更可以称作近身肉搏战。

这就需要基金管理人有很强的项目识别能力、谈判能力、资金募集能力、公司内外参与人员协同作战和执行能力等，其中人为因素占主导作用。一个环节出现问题都会导致前期投资的失败。

四、基金和投资者的退出

1. 基金退出时需要考虑的因素

（1）基金期限的约束。投资项目退出时机的选择受基金期限的约束，基金期限是投资持有期的上限。

（2）投资项目的平均持有期限。房地产投资项目的期限一般为 1 ~ 3 年（海外很多是 5 ~ 10 年）。

（3）外部市场环境。投资项目所在市场的宏观经济形势、全球资本市场情况、场外股权交易的活跃程度以及项目所处行业的景气等外部市场环境是决定项目估值和退出价格的重要因素。基金应该选择最有利于体现项目价值，实现投资资本增值的退出时机。

（4）新的投资机会。基金管理人应该权衡投资新项目和继续持有原有项目的比较受益。

（5）投资项目本身和其他股东的需求。如投资项目本身的筹资需求和其他股东股权变现的需求。

（6）其他因素。如需要及时体现基金业绩。

每一次私募股权基金退出运作的起点都是退出时机的确定。确定退出时机时，私募股权基金不仅要考虑当时被投资企业的资金运行状况和收益水平，还要分析当时的整体宏观经济环境是否适合退出。从最佳的状态上看，退出的时机应该是市场高估企业的时候。而市场是不是会高估一个企业，基于市场上投资者的预期，聪明的私募股权基金非常善于提高投资者对企业的预期，但这也需要市场基本面的配合。通常，整体经济走向好，市场认为某种行业是朝阳行业的时候，这个行业的企业就容易卖一个好价钱。但只要私募股权基金可以通过改善企业的业绩使企业大幅增值，就不必对市场时机的选择投入太大的精力，只要对时机的把握不出太大的问题，就总是会赚钱的。

在确定退出时机之后，私募股权基金就要对各种可供选择的退出路径进行详尽的评估。在对退出时机所处的整体宏观环境进行考虑的基础上，深入比较各种退出路径的利弊。这个时候，基金管理人也可以聘请专业的机构和投资银行等协助其进行分析。

确定备选的退出路径后，私募股权基金就开始设计整个退出过程。基金经理通常会聘请各方面的专业人员来负责不同方面的运作，比如与退出相关的法律、税收政策和商业事务。同时，由一家或多家机构进行时时监控，以此来保证退出过程的每一环节的良性运作。除此之外，私募股权基金必须结合所选择退出路径的特点，确定一份具体的退出进程计划书。一份具有可行性的、完备的、事先草拟的退出进程计划书对于整个退出过程的成败发挥着至关重要的作用。根据退出进程计划书，私募股权基金要分配给退出过程涉及的各方当事人相应的责任和义务。退出过程一般要牵涉大量的人力，将任务和责任有效地分配可以确保退出过程的顺畅。另外，基金经理人和高层人员在私募股权基金成功退出后所能获得的收益一般在投资开始运作之前就已经在合同中确定了，所以，这时需要确定的是，其他参与退出过程并起着重要作用的工作人员的奖惩机制。另外，在开始正式的私募股权基金退出过程之前，仍然需要其他大量的准备工作，比如相应市场环境的调研、法律文件的撰写、历史财务报告和业务前景预测，这些都是评价一个投资项目价值的基础性材料。在大多数情况下，潜在投标方还会对公司的生产状况和行政管理等情况进行实地考察，这也需要企业提前做好准备。对企业规模、业务种类、现行运作体制的考察可能会持续几个星期至半年时间不等。

2. 房地产私募股权基金退出投资的方式

基金对所选定项目进行投资决策时，要充分考虑退出方式，以及如果不能按时退出，将采取何种措施保障资金能够安全收回。基金管理公司将根据项目的特点设计出安全的退出方式，并报投资决策委员会通过后执行。退出方式一般包括以下几种：

（1）在资本市场出售股票：这种方式针对基金对拟上市房地产公司的投资。

（2）房地产投资项目清算：以股东身份参与投资某房地产项目，项目建成销售后，基金根据投资比例收回投资成本并分配利润。

（3）原股东承诺回购：基金在投资之初即和原股东签订协议，确定回购方式（譬如回购时间和回购价格），这是基金退出项目常见的一种形式。

（4）企业间兼并收购：在有收购意向的第三方和被投资企业股东协商一致的情况下，基金实现退出。

（5）通过以上两种或多种方式组合的形式退出：譬如，在约定期限内能够上市，则通过资本市场退出；期限内不能上市，则由原股东按照每年约定回报对基金所持有的股权进行回购。

3. 房地产基金投资人如何退出基金

基金投资人的退出方式一般有以下几种：

（1）基金存续期（譬如3年）结束，对基金进行清算。

（2）在基金存续期内，超过封闭期（譬如3年）年限后，基金投资人可根据赎回条款退出。

（3）在基金存续期内，基金投资人可通过将其所持有的基金份额自由转让而退出。

五、关注"一书"和"三份协议"（以有限合伙基金为例）

投资说明书（基金报告书）、合伙协议、资产管理协议和资金托管协议是4份值得投资者重视的报告和协议。当普通合伙人只有一个时，即普通合伙人就是基金管理公司，合伙协议和资产管理协议可以合并为合伙协议，因为基金管理公司作为普通合伙人，其"职权利"可以在合伙协议中明确。以下是这几份报告和协议的摘要。

1. 投资说明书摘要

精彩案例1　基金摘要

1. 摘要综述

（1）某房地产产基金是某基金旗下专注养老养生房地产业的专业基金。

（2）某房地产基金定于2016年×月×日在上海发起。基金由某基金管理公司担任普通合伙人，其他个人或企业投资者作为有限合伙人联合发起。本基金的预期年投资回报率将不低于20%。

（3）某房地产基金募集规模为15亿元人民币，首期募资规模暂定为3亿～5亿元人民币，投资领域为中国境内的旅游（休闲）地产项目，基金拟投资的方向包括以下三个：
养老养生、休闲旅游和居住、某房地产基金部分专业顾问机构。

2. 投资机会

（1）作为最大的发展中国家，经济的高速发展、庞大的人口规模等因素决定中国的房地产行业将长期持续稳定的发展。现今，传统的房地产投融资模式正在发生改变，即由传统的拿地、建房、卖房、物管、融资一体化的房地产开发模式，逐渐分离出土地运营商、房地产开发商和房地产投资商。另一方面，国家对房地产的宏观调控对住宅房地产开发商影响较大。

（2）近年来，国家政策也多次强调将积极发展健康、养生、休闲旅游的居住环境。

（3）中国有充足的社会资本，但缺少合适的金融投资工具和地产金融投资平台。中国房地产股权投资基金的兴起，将为社会资本提供一条收益较高且风险相对较小的重要投资渠道。

（4）2007年6月，中国开始实行的修改后的《合伙企业法》，以及国务院出台的明确鼓励股权投资基金发展的文件，为中国房地产基金的成立提供了法律依据和政策依据。

（5）在上述背景下发起成立某房地产基金，将为广大的投资者搭建一个投融资平台。通过资金的规模效应和规范化的投资管理，使投资者可以拥有一个以百万级的资金参与上亿元的地产开发，获取稳定投资回报的重要渠道。

精彩案例2　基金产品

1. 基金名称

某房地产基金合伙企业（有限合伙）（暂定名，以工商核名为准）。

2. 基金要素

××地产基金（有限合伙）要素见表4-2。

××地产基金（有限合伙）要素　　　　　　　　　表4-2

基金名称	××地产基金（有限合伙）	
基金性质	有限合伙型	注册时合伙人的出资为其承诺出资的20%，其余资金根据投资进度分期到位
基金规模	首期3亿～5亿元人民币	
存续期限	本基金存续期限为5年（3+2年），到期后解散或经所有投资人一致同意继续存续	前3年为封闭期，后2年为回报期
主要投资方向	养老养生住宅项目	项目选择标准： （1）股权投资； （2）二、三线城市为主，项目辐射能力强； （3）当地政府的大力支持； （4）高水准的运营团队
投资周期	24～36个月不等	
认购起点	认购金额需为100万元的整数倍，且不低于500万元	
预期投资回报	20%以上	预计年均投资收益率
基金管理人	××××基金管理公司	担任基金的"普通合伙人"
基金托管人	四大国有银行之一	对基金的资金进行第三方监管
基金管理费	2%/年	
基金托管费	不超过0.15%/年	

3. 封闭与赎回

（1）本基金的存续期限为5年，到期后解散或经所有投资人一致同意继续存续。

（2）前3年为封闭期，投资人只享受红利分配而不能赎回，但可以将所持有的基金份额转让给其他人；后2年为开放期，投资者每年有2次的赎回机会。

精彩案例 3　基金管理

1. 组织架构

"××××地产基金"所募集的资金存于银行开立的托管账户，资金的流动受严格的监管，并享有其所有投资项目的权益。

2. 管理机构

（1）投资决策委员会：基金的决策机构。由投资人（合伙人）共同推选代表组成，负责项目投资决策、资金调动指令等重大事项。

（2）基金管理人：××××基金管理公司担任基金管理人，负责寻找、论证项目，执行投资决策，跟踪项目管理；设计产品方案并进行基金的持续募集等；是基金日常经营事务的管理者及投资决策的执行者。

（3）基金托管人：由某商业银行担任基金托管人，负责严格监管托管账户，监督基金管理人的行为，保证资金安全；是资金安全的监管者。

（4）律师事务所、会计师事务所：由基金聘请，负责对基金拟投和已投项目进行法律及财务的审计监督，并对基金管理人、基金托管人的行为进行监督。

2. 合伙协议摘要

《合伙协议》是全体合伙人之间签订的协议，《合伙协议》中详细规定合伙企业的经营范围、合伙人的出资情况及权利义务、合伙企业的解散和清算、违约责任、争议解决方式等。

（1）订立《合伙协议》的目的

通过签订《合伙协议》，成立有限合伙企业，规范合伙企业的运作，保护全体合伙人的合法权益。

（2）合伙协议的主要内容

1）根据我国《合伙企业法》规定，有限合伙企业由 2 个以上 50 个以下合伙人设立；有限合伙企业至少应当有一个普通合伙人。

2）出资。合伙企业合伙人的所有出资均以货币方式缴付。各合伙人自接到普通合伙人要款通知之日起 3 个工作日内，按各自认缴出资额一次付清。

3）合伙人会议是合伙企业的最高权力机构。行使职权包括但不限于：修改、补充合伙协议；变更合伙企业的名称、主要经营场所、经营范围、合伙期限、合伙企业类型；增加或减少对合伙企业的出资；决定合伙企业对外融资及提供担保；合伙企业的利润分配方案等。

4）合伙事务的执行。基金管理公司为普通合伙人；普通合伙人对外代表合伙企业。除普通合伙人外，其他合伙人不对外代表合伙企业也不执行合伙事务。

5）有限合伙人的权利和义务。对普通合伙人执行合伙事务进行监督；按本协议约定以合法资金缴纳出资，对合伙企业的债务以其认缴的出资额为限承担责任；不参与合伙企业的经营管理、不对外代表合伙企业。

6）普通合伙人的权利和义务。依照合伙协议的约定，执行合伙企业事务，对外代表合伙企业；每季度向有限合伙人报告合伙企业的经营和财务状况；对合伙企业的债务承担无限连带责任。

3. 资产管理协议摘要

《基金资产管理协议》是由合伙企业同基金管理公司之间签订的协议，《基金资产管理协议》在法律上明确了合伙企业与基金管理公司之间的资金委托管理的关系，界定管理公司对合伙企业的管理职责、投资流程，以及在投资方面的权利与义务。

（1）订立《基金资产管理协议》的目的

通过签订《基金资产管理协议》，可以利用严格的约束／激励机制保证基金管理公司必须严谨、勤勉地履行职责。

（2）《基金资产管理协议》的主要内容

1）委托管理期限为：1周年或另行约定。

2）基金管理公司职责

①负责合伙企业日常的投资经营管理。

②投资结束后，负责及时按照合伙企业决议向合伙人分配利润；

3）基金管理公司的权利

①根据合伙企业确认的投资重点和经营准则实现投资目标。

②发出向投资项目汇出现金的指令。

③管理对外关系以及按照合伙企业的授权签署经济合同和其他企业文件。

④执行投资决策委员会制定的投资决策。

4）投资决策委员会

基金管理公司根据《合伙协议》组建投资决策委员会。投资委员会由 5～7 名成员组成，其中基金管理公司占据一个名额，其余成员由全体合伙人推举或投票产生。投资决策委员会的主要职责是对基金管理公司提交的最终投资建议书作出审核及决策。

5）投资限制

基金管理公司不得为合伙企业选择如下投资项目：

①用借贷资金进行投资；

②向其他人提供贷款或担保；

③投资于有可能使合伙企业承担无限责任的项目。

6）投资程序

基金管理公司应依据本协议规定的投资管理程序运作委托资产，通常该程序包括：

①进行项目最初阶段的审查和可行性分析，并提出项目建议。

②代表合伙企业进行投资谈判签约并完成投资交易。

③对项目进行跟踪管理。

④制定适当的投资退出战略并适时退出。

7）管理费

合伙企业应按照每年 2% 向基金管理公司支付管理费。

4.资金托管协议摘要

《资金托管协议》（简称《本协议》）是合伙企业（甲方）、基金管理公司（乙方）及托管银行（丙方）签订的协议，《本协议》中详细规定基金资金的保管和使用等事项。

（1）订立《本协议》的目的

订立《本协议》的目的是为了明确协议各方在基金资金的保管、投资运作和监督、日常划拨等事宜中的权利、义务和责任，确保基金资金的安全，保护合伙企业及合伙人的合法权益。

（2）《本协议》的主要内容

1）甲方的权利义务。有权监督乙方和丙方对委托资金的管理和保管情况；授权乙方根据《本协议》和《合伙协议》的有关规定代表甲方向丙方发出划款指令；及时、足额将委托资金划至资金保管账户；甲方应直接承担的费用包括合伙企业之设立、运营、终止、解散、清算等相关费用。

2）乙方的权利义务。对委托资金及其投资形成的资产进行管理；及时、足额收取管理费；向托管人发出划款指令；定期向甲方报送《中期报告》《年度报告》；《本协议》终止后 20 个工作日内，向甲方和丙方出具《清算报告》。

3）丙方的权利义务。在甲方授权范围内行使对委托资金的保管权；对乙方的投资管理行为进行监督；对委托资金保管账户的资金根据合同的规定进行划拨和清算；执行乙方委派代表（或者授权代表）签发的有效划款指令，负责办理托管账户名下资金往来；按时向甲方出具年度的托管报告；在甲方期限届满或甲方提前终止后协助进行甲方的清算。

4）资金的保管及运用。甲方应于《本协议》签订后在丙方指定的营业机构开立银行存款账户作为《本协议》项下委托资金托管账户；委托资金的一切货币收支活动均通过托管账户进行；在对外投资时，乙方根据甲方授权向丙方发出划款指令，丙方审核乙方的指令无误后，办理甲方银行托管账户内的相应资金划拨；基于合伙企业资产产生的全部收入应划入托管账户。

根据新修订的《合伙企业法》，出现如下情况可以对合伙人除名：

（1）合伙人未履行出资义务；

（2）因故意或者重大过失给合伙企业造成了损失；

（3）执行合伙人事务时有不正当行为；

（4）发生合伙协议约定的事由。

对合伙人的除名决议，应当以书面通知形式告知被除名人。被除名人接到除名通知之日，除名生效，被除名人退伙。被除名人对除名决议有异议的，可以自接到除名通知之日起三十日内，向人民法院起诉。

除合伙协议另有约定外，合伙企业的下列事项应当经全体合伙人一致同意：

（1）改变合伙企业的名称；

（2）改变合伙企业的经营范围、主要经营场所的地点；

（3）处分合伙企业的不动产；

（4）转让或者处分合伙企业的知识产权；

（5）以合伙企业名义为他人提供担保；

（6）聘任合伙人以外的人担任合伙企业的经营管理人员。

房地产私募基金（或称房地产私募股权投资基金）的法律依据是2007年修改后的《合伙企业法》，是根据该法注册成立的有限合伙企业，完全符合法律规定。2008年12月3日，国务院出台了金融促进经济发展的九项政策措施，明确提出要创新融资方式，拓宽企业融资渠道，其中包括鼓励发展房地产信托投资基金和股权基金。

《合伙企业法》已为私募股权基金提供了完备的法律依据，它解决了几个关键的问题：出资人进入和退出的便利、高效率的投资管理、避免多重征税等。因此，发起股权基金已经有充分的法律依据；且各地纷纷出台鼓励政策，也说明从实践上已没有障碍。

对基金初步表示感兴趣以后，双方可以迅速签署一个保密协议，企业递交详细的财务数据以及未来3年详细的经营计划，则开始进行行业、技术尽职调查。行业尽职调查就是找一些与企业同业经营的其他企业问问大致情况，比如企业的上下游，甚至连竞争伙伴都可以。技术尽职调查一般用于有专利权的高新技术公司，这些公司的独家技术基金比较看好，需要找一些懂行的专家印证基金的判断。基金在初步调查后如果仍然感兴趣，接下来双方谈判的是交易核心内容：企业估值与融资额，投资者的占股比例可以根据上述两个数字推算。

投资者应选择投资收益、投资风险、费用等与自己的个人需要相符的基金产品。具体说来，应该考虑以下几点：一是投资目标：每个人因年龄、收入、家庭状况的不同而具有不同的投资目标。一般而言，预期收益越高，需要承担的风险也越高，例如，年轻人可以考虑选择风险高些的基金，而即将退休的人则建议考虑选择风险较低的基金。二是收益风险特征：各基金因投资范围不同，会具有不同的收益风险特征和水平。投资者购买基金前，需要了解有关基金的投资方向、投资策略、投资目标及基金管理人以往业绩，对准备购买的基金的收益、风险水平有一个总体评估，并据此作出投资决策。三是风险承受能力：如果投资者对市场的短期波动较为敏感，就应该考虑投资一些风险较低及价格较为稳定的基金。如果投资者的投资取向较为进取，并不介意市场的短期波动，同时希望赚取较高回报，那么，一些较高风险的基金品种或许更符合此类投资者的需要。四是费用水平：在其他条件相当的情况下，投资者还可以关注一下基金的费用水平是否适当。

六、契约型私募基金与合伙制私募基金的各自特点

1. 契约型私募基金出现的背景和现状

契约型基金又称单位信托基金，是指把投资者、管理人、托管人三者作为当事人，通过签订基金契约的形式发行受益凭证而设立的一种基金；或者说契约型私募基金是指基于一系列契约而成立的基金，通常由委托人（私募基金管理人）、受托人（有资质的资金托管行）和基金受益人（投资者）三方订立契约而成。这种基金本身不依托公司或有限合伙的组织形式，基金的持有人也没有股东或合伙人身份，而是通过持有人大会来行使权利。契约型私募基金有其特定的"资金集合"的优势等，同时它也是我国新《证券投资基金法》中明文规定的公开募集资金和非公开募集资金的主流形式，但由于历史原因：私募业者的金融机构身份长期没有得到官方层面的认可，从业者只能选择公司或有限合伙作为基金募集的载体。

随着 2014 年 6 月 20 日颁布和 8 月 21 日实施的《私募投资基金监督管理暂行办法》（中国证券监督管理委员会令第 105 号令）出台，契约型基金作为冲破资管业务原先的牌照壁垒的重要资产管理载体，已得到了资本市场的高度关注和许多机构的实践。105 号文第一条即明确了其系以《证券投资基金法》作为上位法制定。事实上，2012 年 12 月最新修订的基金法不但将"非公开募集基金"纳入了其适用范围，且亦将其作为一个重要环节，在整个第十章进行了相对明确的规定。由此，105 号文项下的私募基金，尤其是契约型基金，应当适用基金法项下的信托法律关系，即基金份额持有人作为信托的委托人和受益人，基金管理人和基金托管人（如有）同时作为受托人，从而形成集合自益信托法律关系。

作为一种新兴的基金募集形式与载体，契约型私募基金对我国私募基金的运作产生了巨大影响，2014 年中以来，很多投资管理机关放弃前几年盛行的合伙型基金形式

投资，转成以契约型基金作为载体投资。表 4-3 列出了契约型私募基金和有限合伙型私募基金的区别及特点。

契约型私募基金和有限合伙型私募基金的区别及特点 表 4-3

	契约型私募基金	有限合伙制私募基金
法律形式	基金管理人与投资人基于契约关系而设立的委托/受托管理法律关系的一种集合投资模式，由基金管理人、基金投资人、基金托管人签订基金合同。基金管理人、基金托管人根据基金合同管理、运用基金资产	有限合伙企业由普通合伙人和有限合伙人组成，有限合伙人不参与合伙企业的运作，不对外代表组织，只按协议比例享受利润分配；普通合伙人参与合伙事务的管理，分享合伙收益
基金设立方式	基金管理人拟定并与投资人、托管人签订基金合同，基金管理人无需向工商登记机关申请设立额外法律实体。设立方式快速、便捷	申请设立合伙企业，普通合伙人应当向适合工商登记机关提交登记申请书、合伙协议书、合伙人身份证明等文件，设立有限合伙企业的法律实体。工商登记所需时间较长且文件提交上与工商局有不同要求，设立手续较繁琐
基金存续期间基金投资人发生变更	基金存续期间，申购、赎回、份额转让等由基金登记机构进行相应登记，操作灵活	合伙企业存续期间，发生工商登记要素变更（合伙人、出资金额）等变化，需要全体合伙人签字，办理工商变更登记手续，程序繁琐
投资人出资方式	目前现行法律法规中未有明确的法律依据	根据《合伙企业法》规定，有限合伙人可以用货币、实物、知识产权、土地使用权或者其他财产权利作价出资。有限合伙人不得以劳务出资。但实践中针对以投资为主要经营范围的有限合伙企业，很多工商不接受非现金出资
登记机关	基金管理人或者基金管理人委托办理私募基金份额登记注册业务的机构	适合的工商主管部门
投资人参与方式	基金管理人、基金托管人签订《基金合同》	与普通合伙人签订《合伙协议》《入伙协议》等基金文件
资金规模及最低认缴规模	根据《私募基金监督管理暂行办法》，投资于单只私募基金的金额不得低于 100 万元且符合下列相关标准的单位和个人： （1）净资产不低于 1000 万元的单位； （2）金融资产不低于 300 万元或者最近三年个人年均收入不低于 50 万元的个人。 金融产品包括：银行存款、股票、债券、基金份额、资产管理计划、银行理财产品、信托计划、保险产品、期货权益等	根据《私募基金监督管理暂行办法》，投资于单只私募基金的金额不得低于 100 万元且符合下列相关标准的单位和个人： （1）净资产不低于 1000 万元的单位； （2）金融资产不低于 300 万元或者最近三年个人年均收入不低于 50 万元的个人； 金融产品包括：银行存款、股票、债券、基金份额、资产管理计划、银行理财产品、信托计划、保险产品、期货权益等。另外，部分地区工商对以"股权投资企业"形式设立的合伙企业中的单个合伙人有最低出资要求，可能高于 100 万元
人数限制	目前现行法律法规中未有明确的法律依据，存在不确定性，实践中一般根据基金业协会指导意见应该控制在 200 人以内，可设立单一投资人的契约型基金	合伙企业由 2 个以上 50 个以下合伙人设立。并至少有一个普通合伙人和一个有限合伙人
投资人债务承担方式	目前现行法律法规中未有明确的法律依据，存在不确定性	有限合伙人以其认缴的出资额为限对合伙企业债务承担责任。普通合伙人对合伙企业债务承担无限连带责任

续表

	契约型私募基金	有限合伙制私募基金
行业许可	根据《私募基金监督管理暂行办法》第五条规定，设立私募管理机构和发行私募基金不设行政审批，允许各类发行主体在依法合规的基础上，向累计不超过法律规定数量的投资者发行私募基金	根据《私募基金监督管理暂行办法》第五条规定，设立私募管理机构和发行私募基金不设行政审批，允许各类发行主体在依法合规的基础上，向累计不超过法律规定数量的投资者发行私募基金。但是合伙企业应向注册地工商申请办理注册登记手续
基金财产独立的法律依据及法院认定	目前现行法律法规中未有基金财产独立明确的法律依据。基金投资者或基金份额持有人因认购本基金的基金份额而缴纳的款项形成的财产，基金管理人因基金财产的管理运用、处分或其他形式而形成的财产（合称基金财产）是否独立于基金管理人，基金托管人的固有资产尚存在不确定性。如果发生纠纷，司法机关是否会认定契约型 PE/VC 基金财产独立有很大的不确定性	《合伙企业法》规定： （1）合伙人的出资，以合伙企业名义取得的收入和依法取得的其他财产均为合伙企业财产。 （2）合伙企业的财产独立于各合伙人的财产。作为一个独立的非法人经营实体，有限合伙制基金拥有独立财产；对于合伙企业的债务，首先以合伙企业自身的财产进行对外清偿，不足的由普通合伙人承担无限连带责任。 （3）合伙人在合伙企业清算前，不得请求分割合伙企业财产。合伙人在合伙企业清算前私自转移或处分合伙企业财产的，合伙企业不得以此对抗善意第三人
银行及证券账户	以契约型基金名义开立独立核算的银行及证券账户并进行托管，并于基金管理人的自由账户及其他基金财产账户相互独立	以合伙企业的名义开立独立核算的银行账户并进行托管
对公司或有限合伙企业进行投资	以基金管理人的名义代表契约型基金对外投资，工商登记的股东／基金合伙人为基金管理人	以合伙企业名义对外投资
风险隔离	鉴于目前现行法规中未有基金财产独立明确的法律依据，相关有权机关（法院、税务机关、仲裁机构）是否认可基金管理人自由财产与其管理的基金产品是否相互独立，存在很大不确定性	合伙企业的财产独立于各合伙人的自由财产。合伙人发生与合伙企业无关的债务，相关债权人不得以其债权抵消对合伙企业的债务；也不得代位行使合伙人在合伙企业中的权利。 合伙人的自由财产不足以清偿其与合伙企业无关的债务的，该合伙人可以以其从合伙企业中分取的收益用于清偿。债权人也可以依法请求人民法院强制执行该合伙人在合伙企业中的财产份额用于清偿
税务处理及风险	目前现行法规中未有明确的法律依据。 税务问题是建立在基金财产是否独立以及基金财产与管理人资产是否隔离这个基本问题之上，基金财产及收益是否会被视做基金管理人的财产和收益进行征税，存在不确定性。 基金应缴纳营业税／增值税的投资时，是否要缴纳营业税，存在不确定性。 基金对投资人进行分配时，基金管理人是否代扣代缴个人所得税存在不确定性。目前实务中大多不代扣代缴	合伙企业不征税，合伙企业以每一个合伙人为纳税义务人。合伙企业合伙人是自然人的，缴纳个人所得税；合伙人是法人和其他组织的，缴纳企业所得税。合伙企业经营所得和其他所得采取"先分后税"的原则，其中属于自然人合伙人应得的利息、股息、红利所得，由基金负责代扣代缴个人所得税
行业协会登记及备案	契约型和有限合伙制基金均需按照《私募投资基金管理人登记和基金备案方法》向中国证券投资基金业协会办理基金管理人登记及基金备案	

资料来源：中伦律师事务所陈芳律师团队，2015 年 3 月。

2. 契约型私募基金的优势和缺陷

虽然公司型和合伙型私募基金有其各自的特点，但目前来看，契约制私募基金又包括以下几大优势：

（1）募集人数增加。单只契约型基金的投资者人数累计不得超过 200 人，投资门槛 100 万元（《证券投资基金法》）；契约型私募基金的募集人数范围明显广于有限合伙或公司形式。

（2）简化了发行流程。契约法律关系无需注册专门的有限合伙企业或投资公司，仅需通过基金合同约定各种法律关系，避开了成立企业（有限合伙制或公司制）所需的工商登记等手续。

（3）投资的流动性更好。虽然从理论上讲有限合伙人也可以通过转让等方式退出，但在实践中，但实际运作中，由于合伙人转让、退出的工商变更手续非常繁杂，有限合伙人持有的份额流动性较差，契约型私募基金份额转让相对容易。

（4）税收优势：基金本身仅为一笔集合财产，不被视为纳税主体，因此仅由受益人缴纳所得税即可，并自行申报契约型，并且不代扣代缴个人所得税；有限合伙企业也不被视为纳税主体，但代扣代缴个人所得税（一般执行 20%）；公司制企业本身为纳税主体（25% 企业所得税）。

契约制私募基金又包括以下几大缺陷：

（1）契约制基金的法律基金不够充分。合伙制基金和公司制基金实际是投资人设立的专项投资平台，投资人有实际完全法律保障的股份，但契约制基金本质上是属于一种受托管理关系，也即投资人基于对受托人的信任而将其资产交付受托人，并以受托人的名义对外投资，投资成果在受托人收取之后再给委托人予以分配。

（2）管理人与投资人的力量不平衡。管理人在契约型基金中居于绝对主导地位，而同时对其又缺乏强有力的制衡机制。在我国目前的契约型基金运作之中，如何选择切实维护持有人利益的管理人和托管人是一个悬而未决的问题，分散持有人的发言权可能得不到充分保护。

（3）税收优惠存在不确定性。目前，国家有限合伙型私募基金的"先分后税"以及普通合伙人为自然人合伙人代扣代缴个人所得税也是较为明确的，契约型私募基金的税收优势能延续多久，存在不确定性。

3. 契约型私募基金的操作流程

契约型私募基金的操作流程如图 4-5 所示。

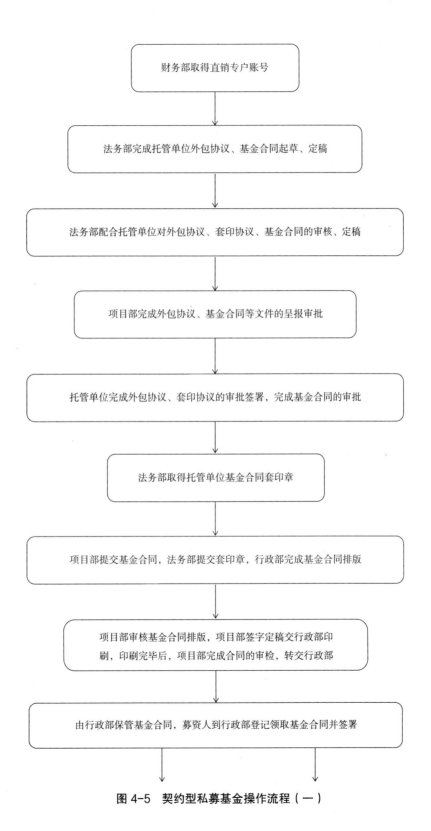

图 4-5 契约型私募基金操作流程（一）

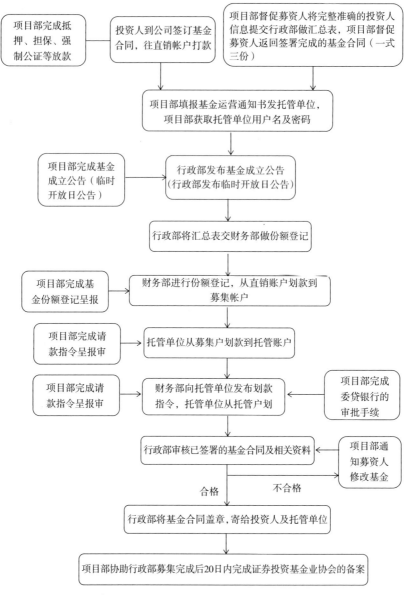

图 4-5 契约型私募基金操作流程（二）

注：本图为某证券公司操作流程，仅供参考。

4. 合伙制私募基金的优势和缺陷

2007 年以来，合伙制私募基金作为民间投资与民间金融的利器，有限合伙制私募基金是私募领域很受欢迎的一种基金类型。有限合伙公司由通常合伙人和有限合伙人组成，通常合伙人对合伙公司债款承当无限连带职责，有限合伙人以其认缴的投资额为限对合伙公司债款承担职责。采用有限合伙制形式的私募基金可以有效地避免双重证税，并通过合理的激励及约束措施，保证在所有权和经营权分离的情形下，经营者与所有者利益的一致，促进普通合伙人和有限合伙人的分工与协作，使各自的所长和优势得以充分发挥。此外，有限合伙制的私募基金具有内部治理结构精简灵活、决策程序高效、利益分配机制灵活等特点。

但近几年来有限合伙型基金的制约因素也逐渐显现，并进而影响到资金的募集。首先是投资者人数限制问题，受制于《合伙企业法》中关于"有限合伙50人"的人数限制，如果是合伙制私募基金再投资合伙制私募基金，需要打通人数即总数不能超过50人，因此有限合伙在资金募集规模上受到一定制约。其次，如果合伙企业的投资人发生变化，合伙企业需要到公司部门去作变更，这对于非注册地的投资人带来不便。再次，合伙企业的投资人在税收方面没有契约型基金的明显优势。

七、外资房地产基金介绍

国外的私募股权基金源于最早的私人银行业务，随着服务对象日益扩大、功能日益完善，全球私募股权基金总量超过了十万亿美元，已发展成为重要的金融特色服务。目前，国际上开展私募股权基金的机构很多，包括私人银行、投资银行、资产管理公司和投资顾问公司等，特别是随着国际上金融混业的发展，几乎所有的国际知名的金融控股公司都从事私募股权基金管理业务，已经发展成为国际上金融服务业中的核心业务之一。

在国外，房地产私募股权基金一直是房地产投融资的主体之一，他们一般会参与商业地产的开发、收购转让、公司股权并购等各方面。很多国际投行，比如摩根士丹利、高盛等旗下都有房地产基金，其中高盛的白厅基金系列从1991年募集发起第一个基金以来，目前已经总共发行了14个了，总募集金额高达200亿美元以上，如果算上杠杆交易，规模更大。

近几年来，由于中国经济的持续稳定增长、房地产的发展和人民币升值预期等的影响，海外房地产投资基金对中国房地产投资有了极大的热情，其规范的投资运作值得我们国内的公司学习。

许多国家并没有专门的私募股权基金监管法规，他们通常采用的方式是，首先对各类集合投资产品设定统一的监管框架，在此基础上允许符合条件的私募股权基金，将之放在共同基金监管要求之外。对私募股权基金，许多国家都采取豁免的方式，不监管私募股权基金的投资风险和信息披露，将监管重点放在制定相关豁免条件，以及审查相关私募股权基金是否符合豁免条件上。一旦某些基金不符合相关的豁免条件，则不能获得相关豁免，其身份即转变为普通的非豁免集合投资产品，必须符合集合投资类产品统一的监管规定。一旦未符合相关监管规定，则在该统一的监管框架下予以处罚。

1. 黑石集团、凯雷集团、KKR、铁狮门和凯德置地

（1）黑石集团

黑石集团（Blackstone），总部位于美国纽约，美国规模最大的上市投资管理公司，又名佰仕通集团，是全世界最大的独立另类资产管理机构之一，管理着超过 2200 亿美元的资产。1985 年由彼得·彼得森（Peter G. Peterson）和斯蒂芬·施瓦茨曼（Stephen Schwarzman）共同创建。2007 年 6 月 22 日在纽约证券交易所挂牌上市（NYSE：BX）。黑石另类资产管理业务包括企业私募股权基金、房地产机会基金、对冲基金的基金、优先债务基金、私人对冲基金和封闭式共同基金等。黑石集团还提供各种金融咨询服务，包括并购咨询、重建和重组咨询以及基金募集服务等。黑石集团总部位于美国纽约，并在亚特兰大、波士顿、芝加哥、达拉斯、洛杉矶、旧金山、伦敦、巴黎、孟买、香港和东京设有办事处。

黑石的交易遍布全球，不仅包括典型的杠杆收购，还涉足公司转产、少数股权投资、公司合伙、产业合并等领域的业务。

自 1992 年以来，黑石的房地产基金已成为一项多样化的、全球运作的业务。黑石管理了六只普通房地产基金，以及两只国际性的房地产基金。黑石的房地产基金投资于住宅、城市办公楼、分配和仓储中心以及多家房地产公司。

投资特点包括：

1）投资"并不时髦"的产业

黑石喜欢投资"并不时髦"的产业。在"B 单"——黑石投资的企业清单上的企业涉及有线电视、乡村蜂窝电话、炼油、汽车零件、芯片、房地产、酒店、旅游、博彩、医院和食品等行业。

2）与世界 500 强联手投资

黑石更喜欢和实体经济中的世界 500 强联手。黑石的大部分交易都带有这一特点。如与时代华纳公司联合投资"六面旗主题公园"和与美国电报电话公司合作投资 Bresnan 等。

3）严格的尽职调查和积极参与被投资企业的管理

对于每一个被投资企业，黑石都有一名高级合伙人负责监管其战略、运营和财务状况；同时聘请 C 级管理人员进入其顾问委员会或董事会。

（2）凯雷集团 The Carlyle Group

美国凯雷投资集团（又称凯雷集团）成立于 1987 年，公司总部设在华盛顿，有"总统俱乐部"之称，拥有深厚的政治资源，截至 2012 年 6 月 30 日，管理资本规模约达 1560 亿美元，是全球最大的私人股权投资基金之一。

凯雷集团总部设立在美国首都华盛顿，是全球性最大另类资产管理公司之一，团队遍及非洲、亚洲、澳洲、欧洲、北美洲及南美洲19个国家和地区。凯雷集团一贯秉持的信条是树立良好的投资理念、深厚行业经验、发挥创造力、精诚合作、吸引优秀的专业人才。

凯雷集团对所有潜在投资机会都持开放态度，并专注于已经拥有投资经验的领域，主要包括：航天、汽车与运输、消费与零售、能源与电力、金融服务、保健、工业、房地产、科技与商务服务、电信与传媒。

凯雷集团分布在非洲、亚洲、澳洲、欧洲、南美洲、中东及北美洲的32个办事处。

投资特点包括：

1）投资最熟悉的行业

凯雷专注于拥有丰富经验及专业知识的行业。凯雷投资集团相信凯雷对行业的专注令凯雷投资集团能够站在趋势前沿。凭借对未来的远见，凯雷投资集团为旗下投资公司保驾护航，从而使其得以应对行业挑战并把握商业先机。

2）长期合作伙伴

凯雷投资理念的核心是尊崇伙伴关系及长期价值创造。对于旗下投资公司，凯雷投资集团的目标是助其提升营运效率，寻求战略增长机会，以及创建可带来持久回报的最佳管理实践。

3）独立性及连续性

凯雷投资集团致力保持旗下所投资公司的管理及运营的独立性，使其在享用凯雷网络提供的全部资源及经验的同时得以保持品牌的连续性。有别于多数战略投资者，其往往寻求把所投资公司并入自身全球业务的不同部分中去，凯雷则力促旗下公司独立自主地繁荣发展。

4）纪律及勤勉

凯雷投资集团奉行风格保守、纪律严明的投资哲学，由于这一理念，凯雷投资集团致力投资管理卓越的公司及凯雷拥有斐然经验的行业，从而创造持续的高回报。正是这种谨慎的作风令凯雷成为可信、可靠的长期合作伙伴。

5）高度承诺

为进一步与旗下所投资公司保持一致利益，凯雷投资集团的专业投资团队以自身资金和凯雷的投资者共同出资，表现出凯雷的高度承诺、专业精神及工作热情。凯雷在亚洲十多年的耕耘，凯雷投资集团将坚守承诺，无论市场兴衰，都将倾力抚助旗下所投资公司保持稳定增长，并创造持久价值。

（3）KKR集团

KKR集团（Kohlberg Kravis Roberts & Co. L.P.，简称KKR），中译为"科尔伯格-

克拉维斯"，是老牌的杠杆收购天王，金融史上最成功的产业投资机构之一，全球历史最悠久也是经验最为丰富的私募股权投资机构之一。

KKR 集团业务遍及全球。KKR 集团总部设在纽约，并在旧金山、伦敦、巴黎、香港、东京、北京等地设有多个办事处。截至 2013 年 6 月 30 日，KKR 集团管理的总资产达到 835 亿美元，其投资者包括企业养老基金、社会养老基金、金融机构、保险公司和大学捐赠基金等。KKR 集团致力于与所投资企业的管理层紧密合作，并利用其全球资源和运营专识，通过股权投资创造价值。

1976 年，克拉维斯（Henry Kravis）和表兄罗伯茨（George Roberts）以及他们的导师科尔博格（Jerome Kohlberg）共同创建了 KKR 公司，公司名称正源于这三人姓氏的首字母。KKR 公司是以收购、重整企业为主营业务的股权投资公司，尤其擅长管理层收购。KKR 的投资者主要包括企业及公共养老金、金融机构、保险公司以及大学基金。在过去的 30 年当中，KKR 累计完成了 146 项私募投资，交易总额超过了 2630 亿美元。

1）投资特点

在 KKR 的投资模式中，有两个要点至关重要：一是寻求价值低估、低市盈率的收购对象；二是创造足够的现金流，未来的现金流足以偿还债务又不至于影响公司生产经营。KKR 的高杠杆收购虽然充满风险，但是在这两条铁律的制约下，他们抵制了无数充满诱惑的收购。

2）基本形式

KKR 与目标公司管理层联手完成杠杆收购（LBO/MBO），并在收购后赋予目标公司管理层极大的自主权，在目标公司竞争实力增强、价值上升后，通过上市等方式退出公司，取得高额回报。

KKR 在 LBO/MBO 交易中具有三重角色：财务顾问；投入自己的资本，本身也是所有者，成为其中的一个合伙人，与参与 LBO/MBO 股权投资的其他有限责任合伙人（通常是机构投资者）共担风险；作为 LBO/MBO 股权投资团体的监管代理人。

3）管理模式

KKR 在追求利润的过程中，使用公司治理机制——债务、经理持股和董事会监督。

债务的硬约束作用能使管理层经理吐出企业中"闲置的现金流量"，使他们无法把这部分资金用于低效率的项目上；KKR 通过管理层经理的大量持股，使他们像所有者一样决策；同时，通过强化企业内部的约束机制——董事会，KKR 向人们展示了作为股东和大股东以及债权人的代表，是如何妥善处理董事会和管理阶层之间职能分离的。

KKR 通过强化公司的治理结构，降低了公司两权分离所带来的代理成本。从某种意义上说，KKR 的利润，正是来源于代理成本的降低。正由于这一点，KKR 展现了它作为一个经济机构、一种经济模型所独具的魅力。

4）投资条件

KKR 设定目标企业的主要条件：具有比较强且稳定的现金流产生能力；企业经营管理层在企业经营管理岗位的工作年限较长（10 年以上），经验丰富；具有较大的成本下降、提高经营利润的潜力空间和能力；企业债务比例低。

（4）铁狮门

铁狮门（TISHMAN SPEYER，简称 TSP）成立于 1978 年。是世界一流的房地产业开发商、运营商及基金管理公司，擅长开发并与管理密切结合的房地产企业。

铁狮门秉承创造最大的价值的哲学理念，并与每个单位或项目展开深入合作，鼓励文化的创造和跨学科的各种非常规思维的相互结合。铁狮门旗下的标志性建筑囊括洛克菲勒中心、克莱斯勒中心、柏林的索尼中心等。

铁狮门历史可以追溯到 19 世纪末，成立之初以地产开发为主，1976 年由于家族内部的利益冲突，从一家上市公司分拆为 3 家私人公司，包括一家专业建筑公司、一家出租管理公司和一家集开发、投资、运营于一体的综合性商业地产公司——铁狮门。

投资特点包括：

TSP 的业务宗旨是将每个房地产作为独立的业务加以运营和评估，注重获取最高的长期利润率使公司能为其投资者创造长期价值。TSP 的专业团队包括业务所需的各专业高水平专家。铁狮门公司的房地产专业人士在各自的专业领域经过实际操作训练，拥有丰富经验，使铁狮门能在房地营销各方面增添价值。

1）设计和建造

铁狮门在设计和建造方面的专业人士包括：训练有素、经验丰富的工程师、建筑师以及施工人员，他们是一体化房地产团队的组成部分，为项目的各个阶段增加价值和效率。

2）营销和租赁

铁狮门在全球的办事处均有当地租赁人员，因此铁狮门全面了解当地租户需求和当地市场动态。这种及时可靠的市场信息不仅为公司的房地产创造了价值，而且使铁狮门能准确评估和进行潜在的新投资项目。

3）基金管理

与一些竞争者有所不同的是，TSP 用自有资金与投资者共同进行投资，从而实现利益协同，产生争取优秀业绩的动力。

4）购买与开发

铁狮门在全球各大市场拥有 25 年以上的购买和开发经验，深入了解市场的最新情况，并且建立了广泛的关系网和运营网。因此，铁狮门占有优势，能发现尚未进入市场的机会，并且经常被出售者作为首选购买商。

5）物业管理

铁狮门的房地产专业人士管理全球 3000 多万平方英尺的物业空间。与许多房地产运营商所不同的是，铁狮门的物业管理人员监督大厦运作的所有方面，包括工程技术安全、消防及清洁。通过优质的物业管理，铁狮门与租户建立了长期的关系，使铁狮门的物业产生和保持价值。

（5）凯德置地

凯德置地集团（Capitaland）是亚洲最大的房地产公司之一，总部设在新加坡并且在新加坡上市，核心业务包括房地产、服务公寓以及房地产金融服务；地理分布跨越亚太、欧洲和海湾合作委员会（海合会）国家，业务遍布 20 多个国家 120 多个城市。集团的房地产和房地产基金管理业务集中于核心市场新加坡和中国。集团的房地产业务多元化，包括住宅、办公楼、购物中心、服务公寓和综合房产；也同时拥有最大的亚洲房地产基金管理业务之一。凯德集团凭借其雄厚资产、多元房地产领域知识、先进产品设计和开发技能、积极资本管理策略以及庞大市场网络，持续开发优质房地产产品与服务。凯德集团旗下的上市公司包括凯德商用、雅诗阁公寓信托、凯德商务产业信托、凯德商用新加坡信托、凯德商用马来西亚信托和凯德商用中国信托。

凯德置地具有"PE 私募股权投资基金 +REITs 房地产信托基金"的成功模式。凯德商用通过两条路来实现这一目标：一是持续打造标志性项目；二是开发模块化项目，即规模化复制。

在私募基金与 REITs 的相互支持中，集团公司作为资产配置的中心和中转枢纽推动着基金平台的打造，在项目运作过程中，集团公司作为组织者和管理者推动着项目的成熟。集团公司从旗下投资和资产管理团队手中买下成熟的商用物业，置入旗下 REITs，通过增发为收购融资。集团公司在整个基金平台的构建中充当着资产配置的核心。从集团内部孵化、到私募基金的开发培育，再到 REITs 的价值变现和稳定收益，凯德置地构造了一个以地产基金为核心的投资物业成长通道，这种地产开发＋资本运作的模式是凯德置地地产经营模式的核心。值得一提的是凯德置地在 2018 年和 2019 年在国内一线继续买入优质办公楼等物业。

2. 外资房地产基金在我国的投资

中国房地产市场的快速发展，目前已吸引了大批国际私募股权基金进入中国，时间有近 20 年的历史，但其一开始规模很小；目前虽没有权威的统计资料，但据业内人士估算目前有几百个海外房地产基金活跃在中国的房地产市场中。

2002 年以来，由于包括中国经济的持续稳定地增长、房地产业的发展和人民币升值预期等的影响，外资包括海外房地产投资基金对中国房地产投资有了极大的热情，它对我国房地产业的发展包括更规范运行和国际先进经验学习起到了积极作用，2008年国际金融危机前，海外资本在国内一些大城市房地产市场非常活跃，国内许多房地产公司以有海外投资者合作为荣，一些楼盘还特地选出有海外投资背景来提升售价。一方面，由于金融危机的恶化和国内房地产市场的调整，从2008年中期开始，部分国外房地产基金开始出售手中的物业，并收缩在中国的投资战线。另一方面，由于国家进行宏观调控收缩银根，房地产市场的融资受到了严格的限制，国内的开发商越来越寄托于私募股权基金了。经济持续增长、城市化进程、收入水平增长以及土地稀缺，这几大驱动力依然会使得房地产发展整体趋势不变。这时房地产私募股权基金迎来了时机。

事实上在我国每年购房的资金总量中，外资所占比例并不大，但由于它集中在一线和部分二线城市，这些资金除了直接购买办公楼、商场等租赁型的物业，部分资金也以各种方式直接或间接参与房地产开发，而这也与近年来国内宏观调控和长期以来融资渠道单一使许多房地产开发商资金缺口问题较为严重有直接关系。实际上，宏观调控对房地产市场最大的影响是减少了资金供应，银行普遍收紧了对开发商的贷款，开发商原来最主要的资金来源突然被截流了。这为外资与当地开发商的合作提供了机会，外资也利用了这个机会进入了目前中国回报率较高的行业。大型的海外投资基金包括荷兰国际集团（ING）、嘉德置地集团、新加坡投资公司旗下的GIC地产基金公司、美国著名投资银行摩根士丹利、美国洛克菲勒财团、澳大利亚麦格理银行等。

2004年由于人民币出现了很大的升值压力，而此预期已引致海外资金流入我国，综合各方面估计，流入我国的这些资金可能在几百亿美元左右，它们除了想套取预期中的汇率升值等好处外，还想利用升值后的其他投资产品（如房地产、股票等）价格上升的趋势，获得更多收益。事实上，流入中国的热钱一部分已进入到房地产市场，这一部分资金会直接购买房产，这对近几年我国大城市房价的上升，起到一定作用。

对国外投资者来说，特别是那些来自亚洲地区的投资者，近几年来选择在中国的主要城市（尤其是北京、上海和深圳等）进行房地产投资是最有利可图的。这从近几年来的房地产价格上涨中可以看出。我们知道房地产开发和投资在任何国家和地区都会有困难和风险，外资房地产开发商和投资者同样会在中国市场碰到一些困难和风险，其中主要包括：

（1）政策和法规——由于房地产在中国是一个新的行业，政府会在具体工作中出一些新的政策和法规，外资房地产开发商和投资商没有中国本地的开发商和投资者对其理解透彻和反应迅速。

（2）土地获得——从2003年以前，外资房地产开发商获得土地有时较本地的开发商难，但从2003年以来，土地一般都通过市场公开出让（包括拍卖），这方面更加公平。

但由于外资资金实际到位时间有时很难把握，这会使出让方积极性减小。

（3）项目管理——发达国家很重视项目管理，我国的设计、施工、咨询单位和政府职能部门运作也在学习国外先进的方法。

其中政策和法规方面对外商的限制尤其明显，譬如 2006 年 7 月，建设部、发改委、外汇局等六部委联合发出《关于规范房地产市场外资准入和管理的意见》，在该意见中，禁止投资者以境外直接持有中国物业的方式投资中国房地产，堵住外资以股权投资直接向国内投资。同时规定境外人士只有在境内工作、学习时间超过 1 年，才可以购买符合实际需要的自用、自住商品房，但不得购买非自用、非自住商品房。

事实上，在我国的房地产外资，相当部分是国内背景的外资房地产公司，即这些公司真正的业务在国内且控制人也在国内。中国房地产上市公司综合实力 20 强，有超过 10 家企业在香港上市。

各个海外基金在中国的操作模式也有很大不同，有的偏向于住宅开发，有的喜好持有具有稳定租金的办公楼等，也有部分投资机构更加看好中国的物流地产，还有部分外资向内地二线城市发展等。2015 年开始的人民币对美元贬值预期和很多人认为中国房价总体上在高位，使得外资投资中国房地产热情下降。

2018 年外资参与到中国房地产投资市场的比例不断在上升，特别是北京和上海这样的国际大都市，它们的办公楼等持有型资产始终受到海外房地产基金的关注，一旦有好的投资机会包括价格有一点折让，是不缺乏海外投资的。譬如 2018 年，上海超过 1/3 的大宗房地产资产交易的买方是由外国投资者包括基金，高于 2017 年同期近 20%，且呈不断上升的趋势。世邦魏理仕集团的数据表明，在 2018 年，外资在商业地产上的投资激增 62%，达到 780 亿元人民币（91 亿美元），创下自 2005 年以来的最大规模。其中，上海占据了半壁江山，而黑石集团和新加坡开发商凯德置地一举成为最大的两个买家。

八、一个外资房地产基金投资项目案例分析

1. 背景简介

一个内资公司（开发商）1999 年以来在上海已开发了多个项目，在房地产业业内有一定知名度，由于公司在 2002 年底和 2004 年业务有了较大的扩张，提出战略目标"立足上海，开拓周边城市，要做大做强"。至 2003 年中，A 公司同时在上海和苏州同时 2 个项目进入前期阶段，1 个项目在收尾阶段，另外 1 个项目的一期房产已卖完，但已进入二期的开发。随着 2003 年房价进一步上涨，各方面包括政府对房地产泡沫有了共识，央行发布了《关于进一步加强房地产信贷业务管理的通知》。

由于受国家宏观调控政策的影响，银行贷款条件限制加大，具体上，它对房地产开发的三个主要环节均进行了严格的限制：要求房地产开发企业自有资金不得低于项目总投资的30%、需要"四证齐全"才能获得开发贷款、严禁房地产开发流动资金贷款。因此A公司不得不为其项目找合作方或出售一个项目，由于其他内资公司也较大程度受到政策影响，资金也不充裕，因此A公司财务上陷入困境。

　　C公司在了解情况后及时对开发商的背景和目前状况作了考察，确认了基本情况后，选择A公司在上海中环和内环线之间的正在进入前期阶段的项目，并决定作项目可行性分析。

　　表4-4是可行性分析中的一部分。

项目部分主要建筑技术经济指标　　　　　　　　　　　　　　　　表 4-4

占地面积	20715 平方米
总地上建筑面积	37287 平方米
小高层住宅建筑面积	20800 平方米
多层住宅建筑面积	13487 平方米
其他（会所、商铺、托儿所等）	3000 平方米
容积率	1.8
绿化率	40.5%
工期	2 年 3 个月
总投资	223722000 元
实际投资	8500 万元
银行贷款	5000 万元
预计项目回报率	21%
预计内部收益率（IRR）	35%

　　经过C公司投资部和市场部的分析研究，此项目需实际资金投入8500万元。

　　投资意向：在来自欧洲国家B投资公司（C公司的国内协议合作方）有意向以项目转让方式投资的情况下，C公司与A公司签订项目公司转让意向书，共2～3周时间。

　　尽职调查：根据国外通行的投资程序，C公司和B投资公司对整个项目及A公司作尽职调查，共5周时间。

　　签约和投资：C公司和B投资公司与A公司和项目公司签约。资金实际投资须4～8周时间。

　　项目管理：C公司负责全程项目管理。

　　项目回报：项目的实际回报和内部收益率要好于预测回报和内部收益率。

2. 房地产投资基金的一般要求和条件

从某海外 A 私募房地产投资基金投资和运营角度来看，在投资项目选择上它必须至少符合下列条件：

（1）单位数量：200 份。

（2）单位单价：50 万美元。

（3）基金总价：1 亿美元。

（4）年目标回报：内部收益率（IRR）16%。

（5）基金费用：

基金建立费：0.3% ~ 0.5%。

基金管理费：1% ~ 2.5%。

奖励费：15% 以上 1/9 分成，20% 以上 2/8 分成；

25% 以上 3/7 分成，30% 以上 4/6 分成等。

（6）基金投资管理项目：办公楼、商场和酒店式公寓。

（7）利润分配：每半年。

（8）投资期限：5 年。

（9）基金报告：每季度一份基金报告，每年一份年报。

（10）当地贷款：增加内部收益率，减少汇率风险。

（11）当地合作公司的选择：项目公司中当地合作公司一般需占股份的 0 ~ 20%。

（12）其他。

3. 房地产投资基金和项目的运作

（1）项目可行性报告提纲

1）摘要；

2）地方经济；

3）地方房地产市场；

4）项目位置和周边情况；

5）目前项目状况；

6）目前租赁和目标客户；

7）风险和规避；

8）财务分析包括现金流量分析；

9）结论。

（2）基金和项目的关系

基金和项目的关系可以分为先有项目再找基金和先有基金再找项目，前者在房地产市场向好时难度较大，主要原因是基金决策一般需要几个月或更长时间，一个好项目，常常竞争者较多，这样容易失去机会。但反过来先有基金再找项目也非易事，特别是房地产市场不明朗或不景气的时候，因为资金是有成本的。图4-6显示了基金和项目的两种关系，具体操作也可能与其略有不同。

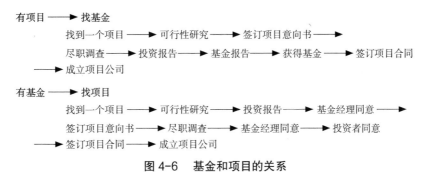

图4-6 基金和项目的关系

注：成立项目公司至项目完成包括市场策划、广告、租赁、法律等顾问公司、政府有关部门和银行、物业管理等工作和合作，并向基金管理公司董事会和主要投资者汇报项目情况。

（3）投资基金和现金流量的安排

成本控制和现金流量安排的需尽可能准确，每月或每季度项目公司需报基金经理一份项目最新的成本分析和现金流量表，基金经理会全面跟踪审核项目最新的成本分析和现金流量，内容包括：项目的需求、与最初批准的预算和目前需求的比较、外汇的汇价变动、利息的变化和项目进一步操作的资金可能的变化情况。

1）成本分析：①每一项成本内容的分析要准确，有假设的要尽可能准确。

②每一项的内容要用文字仔细说明，有自持资料。

③不确定因素也要尽可能说出一个范围。

④所有列出的价格再注明是否征询和确认过。

⑤一般可做几个方案，有几个成本分析。

⑥每一项的内容和所有的文字说明要有连续性。

2）现金流量：合理的工期安排、分项的节点要有可操作性、对所有项目支出付款时间的把握、注意前期费用支付同项目的顺利开展相配合、避免高峰用资金额太大和合理假设的租赁及租客情况。

另外须及时调整成本分析和现金流量，除特殊情况外，一个月一次正式报投资方，并密切注意项目回报率和内部收益率的变化情况，基金经理审核下一季度的资金安排，并报董事会批准。

（4）投资经理应具备的主要能力

对当地房地产市场的了解、对房地产开发和基本的建筑知识的了解、对政府政策法规的了解，对市场开拓能力、项目投资分析能力和风险的判断，并提出可能的解决方法和撰写投资市场报告。

（5）投资基金对投资报告的要求

全面而准确的市场分析、清晰的产品描述、科学的财务分析和合理的股权结构，其中包括报告概要、项目介绍、可行性研究（包括：产品、定位、客户群）、投资和合作方式以及风险和规避（Risks and Mitigates），另外须加上附件成本分析和现金流量及市场分析研究报告。

（6）独立的项目评估

独立的项目评估是投资者要求的一个重要步骤，他可以从第三方角度分析市场、产品、项目的成本和可行性及其价值。

（7）公司的核心和优势

客户至上和团队精神、高素质的专业人才、强大的资本运作能力和丰富广泛的信息资源。

（8）每一个投资基金的要求和特殊性

每一个投资基金的风险和回报要求不尽相同，包括：项目回报率、内部收益率、与当地合作方出资比例、项目周期、希望的项目地点、项目的种类（比如住宅、办公楼、烂尾楼等）、项目最高峰时资金需求、当地贷款比例和其他。

4. 风险分析和控制

可以不回避风险，但需尽可能规避风险，投资风险有但不限于以下几种：

（1）政府批文和合同

房地产开发与政府的批文和合同密切相关，不但要符合地方法规，也不能和国家法规冲突。

（2）市场

公司内外独立的部门要有独立的市场研究报告（包括产品定位和目标客户），选择信誉良好的策划营销公司，但项目公司要直接监控参与。

（3）税收

未确定部分可在项目签合同之前征询并争取确认，包括营业税、所得税和契税等。

（4）当地合作方

选择信誉良好的当地合作方，时常有利于工作开展。

（5）撤资风险

是否有较好资产转让的市场，政府部门是否会限制撤资的灵活性。

（6）其他

项目是否已抵押，项目是否由一家以上单位所有，项目近期是否要改造等。

九、中国的房地产基金投资海外

1. 国内资金对外投资的原因

中国资金组成房地产基金投资海外兴起于 2012 年，当时主要投资美国，美国经过金融危机后还在初期复苏阶段；2014 年后更加大量资金对外投资，包括了另外两大原因，第一很多人认为国内房价在高位，第二人民币有贬值的预期。与此同时个人在海外买房的热潮持续不断，除了有以上原因外还包括移民、子女读书和就业等。这几年，由于外汇管制海外房地产投资大大下降。

2. 基金的融资、投资、管理、退出

我国房地产基金进入美国、澳洲和其他国家与 20 年前海外资金进入中国类似，开始了偏好投资一线城市，然后进入部分二线城市。这些资金除了直接购买整幢公寓、办公楼、商场等租赁型的物业，很多资金也以各种方式直接或间接参与房地产开发。

海外投资的四要素是国家、城市、合作伙伴、产品。

中国房地产基金海外投资项目的融资、投资、管理、退出简要介绍如下：

融资：可以在国内募集人民币，然后兑换成外汇出国；或者在香港和海外募集外币等。

投资：很多中国房地产基金在海外的免税岛成立公司，然后从免税岛公司对外投资。

管理：投资的项目，很多与当地经验丰富的开发商或投资者合作。

退出：本金和利润退出时，需要在当地完税后，再返还给投资者。

延伸阅读　基金业协会 2016 年 2 月《关于进一步规范私募基金管理人登记若干事项的公告》答记者问

问：2016 年 2 月 7 日是中国证券投资基金业协会（以下简称中国基金业协会）正式开展私募基金登记备案工作两周年，两年来我国私募基金行业的整体情况如何？

答：根据《证券投资基金法》《私募基金监督管理暂行办法》和中央编办相关通知要求，中国基金业协会按照"受托登记、自律管理"职责，自 2014 年 2 月 7 日起正式开展私募基金管理人登记、私募基金备案和自律管理工作。两年来，私募基金登记

备案和自律管理制度得到行业和社会各界的广泛认同，私募基金行业发展迅速。截至2016 年 1 月底，已登记私募基金管理人 25841 家，已备案私募基金 25461 只，认缴规模 5.34 万亿元，实缴规模 4.29 万亿元，私募基金行业的从业人员 38.99 万人。

私募基金行业是我国财富管理行业的新生力量，满足居民多元化投融资需要，管理着大量社会财富，投资未来、投资创新，为资本市场健康发展、长期资本形成、服务实体经济和国家创新创业战略提供了重要支持。私募基金是面向特定对象提供资产管理服务的行业。信托关系是私募基金赖以存在发展的基础法律关系，私募基金管理人须履行诚实信用、专业勤勉的受托人义务，即所谓"受人之托，代人理财"。与此互为表里，合格投资者制度和非公开募集要求是私募基金行业的另一重要基石。私募基金应当采取非公开方式向特定的合格投资者募集资金；合格投资者应当具备相应风险识别能力和风险承担能力，且其投资于单只私募基金的金额不低于 100 万元，单只私募基金投资者不得超过法定人数；私募基金募集机构和投资者应当严格履行合格投资者确认程序，私募基金管理人不得向投资者承诺投资本金不受损失或者承诺最低收益。投资者则按其出资份额及合同约定分享投资收益、承担投资风险，即所谓"买者自负，卖者有责"。

在依法开展私募基金登记备案工作的基础上，中国基金业协会秉承"自律、服务、创新"宗旨，奉行积极主义，致力于推动行业规范健康发展，优化私募行业发展环境，提升行业形象和公众影响力。一是建立健全私募行业自律管理规则和标准，通过登记备案、分类公示、自律检查、纪律处分、黑名单、信息共享等制度措施，不断完善事中事后自律监管机制，强化行业信息收集、统计分析和风险监测；二是提升针对私募基金行业的服务水平，营造行业可持续发展的生态环境。主动与相关部委和地方政府沟通，推动私募基金监管、税收、工商、市场参与和退出等重点环节的顶层制度设计，支持行业托管和外包服务机构发展，组织形式多样的业务培训，借助现代媒体和行业力量扎实开展形式丰富的投资者教育；三是充分发挥行业自律的基础性作用，面对行业法律法规缺位的现实，把自律自治挺在法律和监管前面，树立高于法律和监管要求的行业信用体系、风险约束体系和从业道德规范，积极配合相关部门依法严厉打击以私募基金为名的各类非法集资活动和违法违规行为。

问：一段时间以来，涉及私募基金的各种问题和风险事件时有发生，中国基金业协会如何看待这种情况？

答：两年以来，在私募基金行业快速发展的过程中，私募基金行业的各种问题和风险也不断凸显，不容忽视。这些问题对私募基金行业形象和声誉造成了恶劣的社会影响，危及私募行业的长远发展和全局利益。

一是滥用中国基金业协会的登记备案信息，非法自我增信，甚至从事违法违规行为。中国基金业协会在官方网站及公开场合多次强调，私募基金登记备案不是行政许可，协会对私募基金登记备案信息不做实质性事前审查。但有些机构利用私募基金管理人登记身份、纸质证书或电子证明，故意夸大歪曲宣传，误导投资者以达到非法自我增信目的。有的"挂羊头卖狗肉"，借此从事P2P、民间借贷、担保等非私募基金管理业务。有的借私募基金之名从事非法集资等违法犯罪活动。还有的倒卖私募基金管理人登记身份，非法代办私募基金管理人登记。这些行为严重损害投资者利益和行业整体利益，严重悖离了私募基金登记备案统计监测、行业自律管理的制度设计初衷。

二是私募基金行业鱼龙混杂、良莠不齐。目前，已登记但尚未备案基金的机构数量占已登记私募基金管理人的69%，其中部分机构长期未实质性开展私募基金管理业务，甚至根本没有展业意愿；有些机构不具备从业人员、营业场所、资本金等企业运营的基本设施和条件；有些机构内部管理混乱，缺乏有效健全的内控制度；有些从业人员自律意识不强，不具备从事资产管理业务的基本素质和能力。

三是有些机构法律意识淡薄、合规意识缺乏，没有按规定持续履行私募基金信息报告义务。尽管机构在申请时已书面承诺其登记备案信息真实、准确、完整，并将按要求持续向中国基金业协会报送季度、年度和重大事项信息，但为数不少的机构存在不如实填报信息，不如实登记多地注册的多个关联机构或分支机构，未按要求更新报送信息的情况，甚至长期"失联"。

四是违法违规经营运作。有些机构公开推介私募基金，承诺保本保收益，向非合格投资者募集资金；有些机构不能勤勉尽责，因投资失败而"跑路"；更有甚者，借私募基金名义搞非法集资，从事利益输送、内幕交易、操纵市场等违法犯罪行为。

问：中国基金业协会出台《关于进一步规范私募基金管理人登记若干事项的公告》，有哪些主要考虑？

答：为保护投资者合法权益，促进私募基金行业规范健康发展，发挥行业自律的基础性作用，中国基金业协会于2月5日对外发布《关于进一步规范私募基金管理人登记若干事项的公告》，从取消私募基金管理人登记证明、加强信息报送、法律意见书、高管人员资质要求等四个方面加强规范私募基金管理人登记相关事项，督促私募基金管理人恪尽职守，切实履行诚实信用、专业勤勉的受托人义务，促进私募基金行业规范健康发展。

下一步，中国基金业协会将秉承"自律、服务、创新"的宗旨，凝聚行业力量，抓紧修订《私募投资基金管理人登记和基金备案办法（试行）》，尽快颁布私募基金募集、基金合同内容与必备条款、私募基金管理人从事投资顾问服务、托管、外包等系列行业行为管理办法和指引，不断完善私募基金行业自律管理的规则体制，营造规范、诚信、创新的私募行业发展环境，推动我国各类私募基金持续健康发展，为国民经济发展作出积极贡献。

问:《公告》取消了私募基金管理人登记证明,是否会影响私募基金管理人依法开展业务?

答:中国基金业协会取消私募基金管理人登记相关证明文件不会对私募基金管理人依法开展业务造成不利影响。

首先,中国基金业协会网站公示是法定的私募基金管理人登记信息载体。根据《私募投资基金监督管理暂行办法》和《私募投资基金管理人登记和基金备案办法(试行)》,中国基金业协会以通过协会官方网站公示私募基金管理人基本情况的方式,为私募基金管理人办理登记手续。取消线下的私募基金管理人登记证明,有利于引导私募基金行业、广大投资者、私募基金服务机构和社会各界更充分、有效地利用协会官方网站私募基金管理人公示平台(http://gs.amac.org.cn)和"私募汇"手机 APP 终端进行相关实时信息查询,缩短私募基金管理人的信息传播路径,减少私募基金管理人与投资者之间的合规信息不对称,进一步增强信息公示效应。

第二,中国基金业协会持续动态更新私募基金管理人登记基本公示信息,并就私募基金管理人相关诚信合规信息进行特别提示和分类公示。协会此前发放的私募基金管理人纸质登记证书和电子证明无法实现私募基金管理人登记信息的动态管理和更新。

第三,协会此前发放的私募基金管理人纸质登记证书和电子证明是主要用于私募基金管理人开立相关证券、期货交易账户及开展相关业务的证明材料,并无法律效力。日前,中国基金业协会已与中国证监会相关部门、中国证券登记结算有限公司、中国期货市场监控中心、全国中小企业股份转让系统、中证机构间报价系统股份有限公司等机构建立直接的私募基金登记备案信息共享机制,更加便利了私募基金管理人相关业务申请。下一步,中国基金业协会将根据相关主管部门业务需要,在全国范围内逐步完善私募基金登记备案基础数据联网查询体系。

第四,取消私募基金管理人电子证明和纸质证书有利于正本清源,打击部分机构非法自我增信的做法。一段时间以来,一些利用私募基金管理人登记身份、纸质证书或电子证明,故意夸大歪曲宣传,严重误导投资者,造成了恶劣的社会影响。取消私募基金管理人登记证明有利于私募基金登记备案回归行业统计监测、自律管理的制度设计初衷。

中国基金业协会重申:此前已出具的私募基金登记备案电子证明、纸质证书和相关公示信息仅表明,根据《证券投资基金法》和《私募投资基金监督管理暂行办法》,该私募基金管理人已履行相关私募基金登记备案手续,不构成对私募基金管理人投资能力、持续合规情况的认可,不作为基金财产安全的保证。私募基金管理人对其提交的登记备案信息的真实性、准确性、完整性承担全部的法律责任。

问：《公告》提出加强私募基金管理人依法及时备案私募基金要求，有哪些主要考虑？

答：近年来私募基金发展迅速，出现了一些鱼龙混杂、良莠不齐的突出问题。一是大量机构盲目登记为私募基金管理人。截至目前，已登记但未展业私募基金管理人数量超过 1.7 万家，占已登记私募基金管理人总量的 69%。这些未展业的私募机构中，部分在准备业务中，但另外一些机构实际并无开展私募基金业务意愿。二是一些机构缺乏从事私募基金管理的专业能力，许多机构正在开展非私募基金管理业务。甚至从事投行、P2P、众筹等与私募基金业务存在利益冲突的业务，允许这些机构长期登记为管理人，既有悖于私募基金登记备案统计监测的制度设计初衷，也占用了有限的自律监管资源。三是大量未展业机构的存在严重影响了私募行业统计监测工作的真实性和有效性。未展业机构大多数不能严格遵守持续报告义务，占用了协会大量的统计、监测资源，造成了行业统计数据的严重失真。

《公告》提出的相关展业宽限期方案合法、合情、合理。根据《公司登记管理条例》第 68 条，公司成立后无正当理由超过 6 个月未开业的，或者开业后自行停业连续 6 个月以上的，可以由公司登记机关吊销营业执照。参照上述法规要求，中国基金业协会从实际角度出发，务实地对《公告》后新登记、已登记满 12 个月且尚未备案首只私募基金产品、已登记不满 12 个月且尚未备案首只私募基金产品的私募基金管理人等三类情况，差异化地设置了展业宽限期。针对宽限期之后仍未展业的私募基金管理人，中国基金业协会将注销其管理人登记。

中国基金业协会特别提醒：申请机构应当在确有私募投资基金管理业务发展需要时，按规定履行私募基金管理人登记申请，切勿盲目跟风。

问：《公告》重申私募基金管理人应当及时履行信息报送义务，有哪些主要考虑？

答：私募基金管理人通过私募基金登记备案系统持续报送信息是实现行业自律监管的重要基础性措施之一。私募基金登记备案制度实施两年来，私募基金管理人对信息持续报告制度存在不适应，履行信息报告义务自觉性和合规意识普遍不强，导致私募行业整体统计数据不完整、不持续、甚至失真。

《公司法》第 165 条明确规定，公司应当在每一会计年度终了时编制财务会计报告，并依法经会计师事务所审计。根据《企业信息公示暂行条例》的相关规定，企业应该按照工商行政管理部门的要求按时通过企业信用信息公示系统报送企业信息。企业公示信息隐瞒真实情况、弄虚作假、未公示年度报告或相关责令信息的，列入经营异常名录；满三年未依照条例规定履行公示义务的，列入严重违法企业名单，并通过企业信用信息公示系统向社会公示。被列入严重违法企业名单的企业的法定代表人、负责人，三年内不得担任其他企业的法定代表人、负责人。

为贯彻落实《公司法》及相关法律法规，为加强私募基金管理人严格履行信息报告义务，在私募基金管理人完成季度、年度及财务报告、重大事项报告等相应信息报送整改要求之前，中国基金业协会将暂停受理该机构的私募基金产品备案申请。对于累计两次未更新履行信息报送义务者，将其列入异常机构名单。

为响应近期国家各部委建立的联合惩戒机制，对违法失信当事人实施联动约束和惩戒，运用信息公示、信息共享、联合约束等手段，实现让失信者"一处失信，处处受限"的诚信约束，针对被列入企业信用信息公示系统严重违法企业公示名单的机构，中国基金业协会采取了不予登记、暂停受理该机构的私募基金产品备案申请、列入异常机构名单等配套措施，以儆效尤。

问：《公告》要求私募基金管理人提交法律意见书，有哪些主要考虑？

答：中国基金业协会要求私募基金管理人提交法律意见书，引入法律中介机构的尽职调查，是对私募基金登记备案制度的进一步完善和发展，有利于保护投资者利益，规范私募基金行业守法合规经营，防止登记申请机构的道德风险外溢。

一方面，目前大量申请私募基金管理人登记的机构欠缺诚信约束，提交申请材料不真实、不准确、不完整，中国基金业协会办理登记面临较高道德风险。前期，协会的私募基金登记备案不做事前的实质性审查，对申请材料的真实性、准确性、完整性高度依赖于申请机构的自身承诺。实际中，私募申请机构材料中大量存在瞒报、漏报甚至虚假陈述的情况。在我国全社会诚信体系尚未健全的现状下，这种做法很难真正实现对申请机构的诚信约束，甚至滋长了一些不法机构铤而走险，不断测试协会登记工作的底线，造成后续自律管理、行政监管和司法办案上的被动和无奈。

另一方面，引入法律中介机构的监督和约束，本身就是私募基金行业自律和社会监督的重要力量。律师事务所是持牌的专业法律服务提供者，独立性高，法律合规意识强。请专业律师事务所对私募基金管理人登记申请进行第三方尽职调查，提供法律意见书，可提高申请机构的违规登记成本和社会诚信约束，有助提升申请材料信息质量和合规性，提高协会登记办理工作效能。

问：《公告》对私募基金管理人高管人员基金从业资格作出了要求，有哪些主要考虑？

答：私募基金行业的高管人员是私募基金行业的精英，也是主要的自律监管对象和服务对象。私募基金行业高管人员的专业能力、职业操守和诚信记录决定了私募行业是否可以健康规范发展。完善私募基金管理人高管人员基金从业资格要求和持续诚信记录，加强高管人员的自我利益约束、诚信约束和自律约束，有利于制衡私募基金管理人的利益输送和道德风险。

实践中，私募证券投资基金管理人高管人员已纳入从业人员资格管理体系，而私募股权、创业投资和其他私募基金管理机构的高管人员长期未能纳入有效资质管理。在欠缺法律规制的现状下，一些机构的高管人员缺乏必要的职业道德、合规意识和专业能力，私募股权、创业投资和其他私募基金成为被从事非法集资的犯罪分子利用的高发领域。在目前形势下，针对私募基金管理人高管人员作出适度的、符合监管实际的基金从业资格安排，具有现实的紧迫性和必要性。

《公告》对私募基金管理人高管人员基金从业资格的要求有以下特点：一是《公告》针对从事非私募证券投资基金业务的私募基金管理人的高管人员资质要求作出了差异化安排；二是各类私募基金管理人的合规、风控负责人不得从事投资业务；三是修改完善了以认定方式取得基金从业资格的方式，扩大了受认可的其他专业资格考试范围，但增列了通过基金从业资格考试科目一《基金法律法规、职业道德与业务规范》考试的附加要求；四是要求私募基金管理人的高管人员每年度完成15学时的后续执业培训。

下一步，中国基金业协会将抓紧建立和完善私募基金行业从业人员诚信管理体系，优化基金从业资格考试安排，增加适应私募股权投资基金、创业投资基金的考试科目，提供形式多样的从业人员持续培训和服务，加强和完善我国资产管理行业的人才储备。

第五章 房地产私募基金之：夹层基金、并购基金和对冲基金

——我们的战略发展是关注风险较低并且回报稳定的交易，并不是为了少许增量回报而甘冒巨大风险——康威（凯雷集团创始人之一）

近几年还有几个房地产金融专业名词"夹层基金""并购基金"和"对冲基金"经常在我国出现，事实上这些融资和投资业务的发明国也是美国。

除了上一章主要介绍的房地产股权基金，房地产私募基金还包含房地产夹层基金、房地产并购基金和房地产对冲基金，譬如在我国房地产私募基金实践中普遍使用的"明股实债"应该也是夹层融资的一个形式。

多年来，为抑制我国过热的房地产市场，中央政府实施了一系列宏观调控政策。贷款限额降低了，上市限制较大，债券很难发行。房地产开发商将转向哪里寻求资金？一个理论上可行的答案或许就是夹层融资。也有一些开发商处于战略和现实环境考虑，会将项目或公司转让，而很多公司却在扩张阶段，其可能通过与并购基金合作的方式来并购其他企业。作为广义私募基金里的重要部分——对冲基金其房地产投资的操作理念和实践也值得我们深入了解。

对于中国房地产企业来说，在国内一般融资渠道遇阻的情况下，是否可以寻求股权基金、夹层基金、并购基金和对冲基金？国家在这方面的法律法规怎样？是否可以与外资签订夹层融资形式的合同？寻求海外股权融资面临怎样的法律限制？这些融资方式在我国的发展前景怎样？这些问题都会在本章中涉及和讨论。

一、房地产夹层基金

1. 房地产夹层基金的概念和特点

夹层融资是一种资本的混合形式，在公司的资产负债表上介于优先债权和股权之间。也就是说，在偿付的优先权次序上，它是次于或者说"低于"优先债权，但优先于普通股或股权。监管是一把双刃剑，既着眼于抑制可能出现的风险，又有助于刺激金融创新，中国式夹层融资便有了诞生的可能。此外，银行往往更看好有机构投资人支持的公司，并且会在更具有吸引力的条款下扩大信用额度。因此，夹层投资人的介入，也会使得企业取得银行融资更加容易。但正如前一章谈及私募基金在我国还未完全立法，所以夹层基金（或称夹层融资基金）作为私募基金的一种形式在我国也还未真正形成。广义上来看，明股实债也属于夹层融资。

在我们介绍夹层融资和夹层基金之前先了解什么是企业的资本结构。企业资本结构是指在企业的总资本中，股权资本和债权资本的构成及其比例关系。资本结构决定企业的财务结构、财务杠杆的运用和融资决策的制定。也就是需要确定一个合理的自有资本和债务资本的比例关系。合理的资本结构可以使企业所有者获得最大的经济利益，同时又能够保证企业顺利地进行生产经营，不至于发生财务危机。一切融资的方式、变化衍生出的融资的形式，可以说都是产生于资产负债表，就是说股权、债权如何搭配。

通俗地讲就是做生意的第一笔钱是自有资金，而我国目前许多人和企业认为第二笔钱是银行贷款，就组成了以上提及的股权资本和债权资本的构成及其比例关系，那么股权资本和债权资本就这么简单吗？显然不是。以下我们作较深入的介绍。

夹层基金（Mezzanine Fund）是指专门投资夹层融资的基金，而夹层融资（Mezzanine Finance），它是指在风险和回报方面介于优先债务和股本融资之间的一种融资形式，即它是介于股权与债权之间的投资形式，或"混合了股权融资和贷款两种方式或者说介于两者之间"，在风险与收益方面都比单纯的股权与债债投资要中性一些。夹层投资通常提供形式非常灵活的较长期融资，这种融资的稀释程度要小于股市，并能根据特殊需求作出调整。而夹层融资的付款事宜也可以根据公司的现金流状况确定。

由于有部分人士常常将夹层融资误认为过桥贷款或过桥资本，这里先有必要澄清一下。过桥资本也就是过桥贷款（bridge loan）又称搭桥贷款，过桥贷款的性质是一种过渡性的贷款，回收速度快是过桥贷款的最大优点。过桥贷款的期限较短，一般最长不超过一年，利率相对较高，以一些抵押品诸如房地产或存货来作抵押。由于过桥贷款是纯债权性质的，虽然它有时会要求有股权抵押，但它的原始或根本目的是没有红利和股权要求，更像俗称的"高利贷"，所以它和本文的夹层融资有本质的区别。

夹层融资也常常是一种无担保的中期债务，这种债务附带有投资者对融资者的权益认购权，因此也可以说夹层融资只是从属债务（Subordinate Debt）的一种，它低于优先级债务（Senior Debt），但作为股本与债务之间的缓冲，夹层融资使得资金效率得以提高，由于夹层融资常常是帮助企业改善资产结构和迅速增加营业额，所以在参与这种次级债权形式的同时，常常也会提供企业上市或被收购时的股权认购权。

图 5-1 简要显示债权、夹层融资和股权投资的回报和风险的关系。夹层融资的债权形式的利率水平一般在8% ~ 15%之间，投资者目标回报率是15% ~ 25%。一般说来，夹层利率越低，权益认购权方面优惠就越多。

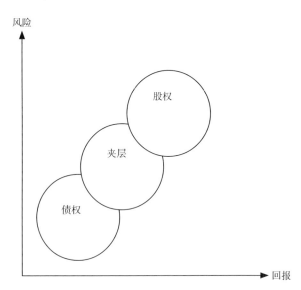

图 5-1　债权、夹层融资和股权投资的回报和风险

当迫于种种原因，银行贷款难以取得，而企业方又不愿意出让股权，或感到股权融资成本过于昂贵时，夹层融资对它们来说就最具吸引力。夹层融资的最大优点是降低了交易中所需的股权的数量。另一方面，尽管夹层融资的回报率仍大大高于银行贷款利率，其条件却远不像银行贷款那样严格。

近10 ~ 20年来，夹层融资在美国和其他西方国家得到很大的发展，目前全球有超过几千亿美元的资金投资于专门的夹层融资,包括有专门的夹层投资基金（Mezzanine Fund），而其中很大部分为房地产夹层融资。这些资金大部分来源于美国，少部分来源于欧洲，亚洲市场夹层融资很小，即亚洲公司对夹层融资的需求较小，一个主要原因是大多数亚洲公司能从银行获得利率较为优惠的贷款即优先债务，而银行在发放贷款时作的尽职调查的严格程度也低于西方国家。

在发达国家特别是美国，由于贷款机构对房地产开发贷款的发放趋向更保守等原因，作为一种有较大市场的融资方式和投资产品，夹层融资占有相当的市场，对融资方来说它是一种较灵活的融资方式，对投资者来说它是一种回报和风险适中的投资方式，夹层融资在整个投融资市场中占有相当的地位。

首先会通过对先进国家房地产夹层融资的研究，研究夹层融资的概念和特征及在美国的运作情况，包括房地产夹层融资存在的意义和发展历程及其对我国的借鉴意义。

其次结合我国金融市场和房地产市场的发展和最新情况，房地产夹层融资在目前我国实际应用情况，包括了房地产融资方很关心的怎样获得房地产夹层融资和投资方非常关心的怎样投资房地产夹层融资。

再次会结合现实情况，通过案例介绍房地产夹层融资在国外和现在国内的运作，并且其在中国的发展提出适当的建议。

我们会认识到美国这样一个金融市场非常自由的环境中发明和发展了夹层融资的原因极其必要性。就像其他许多金融产品包括房地产投资信托基金，本文也会探讨房地产夹层融资是否也会成为我国房地产融投资市场一个重要组成部分。

在发达国家特别是美国，由于贷款机构对房地产开发贷款的发放趋向更保守等原因，作为一种有较大市场的融资方式和投资产品，夹层融资占有相当的市场，对融资方来说它是一种较灵活的融资方式，对投资者来说它是一种回报和风险适中的投资方式，夹层融资在整个投融资市场占有相当的地位。近10～20年来，夹层融资在美国和其他西方国家得到很大的发展，目前全球有超过几千亿美元的资金投资于专门的夹层融资，包括有专门的夹层投资基金（Mezzanine Fund），而其中很大部分为房地产夹层融资。这些资金大部分来源于美国，少部分来源于欧洲，亚洲市场夹层融资很小，即亚洲公司对夹层融资的需求较小，一个主要原因是大多数亚洲公司能从银行获得利率较为优惠的贷款即优先债务，而银行在发放贷款时作的尽职调查的严格程度也低于西方国家。

表5-1列出了几种房地产融资方式比较，可以发现总体上，夹层融资的风险和回报是介于银行贷款和股权融资之间。

几种房地产融资方式比较

表 5-1

	银行贷款	夹层融资	股权融资
预计回报率	较低	适中	较高
预计风险	较低	适中	较高
周期	协商确定	一般 2～6 年	根据公司运营情况
稀释股权	无	无	有
尽职调查	较严	严	很严
还款保证	高	较高	不确定

从投资角度看，夹层融资投资是比股权风险较小的投资方式。夹层融资投资的级别通常比股权投资为高，而风险相对较低。在某些案例中，夹层融资的提供者可能会在以下方面获得有利地位，比如优先债务借款者违约而引起的交叉违约条款、留置公司资产和/或股份的第一或第二优先权。从"股权激励"中得到的股本收益也可非常可观，并可把回报率提高到与股权投资相媲美的程度。如果使用了尽可能多的股权和优先级债务来融资，但还是有很大资金缺口，夹层融资就在这个时候提供利率比优先债权高但同时承担较高风险的债务资金。由于夹层融资常常是帮助企业改善资产结构和迅速增加营业额，所以在发行这种次级债权形式的同时，常常会提供企业上市或被收购时的股权认购权。

退出的确定性较大。夹层投资的债务构成中通常会包含一个预先确定好的还款日程表，可以在一段时间内分期偿还债务也可以一次还清。还款模式将取决于夹层投资的目标公司的现金流状况。因此，夹层投资提供的退出途径比私有股权投资更为明确（后者一般依赖于不确定性较大的清算方式）。当前收益率，与大多数私有股权基金相比，夹层融资投资的回报中有很大一部分来自于前端费用和定期的票息或利息收入。这一特性使夹层投资比传统的私有股权投资更具流动性。图 5-2 显示了房地产夹层投资的一种模式，投资人的本金和回报不完全受到融资方的担保且真正享受未来分红的收益，但有一定的保障，这种方式是更加典型的夹层投资。如果投资人的本金和回报在原先投资协议中已经明确固定，这类夹层融资可以说是"明股实债"，明股实债投资方式在前几年我国房地产投融资里非常普遍使用。

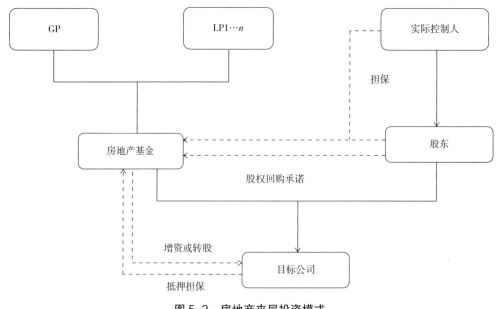

图 5-2　房地产夹层投资模式

2. 美国房地产夹层融资的发展和案例分析

正如其他许多房地产金融创新产品，它们的发源国是美国，夹层融资和夹层基金也一样，目前全球大部分夹层基金也出自美国。从 20 世纪 80 年代开始，夹层融资投资在美国已经存在 20 多年，最初这一业务主要由保险公司和银行等大的金融机构控制。90 年代以来，许许多多大中小型的投资公司包括许多私募基金和对冲基金等也参与进来。如今，投资者包括社保基金、私募基金、对冲基金、有限合伙和保险公司，以及已设立独立的夹层投资业务的银行等，市场上约有上千家夹层投资者，他们正为上千亿美元的未动用资金努力寻找优良的投资项目。许多美国的房地产企业常常采用夹层融资方式来优化融资结构，并是夹层融资一个主要参与者，还有专门的夹层投资基金。

图 5-3 列出了美国夹层融资投资的主要参与者，其中基金、保险公司和银行占了业务的绝大多数。

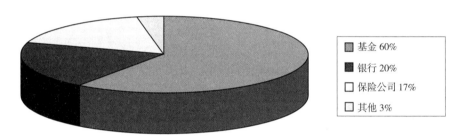

基金 60%
银行 20%
保险公司 17%
其他 3%

图 5-3　夹层融资投资的主要参与者

资料来源：LMezzanine Finance：Closing The Gap Between Debt And Equity，October 2002。

夹层投资一般是次级债权和股权的结合。它一方面要求 10% ~ 15% 的现金利率，即其资金费用高于抵押贷款 2% ~ 8% 和 2 ~ 7 年到期；另一方面，它包括相应的普通股的认股权证，或可转换债权，通过取得股权增值收益，使得总预期收益达到15% ~ 25%。获得夹层融资的费用占交易的 2% ~ 3%。交易规模一般从 300 万 ~ 2500万美元不等，最高可达 1.5 亿万美元或以上。

期望回报率大大高于债权的回报率，许多夹层投资一般要求较低的分期还款，和较高的到期还款，以保证始终握有足够数量的债权，其目的也常常包括在公司增长到一定程度、股权增值后，利用所谓"退出机制"，将债权转换为股权。由于夹层投资者追求的是投资回报，而不是控制公司，因此，它通常并不真正转换股权，而是将这一权利出售给希望控制公司的第三方。

许多夹层投资则很少寻求控股，一般也不愿长期持有股权，更倾向于迅速地退出。常常当企业在两轮融资之间、或者在希望上市之前的最后冲刺阶段，资金处于青黄不接的时刻，夹层投资者往往就会从天而降，带给企业它所最需要的现金，然后在企业进入新的发展期后全身而退。这也是它被称为"夹层"投资的另一个原因。

部分夹层投资也要求被投资公司出让一定量的股权，这使得一些资本回报率较高的房地产企业或者股东关系紧密的企业尤其是家族企业，在面对夹层融资时感到犹豫。但夹层投资人的目标并非成为长期的股东而是在特定的时期内获取期望的回报率，在资金供大于求的今天更是如此。夹层投资者在更积极地争取交易并显示出结构上的灵活性，其中包括允许被投资企业更早地提前赎回债券。

夹层融资最大的优点是灵活性。对房地产企业的灵活性在于：在贷款渠道变窄，贷款门槛变高的情况下获得资金；对投资人的灵活性在于：夹层投资人即可获得类似债权的固定回报，又可获得类似股权的分红，还可将债权转换为股权，类似于优先股或是可转债。

夹层融资的缺点一是费用高，由于产品非标准化，信息透明度低，其资金费用高于抵押贷款 2%～8%；二是法律架构复杂，法律费用远高于抵押贷款，其协议签署过程涉及借款者、抵押贷款投资人和夹层投资人三方，耗时耗力。

夹层投资人最大的风险是借款者破产，为保障投资人权益，可在借款者董事会中委任一个"独立"董事，或设立拥有投票权的"特别股东"。 相对应的股权融资指资金不通过金融中介机构，借助股票这一载体直接从资金盈余部门流向资金短缺部门，资金供给者作为所有者（股东）享有对企业控制权的融资方式。债权融资是指企业通过举债筹措资金，资金供给者作为债权人享有到期收回本息的融资方式。

夹层投资的这些特性，使得它成为颇适合于成长型公司的一种融资方式。事实上，夹层投资曾主要是传统行业的融资工具，如房地产业。在欧美，房地产开发商能够获得的贷款（高级债），许多情况下只够整个项目所需资金的 60%～75%，而开发商自有资本往往只有项目规模的 10%～20%。这其中缺口的 15%～20%，通常正是靠夹层融资来补足。

值得一提的是，在亚洲，夹层融资市场还未得到充分发展。尽管一些机构已向亚洲公司提供了夹层融资这种形式，但现在亚洲的夹层基金仍然寥寥无几。直到最近，亚洲公司对夹层融资的需求依然较小，主要原因是大多数公司能从银行获得利率较为优惠的优先债务。这种优先债务非常普遍，并且极少进行尽职调查，在签约和其他常规义务方面的限制也很少。贷方在承担股票式投资风险的同时，却只接受了极低的回报。

典型的夹层融资一般有 2～7 年投资周期，按照融资结构，融资方一般会每一段时间（1 个月、3 个月或 1 年等）支付一定的利息，并在到期时支付一笔费用。

20 世纪 90 年代以来，房地产抵押贷款的条件趋向更严格，这就为房地产夹层融资市场的形成创造了一定的条件和通道。其中包括对贷款者的贷款成数和项目质量等有较高的标准，这也就间接限制了许多房地产项目的银行融资数量，而夹层融资就有了更大的空间。目前美国的房地产企业普遍采用夹层融资方式来优化融资结构，特别在本身财务结构变化导致面临较低贷款限额的时候。

在房地产领域，夹层融资常指不属于抵押贷款的其他次级债、优先股或二者的组合，夹层融资就在这个时候提供利率比优先债权高但同时承担较高风险的债务资金。对于借款者和投资者，房地产夹层融资具有以下几方面的特点。

（1）夹层融资的适合对象

提及房地产夹层融资许多人会想到房地产开发商夹层融资需求，在美国房地产夹层融资也可以针对房地产开发商，也可以提供给房地产物业持有者（或投资者），因为这些房地产开发商和投资者常常由于种种原因，难以取得银行或其他机构的房地产贷款，而其又不愿意出让股权，或感到股权融资成本过于昂贵时，夹层融资这时候就显得非常有吸引力。

为了获得夹层投资，企业与吸引创业投资一样，也要做财务预测，也要准备商业计划书，也要做演示推介。与创业投资不同的是夹层投资的要求回报率要低一些，尽职调查做得没有那么详细。夹层融资应该作为融资发展的总体战略的一部分来考虑，对许多企业来说虽然夹层融资的成本相对并不便宜，但是有时候它却是最合适的融资方式。夹层融资非常适合于MBO，有并购计划，能够快速成长，而且即将股票上市的企业。

融资企业一般在以下情况下可以考虑夹层融资：

1）缺乏足够的现金进行扩张和收购；

2）已有的银行信用额度不足以支持企业的发展；

3）企业已经有多年稳定增长的历史；

4）起码连续一年（过去12个月）有正的现金流；

5）企业处于一个成长性的行业或占有很大的市场份额；

6）管理层坚信企业将在未来几年内有很大的发展；

7）估计企业在两年之内可以上市并实现较高的股票价格，但是现时IPO市场状况不好或者公司业绩不足以实现理想的IPO，于是先来一轮夹层融资可以使企业的总融资成本降低。

大部分美国投资银行家相信，企业必须发行50万～100万股流通股以上，才能保证活跃的股票交易量并支持较高的股价。同时股票价格必须在10～20美元以上，才能吸引大的机构投资者，而低于5美元的股票一般不具有吸引力。

由于企业的市场价值取决于企业的规模，也就是企业的历史业绩和预期业绩，如果夹层融资能够在一年之内使企业的营业额大大增加，同时也给予公众对企业盈利能力的信心，那将使企业的 IPO 处于一种更有利的位置。在这种条件下，企业可选用夹层融资来完成过渡，直到实现和证明自己的市场价值，而不是在现在以低估的价值进行 IPO 或股权私募。如果企业可在将来以更高的股票价格进行 IPO，那将降低企业总体的融资成本，这就是为什么企业愿意支付较高的利息在 IPO 之前先来一轮夹层融资。

（2）灵活性

夹层融资的最大优点之一为灵活性，通过融合不同的债权及股权特征，夹层融资可以产生许多种组合，以满足投资人及借款者的各种需求。比如说，有些夹层投资允许夹层投资人参与部分分红，类似于传统的股权投资；另外一些允许夹层投资人将债权转换为股权，类似于优先股或是可转换债。房地产是夹层融资投资的主要行业之一，正如前面提及的，在美国，房地产开发商能够获得的贷款，一般只够整个项目所需资金的 65% 左右，而开发商自有资本往往只有项目规模的 10% ~ 20%。这其中缺口的15% ~ 25% 左右（图 5-4），房地产开发商常常要依靠夹层融资来运作，因此房地产业目前仍是利用夹层融资最多的行业之一。

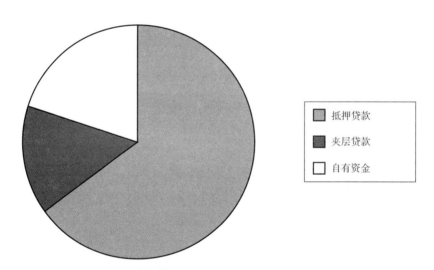

图 5-4 抵押贷款、夹层贷款和开发商的自有资金

房地产夹层融资是一种非常灵活的融资方式，这种融资可根据募集资金的特殊要求进行调整。对于借款者及其股东而言，夹层融资具有吸引力。譬如对长期融资，许多中型企业发现，要从银行那里获得三年以上的贷款仍很困难。而夹层融资通常提供还款期限为 2 ~ 7 年的资金。房地产夹层融资的回报通常从以下一个或几个来源中获取：1）现金票息，通常是一种高于相关银行间利率的浮动利率；2）还款溢价；3）股权激励，这就像一种认股权证，持有人可以在通过股权出售或发行时行使这种权证进行兑现。并非所有房地产夹层融资都囊括了同样的特点。

夹层融资在释放现有物业股本中也体现了相当的灵活性。20世纪90年代后期，大量商业物业迅速升值，许多物业贷款额相对于物业价值已经很低，物业所有者有机会以同样利率获得更多贷款或以更低利率获得同样数额的贷款，但由于被原优先抵押贷款的相关条款套牢，他们无法重新安排资本结构。夹层融资此时提供了一个灵活的退出机制，使得物业所有者可以退出部分股本，进行再投资，从而间接降低了资金成本。

（3）回报和风险适中

收益和风险匹配。对于出资方而言，既能对资金稳定收益提供一定的保障，也能分享到项目成长的收益。对于融资方而言，能在项目尚未产生收益时获得成本较低的资金融通，并能利用出资方的资源和背景，促使项目产生效益。夹层融资的回报通常从以下一个或几个来源中获取：

1）固定回报，通常是一种高于抵押贷款2%～8%的回报。譬如要求每年12%的固定回报，时间为2～7年。

2）股权分成，通常是在项目完成时，享受利润的再分成；或可转换债权，持有人可以在通过股权出售或发行时行使这种权证进行兑现。

3）以上两个方面的结合。

夹层贷款一般是中短期的，贷款费用较高，利率也较高即通常高于银行基准利率多个百分点，一般根据每个项目的风险情况调整，其受一部分开发商的欢迎。在具体夹层融各方资协议中，开发商可能会被要求作为风险的第一承担方，即如果项目亏损，开发商需要首先负责偿还损失，直到达到一个预先约定的额度。

与大多数股权投资相比，夹层投资的回报中有很大一部分来自于定期的固定回报或称利息收入，对相当部分投资者，这一特性使夹层融资投资常常比股权投资更具吸引力。对类似的项目，如果夹层融资的固定回报越低，股权分成比例一般会越高。相对于要求20%～35%（或更高）回报率的股权投资者，夹层投资者寻求的内部回报率一般在15%～25%之间，同时由于夹层融资的回报率仍大大高于银行贷款利率，因此其条件却远不像银行贷款那样严格，而其尽职调查的严格程度低于股权投资。获得夹层融资的成本费用占交易额的2%左右。融资额一般介于300万～2500万美元之间。

房地产夹层融资投资人的最大风险是夹层融资者的公司或项目亏损甚至公司破产。为保障夹层投资人的权益，夹层融资投资人可以优先于股权人得到补偿，通过有关结构安排使夹层投资人权益位于普通股权之上，当然其相对原来房地产贷款机构的债权还是处于低级层次。

在优先股结构中，夹层融资投资人用资金换取借款者的优先股份权益。夹层投资人的"优先"可以体现为在其他合伙人之前获得红利，在违约或借款者破产情况下，优先合伙人有权力控制对借款者的所有合伙人权益。同时有些交易中规定，为了对夹层融资者的公司或项目运作有及时的了解，夹层融资投资者可以在借款者董事会中委任一个董事，并有权对一些特定事件行使否决权。许多情况下，夹层融资的成本一般要低于股权融资，因为资金提供者通常不要求获取公司的大量股本，这样能够降低股权的稀释程度。

（4）可调整的结构

根据约定，夹层融资的提供者常常可以调整还款方式，使之符合借款者的现金流要求及其他特性，其中的主要原因是在签约时，双方都对预期的现金流有个合理的假设，并确认一个还款日程表，可以在一段时间内每次以一定金额分期偿还债务也可以提前还清，但在具体项目和公司运营一段时间后，当时约定的还款方式可能与实际的现金流有很大的出入，这就需要双方提前约定解决方法。

夹层融资投资者也会要求被融资公司出让一定量的股权，这使得一些资本回报率较高和前景好的房地产企业或者股东关系紧密的企业尤其是家族企业，在面对有这方面要求的夹层融资投资者时感到犹豫，但大多数情况下夹层融资投资者的最终目标是在特定的时期内获取期望的回报率而不是成为长期的股东。与通过公众股市和债市融资相比，夹层融资可以相对谨慎、快速地进行较小规模的融资。

譬如在美国特别是近 20 年来，由于大量商业房地产物业迅速升值，许多原来安排的持有型房地产物业的贷款相对房地产物业本身的价值已显得较低，但很多情况下，原来的贷款机构（比如银行）在增加贷款额方面常常并不积极，而房地产物业的持有者觉得可以从此物业套取更多流动资金。夹层融资这时提供这部分资金，且为未来可能的进一步融资打好基础。

（5）评级相对高、限制较少

资本市场上的专业的信用评级公司譬如 Moody（穆迪）、Standard & Poor（标准普尔）给有夹层融资的公司的级别要高于债务成数很高的公司。与银行贷款相比，夹层融资在公司控制和财务契约方面的限制较少。尽管夹层融资投资者会要求拥有了解公司运作的权利，但他们一般很少参与到融资者的日常经营。

限制较少。与银行贷款相比，夹层融资在公司控制和财务契约方面的限制较少。尽管夹层融资的提供者会要求拥有观察员的权利，但他们一般很少参与到借款者的日常经营中去，在董事会中也没有投票权。

（6）优先贷款人不太欢迎

虽然夹层融资投资者拥有的只是次级债务。优先贷款人的主要反对意见集中在他们和夹层融资提供者分享同一项担保，即使二级贷款人拥有的只是次级债务。因此他们要求夹层融资提供者接受结构上的次要地位（即夹层融资提供者向控股公司一级投资，而优先贷款人向运营公司提供贷款）。优先贷款人通常会通过债权人间的协议来限制夹层融资贷款人执行抵押的能力，并会通过严格的协议限制流向夹层融资提供者的现金水平。有时房地产开发商在考虑夹层融资时，必须征得抵押贷款投资人的同意。抵押贷款人会与夹层投资人协商并签订协议，以界定两者关系并控制风险。此协议的签署耗时耗力，也是夹层融资的一大障碍。

还有一点也至关重要，即对夹层融资提供者获得的抵押安排及其执行协议的能力进行仔细评估（优先贷款人通常会通过债权人间的协议来限制夹层融资贷款人执行抵押的能力）。

优先贷款人一般会通过严格的协议限制流向夹层融资提供者的现金水平，而借款人通常会将多余现金中的大部分作为准备金而预付给优先贷款人。他们还需要对借款人的还款能力进行详细评估（比如利息的支付方式，股息的分配或资产处置）。抵押贷款人会与夹层投资人协商并签订协议，以界定两者关系并控制风险。此协议的签署耗时耗力，也是夹层融资的一大障碍。

（7）费用较高和夹层融资法律架构复杂

夹层融资也存在劣势，其一是费用高。由于产品非标准化，加之信息透明度低，其资金费用高于抵押贷款 2% ~ 8%；另一方面，夹层融资法律架构复杂，法律费用也远高于抵押贷款，因此，在美国通常要求夹层融资额至少为 500 万美元。此外，借款者在考虑夹层融资时，必须征得抵押贷款投资人的同意。抵押贷款人会与夹层投资人协商并签订协议，以界定两者关系并控制风险。此协议的签署耗时耗力，也是夹层融资的一大障碍。

夹层融资的最大优点体现为灵活性，通过融合不同的债权及股权特征，夹层融资可以产生无数的组合，以满足投资人及借款者的各种需求。比如说，有些夹层投资允许夹层投资人参与部分分红，类似于传统的股权投资；另外一些允许夹层投资人将债权转换为股权，类似于优先股或是可转换债。

（8）房地产开发流程和夹层融资的介入时间

美国的房地产企业普遍采用夹层融资方式来优化融资结构，夹层融资可以有几个阶段来介入项目，但一般是介于获得相关政府批文和施工完成之间。表 5-2 仅以一个案例来显示房地产开发流程和夹层融资的介入时间。

	房地产开发流程和夹层融资的介入时间	表 5-2
编号	房地产开发流程内容	夹层融资的介入时间
1	获得信息，现场察看	
2	可行性研究（包括初步概念设计等）	
3	买地（拍卖、投标和协议等方式）	

续表

编号	房地产开发流程内容	夹层融资的介入时间
4	获得相关政府批文	可以
5	开始施工	可以
6	向银行贷款	可以
7	开始预售	可以
8	施工完成	可以
9	销售完成	
10	项目完成	

（9）普通贷款项目和夹层融资项目的比较

表5-3仅以一个案例来显示普通贷款项目和夹层融资项目的比较，可以发现在特定条件下，夹层融资项目（方案二）优势更大。

普通贷款项目和夹层融资项目的比较（元）　　　　表5-3

	普通贷款项目（元）	夹层融资项目（元）（方案一）	夹层融资项目（元）（方案二）	备注
销售收入	14000万	14000万	14000万	
所有税金	1400万	1400万	1400万	按10%计算
净收入	12600万	12600万	12600万	
开发成本	1亿	1亿	1亿	包括所有费用
自有资金	4000万	2000万	1000万	
银行贷款	3000万	3000万	3000万	
夹层融资		2000万	3000万	
银行利息	420万	420万	420万	年利息率7%共两年
夹层融资利息		600万	900万	年利息率15%共两年
总成本	10420万	11020万	11320万	
开发利润	2180万	1580万	1280万	
自有开发资金回报	54.5%	79%	128%	开发利润/自有资金

此案例仅代表一种较简单的情况假设，未计算以后的股权和红利分配，结论是虽然普通贷款项目的开发资金回报高于夹层融资的开发资金回报，但其自有开发资金回报要大大低于夹层融资的自有开发资金回报。

3.我国房地产夹层融资和夹层基金的现状及前景

夹层融资作为兼顾了股权与债务特性的融资工具在日益多元化的金融市场上发挥了越来越重要的作用。目前，美国和许多西方国家房地产夹层融资市场已经具备了更为成熟、完善、理性的金融配套体系。夹层融资作为重要的融资方式，在美国获得了飞速的发展，也被世界上许多其他国家效仿，并提供了许多宝贵经验。同样，在中国夹层融资业务也有广阔的发展空间。

事实上，这些年我国房地产投融资中，普遍存在的明股实债交易方式就是夹层融资，很多也是房地产夹层基金。

从市场来看，两方面的原因决定了夹层融资在中国有广阔的发展潜力。首先，夹层融资作为股本与债务之间的缓冲，使得资本供应与需求效用更为贴近，资金效率得以提高。其次，对于中国房地产市场，资金渠道缺乏给夹层融资带来很好发展机会。作为股权与债权的中间产品，夹层投资人一方面可以绕过贷款的政策壁垒，另一方面可以根据自身的风险偏好选择投资方式。从法律角度，相对于美国复杂的法律监管环境及由此带来的复杂的法律结构和高额的法律费用，中国的法律监管环境更适合于夹层融资的发展，只要相关各方不违背法律强制性规定，对相关事项均可以协商确定。

从市场来看，以下几个方面的原因决定了房地产夹层融资在我国有很大的需求。

（1）近几年政府实施了一系列宏观调控政策以抑制房地产市场投资。贷款限额降低了，而通往资本市场包括股票和债券等的途径也很小。对于房地产商来说，夹层融资是一种非常灵活的融资方式，因为这个阶段开发商无法向或无法再向银行贷款，这时如果有夹层融资进去，使项目能够符合银行贷款要求，项目就能顺利启动。对于投资者而言，回报也较银行存款高许多。

（2）对于中国房地产市场，资金渠道缺乏给夹层融资带来很好的发展机会。作为股权与债权的中间产品，夹层投资人一方面可以绕过贷款的政策壁垒，夹层融资又使回报周期短的债权投资模式得以保留。

（3）在银行贷款难以取得、海外资金相对少、主要在一、二线城市且受到限制的情况下，有人把夹层融资看成了房地产企业外部融资的最后渠道。相对于要求25%～35%回报率的股权融资者，夹层投资者期望的内部回报率一般在18%～20%左右。

在目前房地产信托融资遭受政策限制，面临市场急剧萎缩危险的时候，夹层融资可能会成为房地产信托产品的新趋势。

房地产夹层融资是什么？首先要从法律上界定它，各方面要协调并立法，这样一来投资者才愿意投资，这样才能使这个市场长远发展。

房地产夹层融资的出现是房地产业发展到一定阶段的必然要求。通过房地产夹层融资，不仅使房地产投资主体多元化，拓宽了房地产的融资渠道，而且，由于投资基金股权结构明晰，投资者对房地产夹层融资的投资行为能够有效地监督，提高房地产投资的利用效率，降低房地产开发和建设的盲目性，因此我国应该借鉴发达国家的成熟经验，建立我国房地产夹层融资立法，以便尽快推出符合我国国情的房地产夹层融资市场。

市场经济的发展需要依靠强大的法律体系，而目前我国房地产夹层融资相关法律的制定落后于市场需要。缺乏相关法律的保障是发展我国房地产投资信托最明显的障碍之一。

正因为我国目前缺乏相关规范各种房地产夹层融资经营业务的政策、法规及实施细则，关于房地产夹层融资基金具有运作方式、结构和条件、房地产夹层融资经营业务的税收制度等具体操作中需要探讨和解决的关键问题没有明确的规定，在一定程度上妨碍了房地产投资信托的发展，如果这些问题不理清楚，可能在以后的操作中留下较大隐患。

夹层融资退出的主要的方式有关联方回购、股权转让和项目上市等。目前国内尚无 REITs 上市通道，房地产企业上市之路也十分艰难，通过项目上市来实现夹层融资的退出目前难以施行。

通过股权转让退出对于房地产信托而言也不现实，因为股权转让过程需要就转让价格和条款进行谈判，而目前国内的房地产信托到期就必须兑付，没有任何弹性空间。

多年的宝贵经验和教训告诉我们，任何一类金融机构或产品要长久稳定健康发展，只有提高经济效益、加强风险管理并最终为投资者带来投资回报。

寻求投资回报是所有投资者的共同特征，很重要一点是回报必须和风险相联系。在这一方面，我们看到许多房地产投资者在更加重视安全的时候，在许多情况下也愿意接受比较低的利润。但事实上，经过几十年来许多国家的具体操作，房地产夹层融资可以提供较高的回报。

应该注意到如果房地产夹层融资投的是开发项目，风险较大，也就不能具备定时分红等一系列房地产夹层融资的特点。如我们明显是为了前期的开发项目融资，那会有借房地产信托基金概念圈钱之嫌，对其长期稳定健康发展不利。

另外虽然房地产夹层融资对投资者有很大的吸引力，但它和许多投资产品一样存在投资风险，投资者应该学习分辨这些风险包括注意信托管理人的专业能力和诚信精神。

夹层投资对公司的控制权要求比债权要高，个人投资者是很难参与的，所以说机构投资者是夹层投资的主体。而目前中国的房地产行业缺少机构投资者，没有专门的房地产投资基金，保险机构和养老金机构暂时还不能直接参与房地产投资，唯独信托投资公司是主持和参与房地产夹层融资的最优机构投资者。

可以预见以后只要符合法律，有条件的机构都可以参与夹层融资业务。其中一个具体操作方式可以首先设立夹层基金，然后，明确夹层基金的预期投资目标。譬如美国房地产夹层融资发展规模之大是与它的融资渠道较宽和法制较齐全有关的，大量的社会福利基金如养老基金、保险基金等大型的机构投资者对房地产业的投资有利于房地产夹层融资的发展。

部分人士确实常常将夹层融资误认为过桥贷款或过桥资本，这里先有必要澄清一下。过桥贷款（Bridge loan）又称过桥资本，过桥贷款的性质是一种过渡性的贷款，回收速度快是过桥贷款的最大优点。过桥贷款的期限较短，一般最长不超过一年，利率相对较高，以一些抵押品诸如房地产或存货来作抵押。由于过桥贷款是纯债权性质的，虽然它有时会要求有股权抵押，但它的原始或根本目的是没有红利和股权要求，更像俗称的"高利贷"。

而夹层融资，它是指在风险和回报方面介于优先债务和股本融资之间的一种融资形式，即它是介于股权与债权之间的投资形式，或"混合了股权融资和贷款两种方式或者说介于两者之间"，在风险与收益方面都比单纯的股权与债债投资要中性一些。所以夹层融资和过桥贷款有本质的区别。上市公司可转换债券是一种介于普通债券与普通股票之间金融投资产品，也可以说是夹层融资的一种。投资者具有在将来某一时间段内按照一定的转股价格将债券转换为公司普通股票的权利。可转换债券债权与股权的双重特性使得投资可转债具有进可攻、退可守的优点。投资于可转换债券，如果股票价格上涨，则可将债券转换为股票，以分享股价上涨带来的超额回报；如果股票价格下跌，投资者可以持有债券获得债券票面利息和本金的保底收益。

二、房地产并购基金

1. 房地产并购基金的概念和特点

并购的内涵非常广泛，一般是指兼并（Merger）和收购（Acquisition）。兼并收购简称并购。兼并又称吸收合并，指两家或者更多的独立企业，公司合并组成一家企业，通常由一家占优势的公司吸收一家或者多家公司。收购指一家企业用现金或者有价证券购买另一家企业的股票或者资产，以获得对该企业的全部资产或者某项资产的所有权，或对该企业的控制权。与并购意义相关的另一个概念是合并（Consolidation），是指两个或两个以上的企业合并成为一个新的企业，合并完成后，多个法人变成一个法人。

房地产股权收购主要是指，收购方直接通过受让目标公司股权的方式，取得对目标公司的控制权，从而实际控制并取得目标公司名下土地使用权、在建工程或已建成的房产。

房地产企业的并购本质是对被并购企业所开发的房地产项目的吸收。具体操作方式又有多种，比如整体开发项目转让、在建工程转让、合作开发等，需要企业结合自身情况和项目状况作出判断。对房地产企业来说，通过重组并购，在较短的时间内形成自己的品牌优势，增强抵抗风险的能力，将是今后房地产市场发展的一个主要方向。

房地产企业的并购，可以是公司的房地产股权收购或者是房地产项目收购，有赖于企业根据自身情况和项目状况以及税收安排作出的判断。在实际房地产并购过程中，较少采用资产收购的方式进行房地产并购。因为资产收购会产生较大的交易税费，增加收购成本；另一方面，对在建工程的收购，涉及审批、文件变更等众多手续，较为繁琐。因此，在房地产项目不具备直接转让条件的情况下，大都会采用股权收购的方式进行并购。但通过股权收购方式收购，涉及的法律关系较为复杂。

广义上房地产并购基金和房地产基金也可以属于房地产股权投资基金重要组成部分。

美国的房地产基金也多参与兼并和收购，这与中国房地产基金当前的运作有很大不同。并购的内涵非常广泛，一般是指兼并和收购，兼并收购简称并购；兼并，指两家或者更多的独立企业，公司合并组成一家企业，通常由一家占优势的公司吸收一家或者多家公司；收购，指一家企业用现金或者有价证券购买另一家企业的股票或者资产，以获得对该企业的全部资产或者某项资产的所有权，或对该企业的控制权企业并购的类型。

契约并购的动因主要包括：扩大生产经营规模，降低成本费用；提高市场份额，提升行业战略地位；取得充足廉价的生产原料（土地）和劳动力，增强企业的竞争力；实施品牌经营战略，提高企业的知名度，以获取超额利润；为实现公司发展的战略，通过并购取得先进的生产技术、管理经验、经营网络、专业人才等各类资源；通过收购跨入新的行业，实施多元化战略，分散投资风险等。

（1）基于收购方：并购产生的原因包括：

1）收获规模优势，确保收益增长；

2）区域扩张分散风险；

3）产品多样化；

4）获得土地；

5）获得人才；

6）增加品牌数量；

7）获取协同作用。

（2）基于被收购方：并购产生的原因包括：

1）获得现金或股票；

2）可以将当前的利好价值资本化；

3）消除业务风险；

4）资本渠道增加和协同机会带来的收益；

5）精力更加集中在业务上；

6）分享好的管理经验。

2. 美国房地产并购特点

全球并购交易中的 20%、美国并购交易中的 27% 是由私募股权投资基金来完成的。美国房地产并购主要通过并购进入新的市场或巩固强化在已进入区域市场的市场地位，很多企业喜欢并购目标企业所在的具有成长性和发展快的市场。很多目标企业是当地较大或知名开发商，拥有一定的品牌优势、市场经验和土地储备。并购方很多都是全国性或地区知名开发商，有着充裕的资金支持。这些并购企业都是先通过并购进入新市场，然后在该市场或通过自身经营或再次通过并购进行深度拓展。前 5 大住宅开发商大多通过兼并来迅速提升规模。

譬如 2013 年 10 月 23 日媒体消息，美国最大的两家房地产投资企业 American Realty Capital Properties（ARCP）和 Cole Real Estate Investments（COLE）宣布，最终达成并购协议，完成价值约 112 亿美元的并购，从而创建美国净租赁行业最大的公开上市房地产投资信托公司（REIT）。根据协议，ARCP 将以约 70 亿美元现金加股票收购 COLE，包括 COLE 的债务在内，该项交易价值约 112 亿美元。ARCP 和 COLE 合并后的公司将成为美国最大的商业地产公司，将向包括 Walgreens、BedBath&Beyond 和联邦快递等企业在内的客户提供商业地产租赁服务。ARCP 表示，此项收购将使其旗下零售、办公及其他物业的数量增至 3732 个，超过目前市场领导者 Realty Income Corp 的 3013 个。

3. 中国香港地区房地产并购特点

第二次世界大战后香港一共爆发了 6 次地产危机，经过大浪淘沙，出现了其他行业少见的垄断局面，特别是 20 世纪 80 年代开始，房地产行业逐渐向少数公司集中。被称为行业"四大天王"的新鸿基地产、新世界发展、恒基兆业和长和系，以及会德丰、信和、合和、太古、九龙仓等大型房地产商，基本控制了香港房地产行业。资料显示，香港前 10 大地产商控制了 80% 市场份额。

香港大型房地产企业基本都是多元化经营，其中以长和系的多元化经营最为成功。

它们之所以纷纷选择多元化经营，也是为了抗击房地产行业风险，几次危机后不断壮大的就是多元化经营业绩不错的大型地产商。

总的来说，香港地产企业的并购对象通常有两类：一类是拥有可供开发的土地储备、主业却非地产业务，但盈利稳定；另一类是可以分担风险的其他行业的公司。香港地产企业与美国地产企业的并购策略完全不同，前者是为了土地储备和分散风险，后者是基于战略布局的顺势选择；另外香港地产企业基本上都是多元化经营，而美国成功的地产企业基本都是专业化经营，这些区别完全受它们市场的差异性决定。

4. 我国房地产并购和并购基金的发展及前景

我国房地产企业并购的类型包括：买壳上市、公司股权、资产收购（包括收购烂尾）等。

国家严厉的调控政策，以及上调存款准备金率等手段，对房地产企业资金实力提出了巨大考验。2011年来，房地产企业资产负债率有上升趋势，譬如到2018年中，我国上市房地产企业平均负债率在75%左右，不少已经超过80%。

房地产公司在买地支出不断上升的情况下，回款也存在一定压力，造成了经营现金流大幅下滑和偏高的负债率，如果未来销售情况不能转好，开发楼盘越多的企业，资金负担将越重。这给地产大佬们创造并购的机会。

我国房地产并购有以下几个特征：

（1）交易非常活跃、成功率高；

（2）资产主导交易；

（3）税收主导交易；

（4）50强房企已占据全国商品房销售额的半壁江山；

（5）10强、20强、30强、50强房企销售门槛不断提高；

（6）不同规模的房企增速开始逐渐分化；

（7）百强房企大多数并购以获取项目资源为目的。

随着我国房地产业的发展壮大，房地产开发商队伍也迅速扩大。据统计，1991年底全国只有4200家房地产开发商，目前已达6万多家，还有更多的无房地产开发资质的企业试图通过股权收购等方式投资房地产行业。房地产开发企业普遍规模偏小，一级企业和二级企业所占的比重较低，大部分企业为三、四级资质企业。这些企业抗风险能力弱、缺乏融资能力和开发能力，虽然有其灵活性，但总体上很难经受住市场竞争的考验。这为有竞争力的房地产企业通过并购实现低成本扩张和做大做强提供了机遇。

我国房地产企业并购前景广阔。中国房地产行业集中度加速提升已经成为必然，这也是一个行业过度景气并被社会资金踊跃追寻后的必然产物。不久的将来，只有同时具备土地、资金和品牌资源的优质开发商才能获得更大的成长空间，具备优秀资源整合能力和战略调整能力的开发商将最先脱颖而出和立于不败之地。对于目前很多成功的企业来说，只有发展得更快更好才能挤出重围。不断提升投资效率、开发效率、管理效率。表 5-4 显示了我国房地产项目转让和公司股权转让的税收比较，可以发现为什么大多数房地产企业并购会选择股权转让的方式了。

项目转让和公司股权转让的税收比较 表 5-4

转让方式	税收	卖方	买方
项目转让	增值税	11%	
	土地增值税	根据增值幅度收取 30% ~ 60%	
	印花税	总价的 0.05%	总价的 0.05%
	所得税	25%	—
	契税	—	总价的 3% ~ 5%
公司股权转让	印花税	总价的 0.05%	总价的 0.05%
	企业股东缴纳所得税	25%	
	自然人缴纳个人所得税	溢价部分 20%	

注：仅供参考，具体税收情况需要咨询相关专家。

房地产企业并购必须重视的问题还包括制定恰当的并购战略、控制交易成本和现金流、充分重视并购后的文化整合、充分重视并购后的人事整合等。要综合考虑分析并购公司所面临的问题，立足于公司未来可持续发展，不可只顾短期利益。通过资产重组，收购盈利能力较强、效益比较稳定的优质资产，形成新的业务核心和利润增长点，为形成可持续发展的良性循环奠定基础。结合大股东公司发展战略，充分依托大股东的资源优势和区域优势，处理好股东及有关各方的关系。

从 2013 年开始，随着我国企业海外并购步伐的加快和并购规模的扩大，海外房地产并购的数量和金额也在增加，譬如中国企业海外并购已经成为包括四大会计师事务所在内的咨询公司最重要的业务之一。需要强调的是中国企业海外并购应该注重并购过程中的法律和财务风险，以及并购后的企业文化和管理的整合等。

三、对冲基金房地产投资

对冲基金和私募股权基金（PE）都是私人投资工具，但它们两者有一定的区别，譬如对冲基金的资金锁定时间一般比较短，最好的对冲基金资金锁定时间在两年左右。而 PE 的投资时间和资金锁定时间都比较长，可以在 5 ~ 10 年之间，并对投资的企业实施较深的参与和管理。国内许多人对对冲基金的了解始于 1997 年的亚洲金融危机，当时国际对冲基金在一些国家兴风作浪，包括泰国、马来西亚、印度尼西亚、日本、韩国、中国香港和台湾地区均受重创，危机使得部分亚洲国家在较长一段时间里的经济、社会秩序陷入混乱。而 2007 年美国次级抵押贷款危机也与对冲基金有很大的直接关系。

可是尽管 2007 年美国金融市场因受次级抵押贷款危机影响而出现剧烈动荡，但仍不能阻挡对冲基金、私募股权基金成为"富豪的摇篮"。譬如福布斯 2007 全美富豪榜榜单显示，新上榜的富豪有 45 人，其中近一半都是通过对冲基金、私募股权基金发家致富。新上榜的基金经理人约翰·保尔森仅在 2007 年夏季通过在次级债市场的卖空操作就入账超过 10 亿美元。

本节介绍和讨论对冲基金房地产投资的概念和内容，并着重于分析与对冲基金直接有关的美国房地产次级债券危机及其对我国的影响和借鉴意义。

1. 对冲基金的概念和发展

对冲基金（Hedge Fund）又称套利基金或避险基金。对冲（Hedge）一词，原意指在赌博中为防止损失而采用两方下注的投机方法，因而把在金融市场既买又卖的投机基金称为对冲基金。许多人认为对冲基金起源于 20 世纪 50 年代的美国，也有人认为对冲基金在 1949 年阿尔弗雷德琼斯（Alfred Winslow Jones）创立第一家对冲基金，也可以说它是私营的投资机构利用期货、期权等金融衍生产品以及对相关联的不同股票进行实买空卖、风险对冲的操作技巧。可以说美国的对冲基金是随着美国金融业的发展、特别是期货和期权等交易的出现而发展起来的。

20 世纪 90 年代以后，金融市场全球化使不同市场之间联系紧密，资金流动更加快速和方便，加上人们对衍生工具的熟练和自如应用，为对冲基金提供了更广泛的表现空间。对冲基金是一种采用多元化、分散投资来规避风险、保本增值的投资工具。与一般的股票基金不同，它最大的特征是可以买入、卖空，而且通常跨领域投资，只有少量对冲基金直接投资房地产。美国对冲基金的冒险性较大，但一直到前几年，大多比较成功，对冲基金基本上保持低调行事的作风，并且有时其投资方式和一般私募基金的投资方式非常相似。

国外对于对冲基金的理解也颇为混乱不一。例如，IMF 的定义是"对冲基金是私人投资组合，常离岸设立，以充分利用税收和管制的好处"。根据美国证监会（SEC）的定义，对冲基金最早是用来表述一种私人的不需要登记的投资工具，它使用非常复杂和精致的对冲以及套利技巧，在企业股票市场上交易。对冲基金传统上局限于那些成熟、富有的个人投资者。

现在全球有数千家对冲基金，并以每年约 10% 以上的幅度持续增长。一些对冲基金多年来还把共同基金等其他基金远远地抛在了后面。反对者则认为它加剧了市场波动，其根据历史数据投资的理念有着天然的脆弱性。平均来看，很多对冲基金只有 4 ~ 5 年的寿命。

对冲基金有以下几个明显特征：

第一，绝对收益。绝大多数对冲基金追求"绝对收益"，即不管大盘上行还是下跌，都要获取正收益，而不是相对于市场收益率的，即牛市和熊市都要挣钱。基金经理是按投资表现收费。

第二，对冲基金经理作为有限投资合伙人，将自己的资金投资于所管理的基金中。其投资者——往往也就是合伙人，多为机构投资者包括退休基金、保险公司、大学基金和投资银行以及富有的个人投资者等。

第三，鲜有信息披露。多注册在开曼群岛、百慕大等地，利用合伙制和离岸地在税收和监管方面的便利。

第四，利用杠杆投资、获取最大利润已成为对冲基金最常用的投资手段。高杠杆是对冲基金扰乱国际金融市场秩序、导致国际金融动荡的最直接、最重要的因素之一。

第五，投资策略复杂。对冲基金可以采用卖空、套利、对冲、杠杆借贷等金融市场上所有投资策略以及这些策略的组合。

第六，投资周期段，一个项目投资一般不会超过两年。

2. 对冲基金房地产投资

有部分对冲基金投资房地产，但更多是间接投资，即投资于房地产公司股票和债券。

譬如香港几个上市的房产基金包括领展房地产投资信托、泓富产业信托等的主要机构投资者就包括了国际著名的对冲基金。IPO 以后这两只 REITs 均受到投资者热烈追捧，特别是获得国际对冲基金大手笔买入。领展房地产投资信托（0823.HK）上市首日较发行价涨 14.6%，泓富产业信托（0808.HK）首日涨 20%。领展房产被对冲基金 TCI 持续增持，TCI 则为英国对冲基金，资产规模约为 30 亿美元，号称欧洲最大，其购入领展基金的成本约为 45 亿港元。领展信托基金管理人披露的 2005 年 12 月数据显示，TCI 仍持有领展 3.92 亿份基金单位，占其权益的 18.35%。导致香港证监会 2005 年 12 月 15 日晚发布公告称，今后在港发行上市的 REIT（包括泓富及越秀）在权益披露方面将与上市公司一视同仁，一旦基金单位持有人的权益（持股比例）达到 5%，便须按照《证券及期货条例》有关规定向相关房地产基金管理人及香港联交所提交权益报告，并对随后的任何权益变化进行披露，以便公众投资者及时了解相关情况。

据报道美国对冲基金 Atticus Capital 于 2006 年 12 月 29 日，以每股平均价 16.095 港元增持领展 221 万个基金单位，涉及资金 3557 万港元，令该基金的持股量 5% 的权益，恰好到达须披露水平。Atticus Capital 和 TCI 关系亲密，Atticus Capital 的增持，不排除是两家基金的联合行动。根据领展的招股书，若要召开股东特别大会，并通过撤换管理人、出售资产等特别决议案，就需要有最少两名，合共代表最少 25% 已发行单位的持有人或委任代表，出席会议。如今，TCI 及 Atticus 合共已持有领展 23.35% 权益，只要额外增持 1.65% 基金单位或获得其他股东支持，便可召开有关股东会。

泓富产业信托 2005 年 12 月也透露，对冲基金 Start Investments 持有该基金 8974.5 万个基金单位，占泓富权益的 7.17%。

延伸阅读　作者 2010 年 9 月访谈:《房地产私募基金正当时，这是最美好的时代》

——本文刊登于 2010 年 9 月《华房商学院》记者　怀斯

初见张健，感觉他是一个"傲气"的人，即使他的表现很谦逊，对周围的人很客气，也无法抹去身上固有的"荣耀"气质。但是，这种气质在我们短暂交谈之后渐渐被隐去，取而代之的是谦逊和低调。其间，给记者印象最深的还是，在谈到他的留学经历时，即使略带艰辛，他仍会面带微笑，侃侃而谈。或许，正如他所说，"只有经历了才知道，再难的事情其实不过如此"。或许，正是他的释然与豁达、历练与坚持，才成就了现在"资深房地产投融资和战略专家"这份荣耀。

记者不怀疑他的"谦卑"，一个懂得谦卑的人才有能力去构筑和维系别人给予他的信任工程。他说，"替别人着想是作为一名基金管理者最起码的职业品德"。

留学·"写书是在学习，工作也是在学习"

"我会看很多非专业的和专业的书，一来可以拓展自己的思维，二来也可以让自己的专业更出类拔萃。我无时无刻都保持着学习的心。以致后来的工作是这样，写书也是这样。书能帮我解惑"。

一谈到留学，或许很多人都会跟我有一样的想法——留学的生活很苦很苦。但张健却给了记者不一样的答案，他说："留学的经历有些艰苦，同时简单又复杂。"

"我 1989 年出国，为了能让自己有更多的条件学习，我跟所有的中国留学生一样，以打工的方式为自己争取更多的实践机会。譬如，考虑到我的建筑管理专业背景，我尝试去房地产公司做销售，即使我不懂得销售技巧……"。

可是，正是这个"不懂得销售技巧"，让张健在异国他乡遭遇了第一次工作打击，"当时（90 年代初）国内几乎还没有房地产行业，我想我是一个科班出身的建筑管理的专业人才，居然在房地产销售这一块比不过一些无建筑背景的'外行人'"。也正是这一打击，让张健顿悟到房地产和建筑工程有很大不同，也更加迷恋上了房地产行业；譬如做房产销售并不一定要有多么高深的建筑学识，只要有一定的心理战术和推销技巧以及毅力，任何人都有潜力成为一名出色的房产销售人员。于是，在这之后，张健更加珍惜各种学习机会，在澳大利亚住宅公司工作的两年，为他积累了丰富的房地产开发和市场销售经验。

他说："人生就是要不断的摸索，直到找到他真正想追求的。"带着这样的疑问和思考，他在获得澳大利亚西悉尼大学房地产经济学硕士学位后即转战于全球最大的房地产和建筑集团之一的联实集团（Lend Lease Corporation）。说到这里时，他不无感慨地说："联实集团，对于很多干房地产这一行的人来说，是梦寐以求的。我之所以能进，是因为我比别人多了一份耐心和肯钻研的态度。我很珍惜联实集团的4年时间，除了把英文练得更专业外，我还要拼命看书，不停地学习，不停地动脑筋想，不停地研究案例。"也就在这几年时间里，张健参与了房地产开发项目管理和房地产投资信托基金等方面的工作。

但凡事业成功的人都会经历或多或少的磨难，而张健就是在这样的环境中用不断完善自己、充实自己的方式来诠释着自己对房地产行业的热忱与责任。他说："虽然那个时候，国外的房地产行业已发展得非常完善，但在当时的中国内地，这个行业却还是一个新兴的行业。"所以，他有了一个想法，"我要回国，这些年来，在联实集团也好，麦格里银行也好，所学到的实战经验、理论战术，以及经手过的案例操作，统统带回国，让房地产行业的从业人员真正了解什么才是房地产行业，这对国内的同行来说将是一件获益匪浅的事。"

回国·"有文凭的人很多，聪明的人很多，唯有坚持的人才能成功"

"就像爬一座山，越到高处，越觉得力不从心。可是，只要咬牙再坚持一会儿，就能享受到站在高处俯视众物的乐趣。所以，很多时候，我都会对自己说，只要坚持，一切都会过去的。坚持是一种信念，只要信念不倒，人就能成功"。

张健无疑是一个自信而务实的人，1999年他自荐去了澳大利亚最大的投资银行麦格里银行（Macquarie Bank），准备谋得上海分公司做房地产投资基金管理的工作。虽然当时等待的时间长达两个多月，但他还是幸运地等来了聘用电话。在问及当时的心情时，张健浅浅地笑了笑："我很自信，因为一般跨国公司用人有一个决策程序，且我有联实集团等的经历和大大小小的成功案例。"

在麦格理银行，张健所参与管理的几只人民币基金都是从海外募集过来的，是传统意义上的私募基金，这些人民币基金总规模达到了10亿人民币以上。张健说，"譬如在 2000 年，我直接负责谈判的投资项目每个至少在 2 亿元人民币以上"。

或许，当经验累积到一定程度时，油然而生的自信心和自豪感也会随着自身能力的不断提升从而得到体现。从"联实"到"麦格里"，从"开发运营管理"到"投资基金管理"，张健无疑为自己的人生来了一次华美跳跃。他说："人生就像一个圈，从最初的建筑管理到后来的房地产开发和投资，再到现在的房地产基金，可以说都是在房地产这一个行业里转着。"

在问及如何把握因为工作性质的调整而产生的无法估算的变数时，他说："首先建筑管理、房地产开发和房地产基金有很大的关联性；其次但凡一个工作，不管类型如何，行业如何，只要用心去找，都会有一个共性——做好和做优。"自然，从张健身上，记者看到的不仅仅是自信、谦逊、隐忍、坚持，更多的还是他对这个行业所赋予的使命感和责任感。这就让记者想到了对他影响颇深的一句话："有文凭的人很多，聪明的人很多，唯有坚持的人才能成功。"有文凭的人不一定能成功，聪明的人也不一定会成功，只有坚持到底的人才有决定能否成功的潜在因素，"抓住这个因素，你就成功了一半"。

"善待机会，把握机会"慢慢地成了他的人生信条——"没有机会要学会创造机会，机会来了就要学会好好把握，善待了机会就等于善待了自己的经历，这样才能更全面地认识自己"。

"房产基金会为茫然的投资者和融资者带去希望"

房地产私募基金在中国是一个很新的房地产金融产品，其实这里的私募也可以称为"非上市"，正如公募对应"上市"。私募基金相对公募基金的操作有许多优点，包括管理团队更多的责任性和利益相关性。

全球来看，私募基金的运作模式越来越受融资者和投资者欢迎，可以说它有更强的生命力。譬如，2008 年全球金融危机发生以来，美国许多大型上市公司危机频发，而私募基金的发展越加壮大。

对于包括房地产私募基金在内的我国房地产金融创新，张健一开始就有想为中小企业服务的意愿，并从 2008 年就开始参加清华房地产总裁商会组织的"华房国际投资联盟及基金"等会议。但是，就前些年的大环境而言，房地产金融创新的服务对象更多的还是国有企业，以及上市的大型企业，而那些影响不是很大的中小房地产企业融资渠道非常有限。从长远利益来看，这无疑制约了房地产中小企业的发展。"我接触过很多包括我们商会会员的房地产中小企业管理者，我了解他们在投融资方面所面临的尴尬与困境"。而目前房地产私募基金的运作是正当时，很大程度上解决我国中小房地产的融资问题和房地产投资者的投资渠道问题，这正是一个美好的时代。

显然，张健是一个有着 20 多年房地产投融资和战略经验的专家，骨子里仍留存着

60年代生人特有的使命感和责任感，"人活到一定境界时，会自然而然地焕发出'被需要'的思想，被社会需要，被周围人需要，被企业需要，思想空间越大，被需要的层次就会越多，人潜在的社会责任感和企业使命感就会越发强大"。或许，这就能说明，张健为何在繁忙的工作之余写出了六本房地产专著并在部分著名大学的房地产总裁班和MBA课程授课，同时把所有的热情都投身于房地产金融包括私募基金的建设上，"急他们之所急，想他们之所想，从根本上为他们排忧解难"。

房地产宏观调控以后会是常态，商业银行开发贷款也会趋紧，而企业的资金问题自然成了很多房地产商人们首要考虑的因素。资金就好比他们的血液，失血的房地产商自然没有办法存活；与此同时，我国许多机构和个人的大量资金在寻找投资渠道，国家目前也鼓励和支持金融创新，于是房地产私募基金应运而生。

"这才是体现房地产私募基金价值的时候"，张健不无感慨地说。

"正所谓'天时、地利、人和'，有了私募基金发展的好'天'时，也有了华房系基金的好'地利'，我相信，以我们团队在投融资和基金方面的专业能力，一定会给想投资的机构和个人以及想进一步发展的房地产企业一个'人和'的好环境。我们房地产私募正当时，这是最美好的时代"。

第六章　房地产资产证券化

——如果你有一个稳定的现金流，就将它证券化

——华尔街名言

从全球来看，过去几十年来，许多国家和地区的房地产资产证券化市场得到较大的发展；许多国家的政府、机构和个人投资者已经注意到，如果不过度投机，这类投融资方式会对投资者和房地产市场有很大的积极作用。

我国对房地产资产证券化的研究探索已有很长时间。从 2004 年开始央行、证监会和银监会等即开始资产证券化方面前期准备工作，证监会房地产投资信托基金专题研究小组也于 2007 年 4 月 10 日正式成立；到目前先后对这些方面也有了一些实践和经验，总体来看进展缓慢，期间受到美国次贷危机以及我国房地产宏观调控等方面影响。

2014 年 1 月 16 日，中国证监会《关于核准中信证券股份有限公司设立中信启航专项资产管理计划的批复》，同意中信证券设立中信启航产品，以私募 REITs 的形式推动国内不动产金融实践。接下来几年，陆续的创新不断，从世茂全国首单物业费资产证券化（ABS）和世茂全国首单购房尾款资产证券化（ABS）到鹏华前海万科 REITs 封闭式混合型发起式证券投资基金（类 REITs）和红星美凯龙家居卖场资产支持专项计划（CMBS），各类 ABS、CMBS、类 REITs 产品陆续推出，直到 2017 年下半年开始有了较大批量的出现，特别是符合国家政策导向的如长租公寓资产证券化产品，譬如 2017 年 10 月获批的新派长租公寓和保利地产租赁住房类 REITs，以及 2018 年 2 月获批碧桂园发行百亿规模租赁住房 REITs。相信接下来的 1～2 年将会是我国房地产资产证券化发展非常重要的时刻。同时我们不应该拘泥于学习几个成功案例，而是有必要了解和掌握其重要原理及法规，并结合企业、产品和个人的特点作创新与实践。

无论是 2018 年和 2019 年海外资金大量买入北上广深大量商业地产，还是 2019 年 1 月中国人民银行称对美国标普全球公司在北京设立的全资子公司——标普信用评级（中国）有限公司予以备案，这都标志着中国金融市场国际化进程不断加快，国际投资者会配置多元化人民币资产，对中国金融市场的规范健康发展具有一定的积极意义。

本章首先介绍房地产资产证券化的基本分类，然后了解房地产资产证券化和房地产投资信托基金等相关的内容，接着着重介绍美国房地产投资信托基金和房地产资产证券化当面的情况，分析它们在海外的实践包括立法和实践及案例分析，来吸取我们可以借鉴的成功经验，最后回顾和结合我国的实践及案例分析，着重介绍与房地产企业密切相关的 ABS（企业资产支持证券）、CMBS（商业房地产抵押贷款支持证券）和 REITs（房地产投资信托基金），并展望房地产资产证券化和房地产投资信托基金在我国的发展前景。

一、房地产资产证券化概念和内容

1.房地产资产证券化的概念和分类

资产证券化，称作 ABS（Asset-Backed Securitization），是指将缺乏流动性的但有预期收入的资产，转换为在金融市场上可以自由买卖的证券的行为，使其具有流动性。简单地讲，就是通过出售基础资产的未来现金流进行现在的融资。

根据美国证券交易委员会（SEC）给出资产证券化的定义，它们主要是由一个特定的应收款资产池或其他金融资产池来支持（backed），资产证券化是指将缺乏流动性但能够产生未来现金流的资产，通过结构性重组，转变为可以在金融市场上销售和流通的证券，并据以融资的过程。资产证券化是近年来世界金融领域的最重大创新之一。

图 6-1 显示了持有型房地产投资信托基金市值已经大大超越了开发型上市房地产公司市值，这个趋势还在延续。

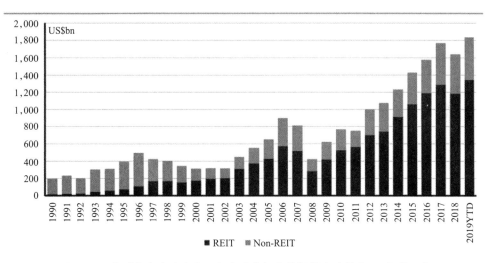

图 6-1　全球上市房地产公司和房地产投资信托基金（单位 10 亿美元）

资料来源：UBS 瑞银集团 2017。

注：淡色的为开发型，深色的为（资产管理）持有型。

我国的资产证券化种类也日趋繁多，根据产品类型可以分为：

（1）汽车消费贷款、学生贷款证券化；（2）商用、农用、医用房产抵押贷款证券化，物业管理费和出售房产尾款等；（3）长租公寓和商业地产资产证券化；（4）信用卡应收款证券化；（5）贸易应收款证券化；（6）设备租赁费证券化；（7）基础设施收费证券化；（8）门票收入证券化；（9）俱乐部会费收入证券化；（10）保费收入证券化；（11）中小企业贷款支撑证券化；（12）知识产权证券化等。

资产证券化可以分为：

（1）企业资产证券化（股权型、债权型或／和收益权）：即实体资产向证券资产转换。

（2）信贷资产证券化（债权型）：就是将一组信贷资产，如银行的贷款、企业的应收账款，经过重组形成资产池（表6-1）。

信贷资产证券化和企业资产证券化的内容和比较 表6-1

比较内容	信贷ABS	企业ABS
基础资产内容	银行等金融机构的信贷资产及金融租赁资产	非金融机构企业的债权资产、动产和不动产收益权等
性质要求	（1）能够产生可预测的现金流收入； （2）符合法律、行政法规以及银监会等监督管理机构的有关规定	（1）符合法律规定，权属明确，可以产生独立、可预测的现金流； （2）不在基础资产负面清单中； （3）基础资产不得附带抵押、质押等担保负担或者其他权利限制，但通过专项计划安排，在原始权益人向专项计划转移基础资产时能够接触相关担保负担和其他权利限制的除外
转让要求	发起机构应在全国性媒体上发布公告，将通过设立特定目的信托转让信贷资产的事项告知相关权利人	（1）法律法规规定基础资产转让应当办理批准、登记手续的，应当依法办理； （2）基础资产为债权的，应当按照有关法律法规将债权转让事项通知债务人

虽然我国资产证券化包含的种类繁多，但也坚持了一个基本原则，即底层资产需要有良好的现金流。

信贷资产证券化是指商业银行等金融机构将原本不流通的金融资产转换成为可流通资本市场证券的过程。信贷ABS的基础资产是银行等金融机构的信贷资产及金融租赁资产。

信贷资产证券化（ABS）基础资产中企业贷款曾经一枝独秀，目前基本形成了企业贷款、租赁资产、汽车贷款、个人抵押住房贷款的"四强"格局，企业贷款资产证券化（ABS）和个人住房抵押贷款资产证券化（RMBS）二者占比较高。

企业资产证券化是指作为非金融机构的企业将其缺乏流动性但未来能够产生现金流的资产，通过结构性重组和信用增级后真实出售给远离破产的SPV，或信托后，由SPV在金融市场上向投资者发行资产支持证券的一种融资方式。企业ABS适用于大型公司或机构类客户的债权类或收益权类资产项目，基础资产主要包括债权资产（企业应收款、租赁债权、信贷资产、信托受益权等）、动产及不动产收益权（基础设施、商业物业等），以及证监会认可的其他财产或财产权利。

企业资产证券化ABS基础资产相对信贷资产证券化ABS种类丰富，并且随着企业 ABS 不断成熟，基础资产类型将不断丰富和多元化。目前企业 ABS 基础资产中，小额贷款、应收账款、租赁租金、信用受益权、基础设施收费等。

房地产资产证券化是指以房地产相关资产为基础资产，以融资为主要目的发行的资产证券化产品，其实际融资人主要为房地产企业、城投 / 地方国资企业和持有物业的其他企业。图 6-2 是典型的资产证券化示意图。我国房地产资产证券化可以分为以下多个模式：

（1）商业房地产抵押贷款支持证券 CMBS；

（2）房地产投资信托基金 REITs；

（3）物业管理费 ABS；

（4）出售房产尾款 ABS；

（5）房地产资产支持票据 ABN；

（6）商业支持票据 CMBN；

（7）供应链金融 ABS；

（8）住房抵押贷款支持证券 RMBS 等。

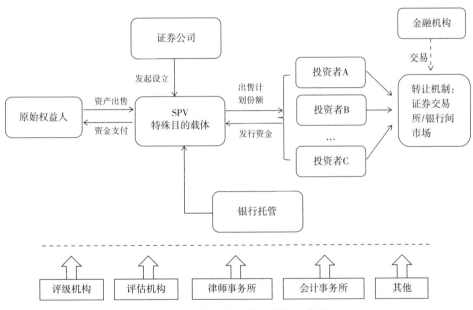

图 6-2　典型的资产证券化示意图

目前主要的操作模式也可以从股权、债权和收益权方面区分，包括"类 REITs"（偏股权）、CMBS（债权）、物业费 ABS 和购房尾款 ABS（收益权）等类型，它们给相关企业增加了融资渠道，这些产品也可以在证券交易所和银行间市场进行挂牌、转让。

譬如物业费 ABS 和购房尾款 ABS 基础资产包括企业应收款或 / 和不动产收益权。

它是以资产（未来现金流，而非房地产抵押）的组合作为抵押担保而发行的债券，是以特定"资产池（Asset Pool）"所产生的可预期的稳定现金流为支撑，在资本市场上发行的债券工具。

以下，我们先对这八类房地产资产证券化产品作概念性介绍，其中大部分都会在本章下半部分有较详细分析。

2. 商业地产抵押贷款支持证券（CMBS）

商业地产抵押贷款支持证券（CMBS，Commercial Mortgage Backed Securities）是一种将单个或多个商业物业的抵押贷款组合包装构建底层资产的产品，它通过结构化设计，以证券形式向投资者发行。虽然每个 CMBS 成功发行的各方面条件不一样，但总体上该项产品需要具有放贷成数高、发行价格低、流动性强、充分利用不动产价值等优点来吸引资产持有人。

3. 房地产投资信托基金（REITs）

REITs 是基金，是一种以发行收益凭证的方式汇集特定多数投资者的资金，由专门投资机构进行房地产投资经营管理，并将投资综合收益按比例分配给投资者的一种信托基金。国际意义上的 REITs 在性质上等同于基金，既可以封闭运行，也可以上市交易流通，类似于内地的开放式基金与封闭式基金。

房地产投资信托是通过集合社会各方面，使用专业人士投资和经营管理，它不仅可解决开发企业外部融资渠道单一和困难的问题，而且可以促进房地产业资金和产品结构不断优化并减少商业银行的贷款风险，更为中小投资者参与房地产投资和收益提供一条现实途径。

房地产投资信托基金一般主要是拥有并营运带来收益的房地产，例如办公楼、购物中心、酒店、公寓和工业厂房。主要还是以租赁的方式把办公楼、购物中心、酒店、公寓和工业厂房分租给租户，这些租金为股东带来回报。相对于传统房地产项目即以出售单位套现有很大的不同，租金收益型房地产项目以固定回报的角度去看，有着更稳定的现金流量，更适合采用房地产投资信托的方式去融资。

美国的部分 REITs 亦参与房地产项目的融资活动，美国和澳大利亚 REITs 可以是私有也可以上市，大多数是上市的。REITs 中包含的资产不仅能够提供长期的资产增值，同时亦可以提供稳定的租金收入，并通过定期的红利分派为投资者带来稳定的收入。

4. 物业管理费（ABS）

物业管理费是指提供物业服务的物业管理公司依据国家有关法规和物业合同向业

主（一般多适用于住宅物业）或承租人（一般多适用于商业、办公、工业厂房和仓储等地产）收取的物业服务费，也可能包括停车管理服务费用等。发行物业管理费 ABS 的未来现金流由业主或承租人支付，具体的物业位置、产品、业主或承租人都比较重要。

5. 出售房产尾款（ABS）

购房尾款是指购房者与开发商签订了购房协议并支付了定金和首付款后，如果购房者需要按揭贷款，开发商就享有对购房者的剩余房款债权，这个按揭购房尾款由提供按揭的银行或公积金中心支付，但常常由于各自原因，譬如按揭型购房尾款由于存在银行一定审批时间，剩余房款支付时间可能需要几个月甚至可能更长，开发商可以用这个未来收入的按揭型购房尾款作为基础资产发行房产尾款 ABS。

6. 房地产资产支持票据（ABN）和商业支持票据（CMBN）

资产支持票据（ABN），是指非金融企业为实现融资目的，通过发行载体在银行间债券市场发行的，由基础资产所产生的现金流作为还款支持的，约定在一定期限内还本付息的证券化融资工具。基础资产是指符合法律法规规定，权属明确，能够产生可预测现金流的财产、财产权利或财产和财产权利的组合；ABN 是资产证券化的一种，可以通过结构设计进行内部 / 外部增信。

银行间商业地产抵押贷款支持票据（CMBN）以商业地产抵押贷款收益权为基础资产，也有结构简单、产品流动性高和发行成本相对较低的特性。

7. 住房抵押贷款支持证券（RMBS）和供应链金融（ABS）

RMBS 是住房抵押贷款证券化，它不同于一般的固定收益证券，其债务人是众多的住房抵押贷款的借款人。它既不属于银行发行的金融债券，也不属于公司发行的公司债券；它是指发起银行将缺乏流动性但能够产生未来现金流的住房抵押贷款，出售给特殊目的机构（简称 SPV），由后者对其进行结构性重组，在金融市场上发行证券并据此融资的过程。RMBS 收益一般高于政府债券；经营方式灵活，具有高度的流动性。

我国的所谓住房抵押贷款证券化，是指发起银行将缺乏流动性但能够产生未来现金流的住房抵押贷款，出售给特殊目的机构（简称 SPV），由后者对其进行结构性重组，在金融市场上发行证券并据此融资的过程。信贷资产证券化(ABS)根据央行出台的《信贷资产证券化试点管理办法》，商业银行把住房抵押贷款或者其他的信贷资产作为证券化资产形成一个资产池，打包信托给受托机构，由受托机构对该资产进行结构性的安排和内外部的信用增级，向中国人民银行申请发行资产支持证券。经中国人民银行同意后，在全国银行间债券市场上发行和交易。

房地产供应链金融以房地产企业作为核心企业，为整个供应链上的中小企业提供了新的融资选择，将供应链上各个节点企业的应收账款、活期储蓄等盘活，为其注入新的活力。房地产供应链金融有效地实现了商流、物流、资金流、信息流四流合一，稳固了房地产企业与其上下游企业的合作关系，降低了房地产企业的融资成本。因此，相较于传统的金融模式，房地产供应链金融具有十分突出的经济效益和社会效益。

现阶段，房地产供应链金融主要有两种模式：一种是房地产企业直接参与的供应链金融，即以房地产企业作为核心企业所主导的供应链金融融资模式；另一种则是房地产企业间接参与的供应链金融运作模式，主要为商业银行主导的运作模式。

在以房地产公司为核心企业的模式中，供应商与核心企业具有采购或服务合同。由于结算具有一定期限，在账期内，供应商的运营生产容易出现资金短缺，便产生了应收账款和商票质押融资的需求，这类 ABS 也可以称为房地产企业供应链金融保理 ABS。

8. 我国房地产资产证券化的特点和运作流程

我国房地产资产证券化集中典型的产品设计主要包括以下方面：

（1）计划规模、分红或本息偿付安排：与基础资产评估或预测的现金流状况匹配。

（2）计划存续期：根据基础资产的存续期限和收益偿付安排确定。

（3）信用增级：可以采用结构分层的内部信用增级方式，或者第三方担保的外部信用增级方式。

（4）收益凭证收益率和价格：由券商（计划管理人）通过公开询价方式确定。

（5）计划推广销售：向特定的机构投资者发行。最低认购金额不低于人民币 100 万元。

（6）登记结算：中国证券登记结算有限公司办理收益凭证的登记结算、发放投资收益。

（7）流动性安排：收益凭证在证券交易所转让。

（8）信用评级：计划存续期间，资信评级机构至少每年出具一次评级报告。

资产证券化的一般流程大概有多个步骤，如图 6-3 所示。

（9）确定资产证券化目标，组建资产池：发起人根据自己的融资需求和拥有的资产情况，将符合证券化要求的基础资产汇入资产池。

（10）组建特殊目的载体（SPV），实现资产转让：计划管理人根据发起人的委托，设立资产支持专项计划，发起人向专项计划转让基础资产，实现基础资产破产隔离的目的。计划管理人作为 SPV 的管理人和代表，是发起人和投资者之间的桥梁，同时负责整个业务过程中 SPV 的运营。

（11）设计交易结构、进行信用增级（如果有优先劣后或者债权性质的）：资产证券化的评级（如果有优先劣后或者债权性质的）；SPV 与托管银行、承销机构、担保公司（如果需要）签订托管合同、承销协议、担保合同等，完善交易结构，进行信用增级等。

（12）证券销售和交割：SPV 通过承销机构向投资者销售资产支持证券，投资者购买证券后，SPV 将募集资金用于支付发起人基础资产的转让款，发起人实现筹资目的。

（13）挂牌交易：证券发行完毕后到交易所挂牌上市，实现流动性。目前，虽然我国的很多资产证券化产品在交易所挂牌交易，但事实上，非完全公募的基金流动性还是较差的。

（14）资产售后管理和服务：在资产支持证券的存续期间，SPV 用基础资产产生的现金流按协议约定向投资者偿付本金和 / 或收益，直至到期，整个资产证券化过程结束。

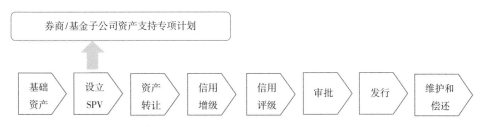

图 6-3　资产证券化的操作流程

譬如某 ABS 产品分为优先级和次级（劣后），优先级次级里可能再有分档，一般来说优先级是到期一次性还本付息，次级是到期分配收益。而优先级和次级哪一个是向外募集的，主要投资人已经确认是谁，哪一个是由原始权益人认购的，分别的预期利率是多少等条件，都是较重要的因素。

已经批准的资产证券化产品包括商业地产、办公楼、酒店、物流仓储、长租公寓、文化创意园、停车场 PPP 项目等。

9. 我国房地产资产证券化的基础资产和增信

在资产证券化操作中，发起人能否实现融资目的，最需要关注的是基础资产的品质问题。被证券化的资产之所以能吸引投资，并非是因为发起人或发行人的资信，而是因为基础资产本身的信用，这种信用才是产生投资价值的源泉。

欲使基础资产与发起人的风险相隔离，最有效的手段便是将基础资产从发起人"剥离"出来，使其在法律上具有独立地位。于是需要构建 SPV 这一载体作为其法律外壳。SPV 正是应基础资产的风险隔离需要而产生，也是资产证券化创新特征的重要体现。

信用增信措施包括内部增信和外部增信，如图 6-4 所示。

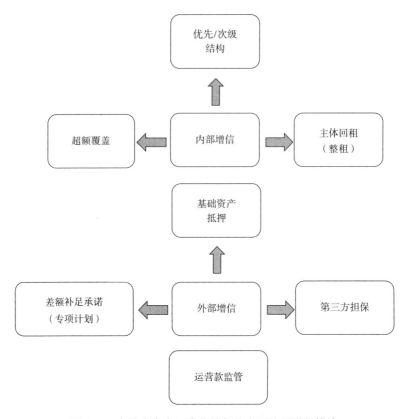

图 6-4 房地产资产证券化的部分主要信用增级措施

内部增信是从资产支持证券基础资产池的结构设计、产品的增信机制设计角度开展，主要包括优先级和次级的结构安排。

外部增信则是以外部企业或金融机构提供的信用担保为主，包括机构担保、差额支付承诺、回购承诺。

二、美国房地产投资信托基金

截至目前，全球共有 30 多个国家和地区建立了 REITs 制度。全球上市 REITs 总数量超过 600 只，总市值超过 15000 亿美元，其中美国上市 REITs 规模最大，市值达万亿美元（资产规模超过 2 万亿美元），占全球市场的 60% 以上。

REITs 起源于美国，根据《1960 年不动产投资信托法案》建立，是一种通过发行证券（基金单位），集合公众投资者资金，由专门机构经营管理，并将投资综合收益按比例分配给投资者的证券。通过 REITs，投资者能像投资其他高流动性证券一样参与大规模收入型不动产组合投资，获得不动产的投资收益。REITs 的基础资产包括办公楼、酒店、零售物业、长租公寓、老年公寓、基础设施、仓储、工业地产、数据中心等。

1. 美国房地产投资信托的历史和现状

至今为止，房地产投资信托在美国得到极大的发展和普及，目前美国的房地产投资信托基金业拥有世界上最大的资产量和最完备的管理及法律系统，占全球市场的大部分。除了澳大利亚和荷兰等少数几个国家，其他国家的房地产投资信托基金产品和市场大都是在 2000 年以后发展起来的，因此在这里我们主要分析美国房地产投资信托基金的情况。

美国马萨诸塞商业信托是目前房地产投资信托基金的前身，最初以信托作为公司形式是为了规避州法禁止公司以投资为目的持有不动产的规定，随后因其逐渐发展成为规避公司所得税的不动产投资组织。当时美国最高法院认为商业信托与公司相似，并加以课税，导致其发展一度停滞。由于后来的投资信托法规不断健全，且经济发展态势良好，美国投资信托的发展又日益茁壮起来。

1960 年，在艾森豪尔大总统任期内，签署了《国内税收法》，规定满足了一定条件的房地产投资信托基金可以免征所得税和资本利得税，这就是最初的房地产投资信托法。让资本额不大的投资人也可以参与大规模、可带来收益的房地产投资。美国国会当时决定，一般投资人投资大规模商业性房地产的方法和投资其他产业一样，也就是通过购买股票。但是由于当时的法律禁止房地产投资信托基金直接经营或者管理房地产，使第三方通过经营管理获利的努力又不甚有效，同时由于当时通过有限合伙方式获得的税收利益大于房地产投资信托和经济发展等因素，早期的 20 多年房地产投资信托发展比较缓慢。

40 多年的发展过程中，美国房地产投资信托基金经历了不寻常的过程，有过初期的短期的繁荣和 20 世纪 70 年代受到过的重创，也有长期的低迷的时候，也有 20 世纪 80 年代的复苏，20 世纪 90 年代以来又迅猛发展，2008 年受美国金融危机影响波动和跌幅很大，近几年表现又较好。

而其中 1986 年的《税收改革法》直接推动了美国房地产投资信托的复苏。该法案大大削弱了合伙企业通过产生账面亏损为其投资者进行税收抵扣的能力，取消了房地产的加速折旧记账方式，同时放松了房地产投资信托基金的准入标准。从这一时期开始，房地产投资信托不仅可以拥有而且可以在一定条件下经营管理房地产，而且大多数房地产投资信托的组织文件都增加了保持低负债的条款。

随着市场环境的变化，美国在不断地调整税收的一些法律，这些调整主要是组织结构形式、纳税的税务优惠的规定、经营范围，你要享受这样的待遇，你的经营范围应该是怎么样。每一次税法的变化也为美国的房地产投资信托资金从创新上开拓了新的途径。

我们应该认识到房地产投资信托虽然有一个集中的经营管理组织，但它不具有自我积累、自主发展的能力，按企业的标准纳税，显然不合情理。REITs 产生与发展的几十年里，纳税问题一直是许多国家要解决的一大问题，而目前免税成为各国房地产投资信托普遍性的做法，有其合理和科学的方面。比如在美国，房地产投资信托得以长足发展的根本原因是随着税法条款的逐步严格，房地产投资信托的税收优惠的优点逐渐显示出来。

大多数的房地产投资信托将至少 90% 的应纳税收入移交给股东，所以没有企业税。股东要按收到的股息和资本收益付税。美国大多数的州都遵从这项联邦条约，也不要求房地产投资信托缴纳州所得税。

和大多数美国企业相同的是，美国的房地产投资信托产业使用一般公认会计原则（Generally Accepted Accounting Principles，GAAP）定义的净收入作为不动产公司的主要营运绩效审核标准。REIT 产业也使用营运基金（Funds From Operations，FFO）作为评估 REIT 营运绩效的补充措施。NAREIT 将 FFO 定义为净收入（按 GAAP 计算），不包含大多数房地产销售的增益或损益，也不计算不动产的贬值。

就投资而言，房地产投资信托所付的股息是公司中最高的。股息主要来自使用房地产投资信托房地产项目的房客所付的合约租金，和其他收入比起来稳定性相当高，且在通货膨胀时租金通常会提高。包括房地产投资信托在内的所有上市公司都必须在每年年初提供信息给股东，说明前一年的股息应该如何分配。

而美国在 1960 年正式建立房地产投资信托立法，主要目的是让资本额不大的投资人也可以参与大规模并可带来收益的房地产投资。美国国会决定，一般投资人投资大规模商业性房地产的方法和投资其他产业一样，也就是透过购买股票。拥有其他企业股票的投资人可以获益，同样的，房地产投资信托股东也可以赚取商业性房地产所有权的收益带来的经济利益，按照持股比例计算。房地产投资信托为投资人提供明显的优势，即透过房地产投资组合，更多元化地投资，而不是仅投资于单一栋建筑，而且所投资的房地产都由经验丰富的不动产专业人员管理。

房地产信托投资基金（REITs）的概念可以由图 6-5 简单表示。

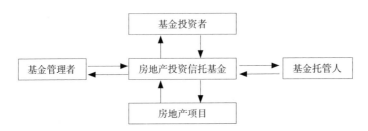

图 6-5 房地产投资信托基金的基本操作结构

房地产投资信托基金从上市和非上市的区分来讲可以分为公开和私募，所谓公开是去股市上发行股票或者到交易所发行债券。事实上只要符合美国有关房地产投资信托基金的法律，就可以发行，但不一定要上市，根据上市和非上市可分为上市房地产投资信托基金和私募房地产投资信托基金。

私募房地产投资信托基金发起人常常是各种房地产机构，而基金主要通过各地的金融顾问（Financial planners）来推广。

一个私募房地产投资信托基金一般也会拥有多处租赁型房地产项目，运作的方式和上市房地产投资信托基金很相似，许多投资机构也同时管理上市和私募房地产投资基金，房地产投资信托基金的投资者应该认识到这些区别包括优点和缺点，在掌握全面情况下，作出明智的投资。

随着退休基金和保险公司等机构投资者的迅速增长，私募房地产投资基金的发行近年来呈现出逐渐增长的趋势，私募房地产投资基金也是房地产投资的主要参与者，比如在欧洲非上市房地产投资信托基金在房地产投资基金中占了绝大多数，许多投资者更愿意将资金投入非上市房地产投资基金，表 6-2 显示了上市和私募房地产投资信托基金的主要区别，我们以二者的对比来简要说明它们的一些差别。

上市和私募房地产投资信托基金的主要区别 表 6-2

特性	上市房地产投资信托基金	私募房地产投资信托基金
流动性	好	不好
时间	无限定	常常有限定
价格	市场价	评估价
交易费用	相对低	较高
信息披露要求	透明度高	透明度不高
回报率	合理	有时可能相对高些，但风险大
关联交易可能性	相对低	相对高些
组织结构	相对繁琐	相对简单

流动性：上市房地产投资信托基金每天可以在股票市场交易，但私募房地产投资基金单位的流动性相对较差，一般来说投资者如想出售，需自己找到新的投资者来做交易且需满足基金的要求，还有基金单位估价的定期性，因此要成交相对较难。不过对于有些私募房地产投资信托基金，管理人通常会订立定期赎回及认购制度，为投资者提供流通性及退出途径。

时间：私募房地产投资信托基金一般有投资周期，常常为 5 ~ 10 年，事实上许多私募房地产投资信托基金到期后许多投资者常常会选择延期，如果投资者选择不延期，有条件且投资者同意可以上市或可以出售其资产。另外重要的一点是由于房地产市场的周期性，在基金到期时可能不是较好的出售资产的时间，这时候基金管理者通常有义务提早告知投资者及提出应对方案。

价格：上市房地产投资信托基金每天在股票市场的成交价，即为其价格，但私募房地产投资信托基金的价格依赖于定期的房地产价值评估。常常是半年或一年一次。这样一来通常每一特定时间的价格是不明确的。同时估价的数值常常与市场的成交价会有差异。

交易费用：私募房地产投资信托基金一般要比上市房地产投资信托基金的交易费用高很多，买卖较易的总和常常可以到达 10% 或以上。

信息披露要求：和上市房地产投资信托基金严格的信息披露要求相比，私募房地产投资信托基金在这方面的要求低得多，加之政府监管部门比较宽松，故私募房地产投资信托基金的投资更具隐蔽性、专业技巧性。

回报率：房地产投资信托基金是投资有租金回报的物业。回报方面。我们不可仅仅看其是否上市来定优劣，相对来看，有的私募房地产投资信托基金会以较高的回报吸引投资人，风险也可能加大一些。

关联交易可能性：和一般上市的企业一样，对上市房地产投资信托基金的关联交易有严格的要求包括限制和披露，但私募房地产投资信托基金这方面的要求相对较少，因此私募房地产投资信托基金的关联交易可能性相对要高。

组织结构：私募房地产投资信托基金组织结构简单，经营机制灵活，管理和投资决策自由度高。相对于组织机构复杂的官僚体制，在机会把握上，有时私募房地产投资信托基金有其竞争优势。

2. 房地产投资信托基金结构和类型、收益及风险

美国房地产投资信托基金（或称房地产投资信托）分为资产型、抵押型和混合型，资产型占 80% 以上。市值超过 7000 亿美元。表 6-3 显示了美国房地产投资信托基金的分类。

房地产投资信托基金的分类   表 6-3

类别	主要内容	收入来源
权益型 REITs	拥有及经营房地产项目	将物业出租所得的租金
抵押贷款型 REITs	向房地产项目持有人及经营者提供贷款	贷款利息收益
混合型 REITs	既投资于房地产，也投资于房地产贷款	租金收益和贷款利息收益

房地产投资信托基金比较常用的是按房地产投资信托资金投向的不同分，可以分为：

（1）资产型（Equity）：投资并拥有房地产；主要收入来源于房地产的租金。资产类房地产投资信托的目的在于获得房地产的产权以取得经营收入。资产类房地产投资信托即对具体项目进行投资，如写字楼、住房等，资产类房地产投资信托受利率影响相对比较小，因为资产类房地产投资信托可以通过提高租金来提高其现金流量。

（2）抵押型（Mortgage）或MBS：收益主要来源于房地产贷款的利息。抵押房地产投资信托主要从事一定期限的房地产抵押款和购买抵押证券业务。机构本身不直接拥有物业，而将其资金通过抵押贷款方式借贷出去，从而获得商业房地产抵押款的债权。

（3）混合型（Hybrid）：它是介于资产类和抵押类之间的一种房地产投资信托，混合类房地产投资信托采取上述两类的投资策略，即在从事抵押贷款服务的同时，自身也拥有部分物业产权。

据统计，美国的房地产投资信托中的绝大部分是从事资产类投资，占所有房地产投资信托的96.1%，每个房地产投资信托根据各自的专长选择投资领域。有的以地理区域为专长，如地区、州、都市的地产；有的专长于各种行业地产，如零售业、工业、办公楼、公寓、医院等房地产；有些房地产投资信托选择广泛的投资类型，包括房地产、贷款类的众多产品。

资产型房地产投资信托基金拥有和经营可带来收益的房地产业务。虽然有越来越多的资产型房地产投资信托从事房地产经营活动，例如租赁和客户服务，但房地产投资信托和其他房地产公司的主要分别在于，房地产投资信托必须取得和发展自己的房地产，主要是为了作为投资组合的一部分进行营运，而不是在开发后转售。

抵押型房地产投资信托直接借钱给房地产所有人和营运者，或透过取得贷款或抵押的债券间接延伸借贷。混合型房地产投资信托同时拥有房地产和借贷给房地产所有人及营运者两项业务。

在最先拥有房地产投资信托的美国要取得房地产投资信托资格，必须符合美国《国内收入法》（Internal Revenue Code）中的某些条款。正如税则的要求，房地产投资信托必须：

（1）是和法人一样可征税的实体；

（2）由董事会或受托管理人管理；

（3）拥有可完全转让的股份；

（4）至少有100名股东；

（5）在前一个税收年度的下半年，由5人以下人数拥有的股份不超过50%；

（6）总资产至少有75%投资于房地产资产；

（7）收入毛额至少有75%衍生自房地产租金或房地产贷款的利息；

（8）由应纳税子公司构成的资产不超过总资产的 20%；

（9）每年至少有 90% 的应纳税收入以股东股息的形式支付。

大多数房地产投资信托仅专精于某一种类型，例如购物中心、办公大楼、工业厂房等。在美国，房地产投资信托产品更加丰富，比如，医疗保健型房地产投资信托即专精于医疗保健房地产的房地产投资信托，就包括紧急医疗中心、康复和精神疾病医院、医疗办公大楼、疗养院等。有些房地产投资信托投资遍及国内，或其他国家也有。有些仅在一个区域，或一个都会区营运。

房地产投资信托还有很多其他一些分类方法，它们包括：

（1）按股份是否可以追加发行，可将其分为：封闭型（Close-end Type）、开放型（Open-End Type）。封闭型 REITs 被限制发行量，不得任意发行新的股份；相反，开放型房地产投资信托可以随时为投资于新的不动产增加资金而发行新的股份，投资者可以随时买入，不愿意持有可以再赎回。封闭型一般在股票交易所上市，你不想持有这个股票，在市场上卖掉就可以了。

（2）按是否有确定期限，可分为定期型和无期限型。定期型房地产投资信托是指在发行基金之初，就定为确定期限出售或清算基金，将投资所得分配予股东的方案事前约定；无限期型则无。

（3）按照投资标的确定与否，分为特定型与特定型。基金募集时，特定投资于某不动产或抵押权投资者为特定型房地产投资信托；反之，于募集基金后再决定适当投资标的者为未特定型房地产投资信托。

房地产投资信托基金的投资由董事会或受托管理人决定。和其他公开上市交易公司一样，房地产投资信托董事由股东选出，并要对股东负责，此外，董事要任命管理人员。和其他企业一样，房地产投资信托的董事通常是不动产、企业及专业团体中具有名望的成员。和其他上市公司一样，管理房地产投资信托的公司法人和专业人员要对董事会及其股东和债权人负责。过去 10 年在美国有很多房地产投资信托上市，通常就把之前的私人企业转成上市公司，在很多情况下，这些未上市公司的主要所有人会成为房地产投资信托的高层管理人员，并将自己的所有人地位转成新上市公司的股份。因此，很多房地产投资信托的资深管理团队都有所有权，就和股东的权利一样。

房地产投资信托管理分为两种：一种是内部管理；一种是外部管理。内部管理就是这个基金本身可以看做一个公司，只是管理这一支基金，自己雇佣自己所有管理人员，给他发工资，这是内部管理。跟它相对的是外部管理，外部管理就是有一个资产管理公司，它可以管理多个房地产投资信托。

房地产投资信托基金的总收益主要包括租金收入和资产增值，因此我们应该寻找能提供很高的股息，而且有潜力稳定长期地增加资本。房地产投资信托基金的长期总和收益可能低于部分高风险高成长的股票，但这恰恰能满足追求稳当收入和资产增值的投资者的要求。

在投资方案中纳入上市的房地产投资信托可以让投资组合更多样化。

许多房地产投资信托基金提供投资人：

（1）较稳定股息收入；

（2）较高股息收益；

（3）一般超过消费者价格膨胀的股息成长；

（4）流动资产：公开交易房地产投资信托基金的股份已经转换成现金，因为在主要的股市中交易；

（5）专业化管理：房地产投资信托基金经理人都是老练的不动产专业人员；

（6）降低风险的投资组合多样化；

（7）监督：房地产投资信托基金的独立董事、独立分析师、独立稽核人员及商业和财金媒体都会定期监督上市房地产投资信托 的财报。这种监察让投资人享有保护措施，并据此评量房地产投资信托的财务状况；

（8）公开的义务：已向 SEC 注册债券的房地产投资信托基金必须固定向 SEC 报告，包括每季和每年的财报。

对房地产投资信托基金的投资可以分散投资者的房地产资产组合，由于基金单位可以转让和上市交易，流动性强。与传统的房地产投资只能投资于固定单个项目相比，房地产投资信托基金投资可以投资于不同的项目，这样回避风险的能力较强。美国房地产投资信托基金投资最大的优点包括：

（1）投资者可投资于几种不同的房地产投资信托基金，即涵盖不同类别的房地产项目，这样一来投资者不会为个别房地产信托投资的局限而受限制，情况犹如投资股票基金，会较投资单一股份更灵活、风险更分散一样。

（2）此外，房地产投资信托投资可将资金投资于不同类别的资产，增加收入来源，让投资更多元化。房地产投资信托基金投资通过多元化投资组合，选择不同地区和不同类型的房地产项目及业务，有效地降低了投资风险，取得了较高的投资回报，这也就是房地产投资信托基金投资最大的优点之一。

（3）定期的股息收益，而且股息率相对优厚。

3. 房地产投资信托基金的价格

首先此房地产投资信托基金要表现出有能力赢利。例如，投资者可以调查此房地产投资信托基金所拥有房地产项目的租金是否低于市场水平，所以选取优质的商业项目是决定该等房地产投资信托基金成功的主要因素。项目的素质（如地段和租户的背景等）就是现金流质量的最佳保证。此类的房地产在市场向好时提供价值增长的潜能，当经济成长放缓时也保护价格相对稳定。

其次，此房地产投资信托基金管理团队能够快速而有效地再投资手边的现金，并一向能够及时完成新的项目，而且不超出预算。有创意的管理团队会通过良好的策略来开发新的收益机会。

另外，此房地产投资信托基金要有有力的营运特质，包括有效的企业管理程序、接受度高的会计实务、良好的租客关系及清楚定义的营运策略等，才能在竞争激烈的市场中成功。

要让普通投资者和机构投资者投资房地产投资信托基金，首先法律上要有明确的规定，这样投资者才能够判断这个东西的价值是什么，如果没有一个比较严谨的法律，价格和价值往往会背离，对投资者和市场都不利。

在法律体系较齐全的许多国家，房地产投资信托基金投资人通常会比较目前的股价和公司资产的资产净值（英文为 Net Asset Value 或缩写 NAV）。NAV 以每股为根据，衡量公司净资产的市值。有时，房地产投资信托基金的股价可能不等于自己的 NAV，投资人应该了解会影响房地产投资信托不动产持股价值的基本因素。一个关键的因素在于新房产供应和需求之间的平衡关系，当房产在市场上的供应较大，让市场无法消化时，房产的空置率就会上升，并直接导致租金下跌，房地产价值下降，造成资产净值走低。

在经济繁荣而且就业率上升时，会增加新办公大楼、公寓、工业设施和零售商店的需求，同时人口增加也会导致公寓需求大增。但各地的经济时好时坏，经济成长不一定会同时带动所有房地产类型的需求。因此，投资人应该比较不同房地产品种和这些地方相对的不动产市场的优缺点。

在许多发达国家，传统上来讲带来收益的商业性不动产通常融资率很高。这些房地产能提供抵押融资的安全度，因为这些房地产的租金收入可用来支付贷款利息支出。

房地产投资信托基金目前拥有的房地产融资率都比较保守。就平均而言，国外许多房地产投资信托基金的融资率不高于 50%，这样会创造出更强建、稳定性更高的企业营运能力。

和所有上市交易股票的公司一样，房地产投资信托基金单元（股票）在市场中每天都会定价，让投资人可以每天评估投资组合的价值。若要评估房地产投资信托基金单元（股票）的投资价值，一般的分析会包括下列一项或多项准则：

（1）管理质量和企业结构；

（2）预期的股票总收益，从预期的价格变化和主要的股息收益来评估；

（3）和其他收益投资相对的目前股息收益（例如债券、公用事业股票和其他高收益的投资）；

（4）以房地产投资信托基金 FFO 百分比表示的股息支出比例（有关 FFO 的解释请看第四章）；

（5）不动产和 / 或抵押以及其他资产的基本资产价值。

典型的房地产投资信托基金买家包括养老基金、各种基金会、保险公司、银行信托部、共同基金和许许多多个人投资者。投资人一般会买进房地产投资信托是因为公司目前的收入很高，而且有机会长期稳定成长，这些都是不动产的基本特色。

4. 房地产投资信托基金与房地产股票相比

房地产投资信托基金与房地产股票相比有较大的区别，它们主要包括以下几个方面。

首先，房地产投资信托的投资目标相当清晰，主要投资于能带来收益的一些房地产项目，能给投资者稳定的回报。而房地产股票常常以投资房地产开发为主，因此相对于房地产投资信托基金，房地产股票属于高回报和高风险产品，因此很难给投资者带来稳定的收益。

其次，房地产投资信托在借贷方面有很严格的限制，正如前面提到的融资比率只能占到总资产值的 50% 以下，这大大降低了该基金的市场风险。但作为一家房地产上市，对其借贷没有规定，这就增大了风险。

最后，房地产投资信托的股利支付比例很高。由于房地产投资信托必须要把绝大部分的利润作为股利分配，因此投资者可以获得稳定的定期收入，而房地产股票没有这方面规定。

许多研究表明，房地产投资信托基金与股票的相关性偏低，若在投资组合中加入房地产信托投资基金，可发挥分散投资的作用，降低整体投资的风险。房地产股票与房地产投资信托基金相比有一定的类似，但也有较大的区别，表 6-4 作了主要方面的比较。

<table>
<tr><td colspan="3">房地产股票与房地产投资信托基金比较</td><td>表 6-4</td></tr>
<tr><td></td><td>房地产股票</td><td>房地产投资信托基金</td></tr>
<tr><td>流动性</td><td>好</td><td>好</td></tr>
<tr><td>回报</td><td>较高</td><td>适中</td></tr>
<tr><td>风险</td><td>较高</td><td>适中</td></tr>
<tr><td>贷款控制（占净资产比例）</td><td>根据公司业务</td><td>一般少于 50%</td></tr>
<tr><td>主要收入来源</td><td>基本以房地产开发为主</td><td>房产租赁收入</td></tr>
<tr><td>股利支付</td><td>不确定</td><td>比例很高</td></tr>
</table>

下面再较详细描述一下：

（1）房地产信托投资基金是一项属于集体的投资计划，以单位信托形式组成。从某种意思上说，它是一种买楼收租的基金，投资于物业资产，如商场、住宅、写字楼、停车场、酒店等，是具有较高透明度的租金收益的投资产品，所带来的租金收入就是投资者主要的回报，以股息形式定期分派给投资者，为投资者提供较高息率及稳定的回报。而房地产股票常常以投资房地产开发为主，因此相对于房地产投资信托基金，房地产股票属于高回报和高风险产品，相对而言，它很难给投资者带来稳定的收益。

（2）房地产投资信托基金在借贷方面有很严格的限制，正如前面提到的融资比率只能占到总资产值的 50% 以下，这大大降低了该基金的市场风险。但作为一家房地产上市公司，对其借贷一般没有规定，这就增大了风险。

（3）房地产投资信托基金的股利支付比例很高。由于房地产投资信托基金必须要把绝大部分的利润作为股利分配，因此投资者可以获得稳定的定期收入，而房地产股票没有这方面规定。

譬如，美国第一的商业地产企业西蒙最早也是以商业地产开发起家，1993 年 12 月，西蒙完成了 REITs 行业当时规模最大的 IPO 并在纽交所上市。美国 REITs 专业性很强，譬如以运作写字楼为主的波士顿地产、以工业地产商擅长的普洛斯等。

三、香港及其他国家和地区房地产投资信托基金

1. 香港房地产投资信托基金

在 2003 年，我国香港就推出了房地产投资信托的监管框架，2005 年 7 月 30 日颁布了《房地产投资信托基金守则》，旨在开拓和推广房地产投资信托基金在香港的运作，由于香港优质房地产和有实力的房地产公司都很多，又靠近内地，所以其发展潜力巨大。香港首只房地产投资信托领展（现已改名为"领展房地产投资信托基金"）在 2005 年 11 月才正式上市，并紧接着的一个月又有两个房地产投资信托上市，但到目前的 2018 年末，数量有限。香港的房地产投资信托基金必须委任经香港证监会批准的独立托管机构，以信托形式持有相关计划的资产，必须委任经香港证监会批准的管理公司，对信托资产进行专业管理。

2003 年 7 月 30 日，香港证券和期货事务监察委员会（"香港证监会"——Securities and Futures Commission）颁布了《房地产投资信托基金守则》（Code on Real Estate Investment Trusts），对房地产投资信托基金的行政安排、释义、基本认可要求、受托人、设立条件、组织结构、从业人员资格，投资范围、利润分配等共十二章，对各个方面作出明确的规定。依照当时规定香港的房地产信托投资只能投资香港本地物

业。《房地产投资信托基金守则》也在实践中不断完善，现在又有了新的版本。

香港房地产投资信托基金（HK-房地产信托投资）是以信托方式组成而主要投资于房地产项目的集体投资计划，旨在向持有人提供来自房地产租金收入的回报。HK-房地产信托投资透过出售基金单位获得资金，依照设立文件加以运用，以在其投资组合内持有、管理及购入房地产。根据《房地产投资信托基金守则》，房地产投资信托基金必须以单位信托的方式设立。《房地产投资信托基金守则》对许多具体内容都有明确界定。

领展基金是买入香港房委会旗下 151 个商场和 79000 个车位，但经历了一个困难的过程，至目前还没有结论。2004 年 12 月 6 日，领展基金在香港宣布公开招股，并以招股价上限 10.83 港元定价，集资约 211 亿港元。领展在香港公开发售获得 130 倍的超额认购，冻结资金达 2800 亿港元，创下历年新股的"冻资"新高。但同时 67 岁的香港租户卢少兰指控，该房地产投资信托基金违反了房屋委员会向租户提供生活福利设施的义务，终以领展基金暂时放弃上市计划而告终。2005 年 7 月 5 日和 6 日香港终审法院，就房委会领展上市诉讼，进行"终极聆讯"，2005 年 7 月 20 日终审法院五位法官一致裁定，房委会出售商业资产给领展合法，裁定公屋居民卢少兰败诉，此为领展重新上市扫除障碍。香港特区政府表示欢迎终审法院的裁决，并表示会尽快安排领展 11 月重新上市，作价有机会提高一成，令集资额增至 235 亿港元。

当时也有专家指出香港特区政府应在对是否加速推行房地产投资信托方面需谨慎，主要原因正是即将推出的房地产投资信托，可让大股东有渠道把低流通性的房地产资产，转化为资金，因而取得更大利润。过往即使大股东将股价比账面值有重大折让的房地产公司私有化，由于在疲弱地产市道下，其投资物业特别是商厦，流通性较低，私有化带来的利润不大，但房地产投资信托可让大股东借此途径，出售少部分投资物业资产套现，并偿还公司债务。

有鉴于以上几个方面因素，2005 年 6 月 16 日，香港证监会发表《关于证监会认可的房地产基金的海外投资的应用指引草拟本的咨询总结》《应用指引》的最终版本，以及经修订的《房地产投资信托基金守则》（已纳入采用《应用指引》后需作出的相应修改）。《应用指引》及对《房地产基金守则》作出的相关修订均已适当地纳入响应者的意见，并就响应者提出的事宜作出澄清。

香港证监会在修订过程中，已将《应用指引》内适用于所有房地产基金（不论该等基金是投资于香港还是海外物业）的条文纳入《房地产基金守则》内。其中，包括证监会将放宽香港房地产信托投资基金（房地产信托投资）投资海外物业的限制。具体包括几个重点，即撤销海外投资的地域限制，让房地产基金可以投资于全球各地的房地产；承认管理物业投资组合方面的经验为核心胜任能力，从而评核房地产基金管理公司的资格；提高杠杆比率上限至房地产基金的资产总值的 45% 等。

香港证监会放宽投资地域限制有助于房地产投资信托基金的发展。若 REITs 只可投资香港物业，局限很大；而且一般的香港市民也有置业，由于香港的地产市场范围较小而且波动较大，不少香港投资者自置物业，使本地物业在投资组合中占极大比重，允许跨境投资将有助于分散风险，同时投资者可以进入内地等增长迅猛的市场。撤销海外投资的地域限制，也就是说内地商业地产可以赴港上市香港房地产信托投资基金，这实际上相当于允许内地发展商按照《香港房地产信托投资基金守则》成立房地产信托投资基金，然后注入其在内地的商业地产项目，继而在港上市。这将使香港投资人有更多的选择方式投资中国房地产。确实这是对内地一些高素质的已经拥有大量建成商业性房地产项目——如商业大楼、商场、公寓甚至货仓等的发展商来说是一个好消息，他们可能需要进行某程度上的套现，再去发展新的项目。

2014 年 8 月 29 日，香港证监会公布并生效经修改的《房地产投资信托基金守则》。修订后的《房地产投资信托基金守则》提高了房地产投资信托基金投资的灵活性，允许其满足特定限制的条件下，投资于发展中的物业或从事物业发展活动，也允许其投资于金融工具，包括上市证券、非上市债务证券、政府证券及其他公共证券以及本地或海外地产基金。但限定这两类投资加上房地产投资信托基金的其他非房地产资产的总投资额，不得超过该基金资产总值的 25%。根据修订后的《房地产投资信托基金守则》，房地产投资信托基金在投资物业发展及金融工具前，必须先修订其章程内现有的投资范围，并须获得基金单位持有人以特别决议方式通过。

香港首只房地产投资信托领展在 2005 年 11 月才正式上市，至目前，多数已经有十多年时间，但投资表现各异，以下我们对它们的情况作一下简单的归纳：

（1）领展房地产投资信托（Link REIT, 0823.HK），买入香港房委会旗下 151 个商场和 79000 个车位，2019 年 7 月 9 日报 97.35 港元，较 10.30 港元的 IPO 价上升 845%（综合分派率近 3.6%）。

（2）泓富产业信托（Prosperity REIT, 0808.HK），拥有 7 项香港商用物业，包括 3 幢甲级写字楼物业、3 幢工商综合物业全部或部分，及 1 幢工业大楼的部分。2019 年 7 月 9 日报 3.55 港元，较 2005 年 11 月 30 日上市的 2.16 港元 IPO 价格上升 64.4%。

（3）越秀房产基金（GZI REIT, 0405.HK），越秀基金目前拥有 4 项资产，包括位于广东的维多利亚广场、财富广场、城建大厦及白马大厦等。2019 年 7 月 9 日报 5.46 港元，较 2005 年 12 月 21 日 3.075 港元的 IPO 价格上升 77.6%。

（4）冠君产业信托（Champion REIT, 2778.HK），香港中环商业区甲级写字楼的花旗银行广场。2019 年 7 月 9 日报 6.59 港元，较 2006 年 5 月 24 日 5.1 港元 IPO 价格上升 29.2%。

睿富房产基金（RREEF China Commercial Trust, 0625.HK）已经退市，阳光房地产基金、富豪产业信托、汇贤房地产投资信托基金和开元产业信托等也表现一般或不佳。

从以上这些香港的房地产投资信托基金的背景来看，领展代表的是香港特区政府房委会资产的一种私有化融资工具，泓富和冠君代表了大型香港房地产商套现部分其持有香港地区物业的例子，而越秀和睿富是以中国为主题的房地产投资信托基金。

不少香港房地产投资信托基金表现不理想，主要原因包括：

（1）长期以来，香港房地产贷款利息一直很低，好的房地产资产融资方便且成本低；造成许多资产持有者上市套现的积极性不高。

（2）部分开发商 IPO 套现时，物业估值较高。

（3）部分物业租金有虚高成分。

其中越秀房产基金为首只内地房地产信托投资基金——越秀房产信托基金（0405），2005 年 12 月 21 日在港挂牌上市。当时筹资约 17.9 亿港元，它专注于主要作办公楼、零售、酒店、服务式公寓及其他商业用途的物业，并争取收购带来可观现金流及回报的物业，物色透过营运优化取得更高收益增长的商机。出租率 90% 以上。现时的物业组合包括位于广州的白马大厦、财富广场、城建大厦、维多利广场、新都会大厦、广州国际金融中心、位于上海的越秀大厦及位于武汉的武汉物业八项高素质物业，物业产权面积共约 99.1 万平方米，分别位于中国广州市、上海市及武汉市核心商业区域。物业类型包括服装专业市场、甲级写字楼、多功能商务写字楼、零售商业、酒店、服务式公寓等。

越秀房产基金管理人是越秀房托资产管理有限公司。由在房地产投资、资产管理及证券市场领域拥有丰富经验的资深专业团队管理，透过积极管理资产及拓展业务，为基金单位持有人带来长远稳定的投资收益。图 6-6 显示了越秀房产基金组织架构。

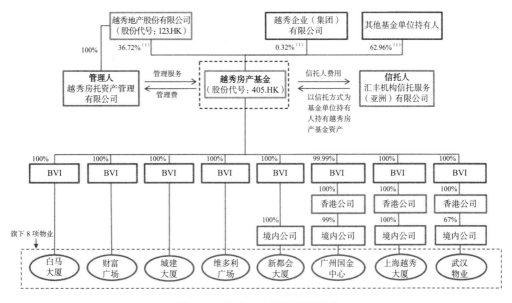

图 6-6　越秀房产基金组织架构
资料来源：公开信息

2. 新加坡房地产投资信托基金

房地产信托投资的概念较早就被引进新加坡，20 世纪 80 年代，一些房地产机构就建议设立房地产信托投资基金。直到 1999 年 5 月新加坡 MAS（The Monetary Authority of Singapore，MAS）颁布了《新加坡财产基金要则》（Guidelines for Property Funds in Singapore）并在 2001 年的《证券和期货法则》（Securities and Futures Act 2001）对上市房地产信托投资作出相关规定，这些法规很大程度参考了美国和澳大利亚房地产信托基金的法规及实际经验。

新加坡与香港同为亚洲金融中心，房地产投资信托基金是新加坡于 2002 年已较早推出的。新加坡在房地产投资信托基金方面目前在亚洲处于较领先地位，多年来为了使新加坡成为世界金融中心，新加坡政府放宽了很多相关的规定，加速房地产投资信托基金等金融产品发展，新加坡计划推行两大税务改革，它们是：

（1）房地产投资信托基金派发给海外非个人投资者收益的预扣税率将从 20% 降低到 10%。

（2）豁免注入房地产投资信托基金的房地产所应缴付的印花税。

这将鼓励更多房地产投资者进入新加坡房地产投资信托市场。

目前新加坡有几十家上市的房地产投资信托基金，都属商业地产，它使新加坡摸索出一套较为成熟的市场操作和管理形式，这也使新加坡成为许多房地产投资信托基金在亚洲的首选上市地点。预计接下来的几年会有更多房地产投资信托基金在新加坡上市。

新加坡房地产投资信托主要特点如下：

（1）超过 75% 的新加坡房地产投资信托基金（REITs）和房地产信托持有并管理海外资产，分布于亚太、欧洲和美国。

（2）REIT 板块呈现增长趋势，在新加坡和海外拥有敞口的信托数量从 2012 年的 18 只增加至 2018 年的 33 只，表 6-5 显示了部分新加坡房地产投资信托基金产品特点。

（3）法规很大程度参考了美国和澳大利亚房地产信托基金的法规和实际经验，为了使新加坡成为世界金融中心，新加坡政府放宽了很多相关的规定，包括税务优惠政策。

（4）法规较齐全，业务开展较早，市场信誉较好，且近年发展会很快，前景很好。

（5）许多大股东都有很强的实力和房产开发背景。这些大股东愿意在不失掉这些物业的情况下，增加资产的流动性即融到更多的资金，来进一步开拓自己的主营业务。

（6）新加坡的个人投资者投资在新加坡的房产投资基金，拿到的股息是免税的。

（7）几年来，房地产信托基金总体表现出色、增值较大，租用率高，租金收入稳定，目前基金回报率大约是 5%。

（8）新加坡的房地产投资信托投资者当中有 16% 是散户，这个比例比一般股票的 5% 散户投资者来得多。由于房地产投资信托不是一种零风险的投资，这也值得人们关注。

（9)由于英文是新加坡的官方和通用语言,国际性的投资机构和投资者更易于了解、沟通和决策。

部分新加坡房地产投资信托基金产品特点　　　　　　　　　　表 6-5

	CapitaMall Trust（CMT）嘉茂信托	Ascendas 腾飞信托	Fortune 置富信托	CapitaCommercial Trust 嘉康信托	Suntec 新达信托
管理公司	CapitaMall Trust Management	Ascendas-MGM Funds Management	ARA Asset Management	CapitaCommercial Trust Management	ARA Asset Management
上市日期	2002 年 7 月	2002 年 11 月	2003 年 8 月	2004 年 5 月	2004 年 11 月
房产种类	商场——新加坡首只商场物业基金	工业厂房——新加坡首只工业 / 商业园区房地产基金	香港商场——来自香港的首只跨境上市的商场基金	办公楼、车库和其他商业房产	商场和办公楼——香港多位富豪在新加坡的商业综合体

资料来源：Prospects For a Maturing REIT Market，Property Review.

新加坡凯德置地是亚洲最大的房地产开发、投资和管理集团之一,它是以"PE+REITs"基金为核心,围绕"融投管退"来进行组织设置。基本分为以下几步（图 6-7）:

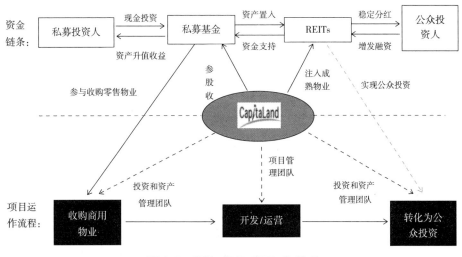

图 6-7 凯德"PE+REITs"模式

资料来源：公开信息。

（1）一般是从拿地期到项目开发期均由凯德管理的私募基金参与资金支持。

（2）凯德从项目开发期、招商运营期到资本运营期全程参与。

（3）待项目孵化基本成熟且年收益稳定后（譬如 6% 左右），其会将商业资产打包或注入 REITs 退出。

3. 澳大利亚房地产投资信托基金

澳大利亚的房地产投资信托分为上市的和非上市的，这与美国 REITs 有类似，且大多数澳大利亚的房地产投资信托基金都上市，它已有相当长的发展历史，它首次是在 1971 年于澳大利亚证券交易所进行公开发售。由于房地产是澳大利亚主要产业之一，所以不动产证券化发展得很快。截至 2019 一季度，澳大利亚在全球房地产投资信托基金市值中排名第 3，约占全球的 6%，约为 821 亿美元，有 60 多家上市地产基金，占澳大利亚所有上市公司市值的 8% 左右。这些上市的房地产投资信托基金投资领域包括商场、办公类、工业类、住宿 / 度假类等。

澳大利亚法律并没有对房地产投资信托基金作出最低收益分配的要求，但对于没有分配给单位持有人的收益的房地产投资信托基金，其必须缴纳企业税。所以，澳大利亚的房地产投资信托基金一般都会将其全部收益进行分配。澳大利亚法对于要成立房地产投资信托基金的组织也没有施加最低资本总额的限制，如有关企业转化为房地产投资信托基金，其必须缴纳相当于企业税的转化成本；在管理方面，房地产投资信托基金也有内部管理和外部管理两种形式。

澳大利亚房地产投资信托基金拥有资产分布的国家情况，目前其所有收入中有 50% 以上会从它们拥有的海外房地产项目获得。与此同时，和美国的房地产投资信托基金一样，许多澳大利亚上市房地产投资信托基金正在海外主要是欧洲寻找合适的资产和合作机会，因为预计欧洲国家在接下来的几年里房地产投资信托会有较大的发展。

我们以在澳大利亚投资房地产投资信托为实例，说明对投资者在税务方面享受的优惠政策。

首先要明确，澳大利亚税务局允许澳大利亚投资房地产投资信托在收入分配时，实际交税收入为分配收入减去当年投资房地产投资信托房产的折旧费用，虽然每个投资房地产投资信托相互之间及其本身每年提取的折旧是不同的，但一般在分配收入的 30% ~ 70% 之间。

假如您（投资者）是一个高收入者，最高的税率是 48.5%。如果当年您从 A 房地产投资信托获得 2000 元回报，这样一来您必须支付 970（2000 × 48.5%）元税金，实际上的投资回报收入是 1030 元。

假设此 A 房地产投资信托的回报有 60% 是可以免税的。这样一来您必须支付 388[（2000−1200）×48.5%] 元税金，实际上的投资回报收入是 1612（1200+412）元。

从此例中我们可以发现，税收优惠也对投资房地产投资信托产生很大的积极影响。

4. 部分国家和地区房地产投资信托基金

目前，美国上市的房地产投资信托基金的市值占全球 12000 亿美元的近 60%，达近 7000 亿美元（如图 6-8 所示，其中澳大利亚上市的房地产投资信托基金的市值占全球的近 10%）。以下，我们来对其他房地产投资信托基金市场作简要介绍。

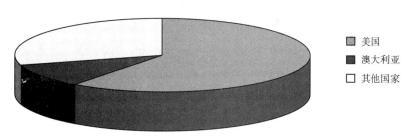

图 6-8 全球房地产投资信托基金的市值分布

资料来源：作者整理分析。

表 6-6 和表 6-7 显示部分国家和地区房地产投资信托基金成立年份以及亚太地区部分国家和地区房地产投资信托发展阶段。

部分国家和地区房地产投资信托基金成立年份			表 6-6
国家和地区	成立年份	国家和地区	成立年份
亚太地区		欧洲国家	
澳大利亚	1971	荷兰	1969
日本	2000	西班牙	1994
新加坡	2002	意大利	1994
中国台湾	2003	比利时	1995
中国香港	2005	法国	2003
北美洲		拉丁美洲	
美国	1960	巴西	1993
加拿大	1994	墨西哥	2004

资料来源：Prudential.

亚太地区部分国家和地区房地产投资信托发展阶段　　　　　表 6-7

较成熟市场	不成熟市场或开始阶段	计划发展阶段
澳大利亚	中国香港	中国
新西兰	韩国	印度
日本	中国台湾	泰国
新加坡	马来西亚	印度尼西亚

资料来源：Prudential.

在世界各国纷纷引入和推广房地产投资信托基金之际，房地产投资信托基金作为国际投资市场的一种新兴投资形式，其蓬勃发展已是大势所趋。譬如自 2000 年起，房地产投资信托基金在亚洲有了突破性的发展。日本在 2000 年 11 月修改了投资信托法，修改后的投资信托法准许投资信托资金进入房地产业，2001 年 3 月东京证券交易所（TSE）建立了房地产投资信托上市系统；2001 年 11 月，两家房地产投资信托在 TSE 首次上市，日本房地产投资信托已是亚洲发展最早、规模最大、最为成熟的 REIT，它一方面为日本企业拓宽了融资渠道，另一方面也为投资者提供了一个新的投资选择。到 2019 年一季度，日本市场的 REITs 总市值高达 920 亿美元，全球排名第二。

1997 年亚洲金融危机后，韩国采取了一系列的改革措施包括金融，韩国分别于 1999 年和 2000 年引入了资产支持证券（ABS）和抵押贷款支持证券（MBS）。在 2001 年 7 月韩国颁布了《房地产投资公司法》，为房地产投资信托发展提供相关的法律制度，制定了房地产投资信托上市的相关条例，现已有 4 家房地产投资信托在韩国交易所上市。《不动产证券化条例》已于 2003 年 7 月 9 日经中国台湾"立法院"正式三读通过，象征中国台湾不动产市场正式迈向一个新的里程碑。2005 年 3 月 23 日首宗不动产证券化获准。

四、我国房地产资产证券化案例分析

1. 房地产资产证券化产品发行规模和分析及展望

我国房地产资产证券化包括房地产投资信托基金（REITs）的探索有十多年，譬如 2004 年开始，央行、证监会和银监会等开始资产证券化方面前期的准备工作，证监会的房地产投资信托基金专题研究小组也于 2007 年 4 月 10 日正式成立；但一直到 2014 年开始有了较大的突破。2014 年 1 月 16 日，中国证监会《关于核准中信证券股份有限公司设立中信启航专项资产管理计划的批复》，同意中信证券设立中信启航产品，以私募 REITs 的形式推动国内不动产金融实践。中信证券旗下拥有的两幢办公楼将作为中国首个 REITs，募集资金近 51.6 亿元，进行非公开发售，并于 2014 年 5 月在深圳证券交易所挂牌综合协议交易平台交易，这是中国房地产投资信托基金的里程碑。

接下来几年，陆续的创新不断，从世茂全国首单物业费资产证券化（ABS）和世茂全国首单购房尾款资产证券化（ABS）到前海万科公募REITs，各类ABS、CMBS、类REITs产品陆续推出，直到2017年下半年又开始有了较大批量的出现，多只"首单"类REITs产品成功落地，特别是符合国家政策导向的，譬如2017年10月获批的新派长租公寓和保利地产租赁住房类REITs等租赁型房地产资产证券化产品。相信接下来的几年将会是我国房地产资产证券化发展非常重要的时刻。同时我们不应该拘泥于学习几个成功案例，而是有必要了解和掌握其重要原理和法规并结合企业、产品和个人的特点作创新与实践。

资产证券化为房企提供了填补融资资金缺口的新融资渠道。房地产企业开展资产证券化可以帮助企业实现轻资产、盘活存量、加速资金回笼等经营目的。因此，房地产企业资产证券化的需求十分旺盛。

从图6-9～图6-11我们可以发现，这些年企业ABS和ABN有很大发展。

2018年房地产类ABS发行规模累计达到2629.31亿元，同比大幅增长69%。保理融资债权（包含供应链金融ABS）增幅高达171%，CMBS的发行规模也较2017年增长29%。截至2018年底，我国共发行类REITs产品43支，发行金额累计903.21亿元。2018全年类REITs产品的发行规模则略有下降，国内共成功发行13单类REITs产品，发行总金额253.68亿元，产品表现出较强的创新性，产品基本在一线和二线城市。

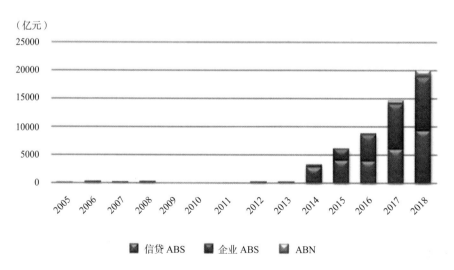

图 6-9　2005～2018 年资产证券化市场发行量

数据来源：中央结算公司，Wind，上清所。

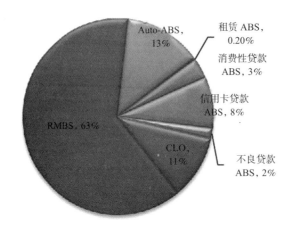

图 6-10 2018 年信贷 ABS 产品发行结构

数据来源：中央结算公司，Wind。

注：作为一个类别租赁 ABS 占比是 0.2%，但由于规模很小，在这个饼图里就不直接出现。

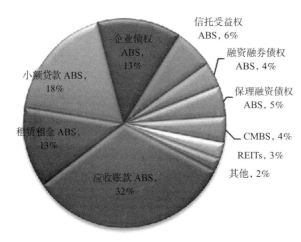

图 6-11 2018 年企业 ABS 产品发行结构

数据来源：中央结算公司，Wind。

2019 年 4 月 19 日，证监会发布了"资产证券化问答三"，主要内容包括：

（1）一是对基础设施收费等未来经营收入类资产支持证券化产品的基础资产所属领域作出明确限定。要求仅具有垄断性质或政策鼓励类行业及领域的原始权益人融资，限制电影票款、不具有垄断性和排他性的入园凭证、物业服务费、缺乏实质抵押品的商业物业租金等类型基础资产开展资产证券化。

（2）二是对特定原始权益人或者资产服务机构的经营资质及持续经营能力等提出严格要求，强化对基础资产运营成本覆盖情况的考量。

（3）三是明确专项计划存续年限要求，原则上不超过 5 年，其他如重大市政工程等基础设施的，可以适当延长。合理预估基础资产产生的现金流水平，严格控制融资规模。

（4）四是明确要求基础资产现金流应当及时全额归集，并充分保障优先级资产支持证券收益分配。

2. 房地产资产证券化产品比较——REITs、类 REITs、CMBS、ABS、ABN、RMBS

由于资产证券化是舶来品，现在又开始在国内作本土化实践，有些专业人士对一些名词和具体内容也模糊不清。表 6-8 显示了几类房地产资产证券化产品内容摘要和比较。

各类房地产资产证券化产品的内容和比较
表 6-8

比较内容	REITs	类 REITs	CMBS	物业费 ABS	购房尾款 ABN	RMBS
还款来源	无需还款	未来租金收入等	商业物业未来收入	物业费收入	应收账款	买房贷款人
融资人	房地产企业	房地产企业	房地产企业	物业公司	开发商	房贷银行
适合企业	扩张型企业，需要大量的资金发展新项目	扩张型企业，需要大量的资金发展新项目	评级不高，拥有优质自持物业的房企	一、二线城市的物业资产占比高	大型房企	银行
优势	可实现物业出表；股权风险完全释放	可实现物业出表；能够获得的融资额度可能高于 CMBS 产品，股权风险可能部分释放	融资规模大，最高可达资产评估的 70%；发行期限长，结构设计简单，发行准备时间短；融资成本可能更低，最低可达 3.3%	基础资产为合同债权，操作相对简单	减轻短期回款压力	减轻银行资金压力，开通资金来源渠道
特殊要求（软性或硬性）	主要是项目本身。不需要评级	类 REITs 评级较高的知名房企，未来的纯 REITs 一般不需要评级	国企不低于 AA，民企不低于 AA+；资金不得用于购置土地；部分城市有严格限制	信用 AA+ 以上；一、二线城市物业占比高，数量多、分布广；任一物业合同到期物业费历史缴费率不低于 80%	首付比例最低不低于 20%；首付款不得来源于首付贷；房屋买卖合同签署完成网签或者备案	选择贷款人群体和城市较关键

注：本表格一定有局限性，仅作参考和进一步研究使用，譬如各家投资机构的要求不同以及资产证券化产品较多且在不断创新。

3. 商业地产资产证券化（CMBS 和类 REITs）运作和案例分析

2016 年 8 月，"北京银泰中心资产支持专项计划"抢得国内 CMBS 首单，该项目合计 75 亿元，期限 18 年，入池资产位于北京市朝阳区建国门外大街，含写字楼、酒店、商场等。表 6-9、表 6-10 和图 6-12 分别显示了北京银泰中心 CMBS 产品要素、产品分级和交易结构。

北京银泰中心 CMBS 产品要素　　　　　　　　　　　　　　　　　　　表 6-9

原始权益人	中国银泰
基础资产	中国银泰通过单一资金信托计划向项目公司发放信托贷款形成的信托受益权。信托贷款分为优先信托贷款 40 亿元、次级信托贷款 35 亿元
发行规模	75 亿元（物业估值 105.19 亿元，约 7.1 折）
增信措施	中国银泰、北京国俊作为计划的增信主体，并作为信托受益权的优先收购权人，按约定支付权利维持费，提供流动性支持
其他安排	计划设置了投资者回售权、票面利率调整权

北京银泰中心 CMBS 产品分级　　　　　　　　　　　　　　　　　　　表 6-10

分层	规模（亿元）	期限	还本付息	评级
优先 A 级	40	18 年（每 3 年设利率调整权和回售选择权，可提前结束）	每年还本付息	AA+
优先 B 级	33	18 年（每 3 年设利率调整权和回售选择权，可提前结束）	每年付息，到期还本	AA
优先 C 级	2	18 年（每 3 年设利率调整权和回售选择权，可提前结束）	每年付息，到期还本	AA

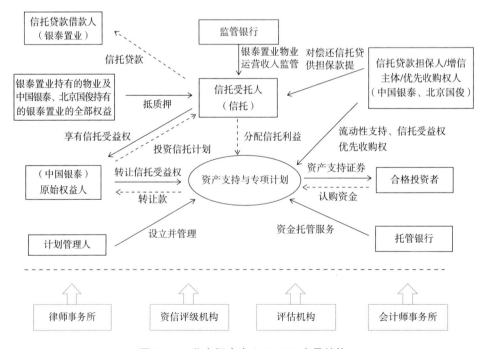

图 6-12　北京银泰中心 CMBS 交易结构

光大安石是 A 股上市公司光大嘉宝股份有限公司的子公司。2016 年 2 月，光大控股成为 A 股上市公司光大嘉宝的战略投资人；2016 年 11 月，光大嘉宝受让光大安石的 51% 股权。据报道，光大安石已成功完成超过 100 个项目的退出，退出金额逾 500 亿元，其在不到十年时间内打造"大融城"商业品牌，以"重资产收购、轻资产输出"的模式在上海、北京、重庆、西安等全国或区域核心城市布局了 12 座大融城，也是国内较早探索"房地产私募基金＋房地产投资信托基金"模式的企业。

光大嘉宝股份有限公司于 2018 年 10 月 29 日召开的第九届董事会第十次会议审议通过了《关于为光证资管－光控安石商业地产第 1 期静安大融城资产支持专项计划提供增信措施的议案》。为丰富和完善公司在管基金项目的退出方式，增强"募、投、管、退"全产业链的核心竞争优势，公司拟通过担任光证资管－光控安石商业地产第 1 期静安大融城资产支持专项计划展期回购承诺人及优先收购权人的方式，为该专项计划提供增信措施。

2018 年 12 月，"光证资管－光控安石商业地产第 1 ～ X 期资产支持专项计划"获得深交所出具的无异议函，获批规模 100 亿元人民币。此单成为全国首单地产基金模式下的储架式商业 REITs。产品由光控安石作为基金管理人，由光证资管作为计划管理人。作为全国首单地产基金模式下的储架式商业 REITs，本项目的成功获批彰显了监管机构以及资本市场对优质商业地产金融创新的支持与信心，标志着中国地产基金在商业地产证券化领域步入储架时代。

此专项计划发行要素：（1）物业资产：上海静安大融城购物中心。（2）产品期限：3＋3＋1 年，在第 3 年末，公司有权决定是否展期，如决定不展期，则直接进入处置期，处置期为 1 年；如决定展期，则在第 6 年末进入处置期，具体期限以专项计划设立时签署的专项计划文件为准。（3）发行规模：不超过 43 亿元，具体发行规模参考物业资产估值、评级、监管机构和投资者意见，以专项计划设立时签署的专项计划文件为准。（4）利率：以届时发行利率为准。（5）公司担任专项计划的展期回购承诺人及优先收购权人；公司控股子公司——光控安石（北京）投资管理有限公司担任专项计划下私募基金管理人。

2016 年 8 月 24 日高和招商－金茂凯晨资产支持专项计划（CMBS）成功发行，原始权益人将 40.01 亿元委托给方正东亚设立北京凯晨置业贷款单一资金信托计划，从而拥有信托受益权。方正东亚与凯晨置业签订《信托贷款合同》，向凯晨置业发放信托贷款：金额 40.01 亿元，期限 18 年，按年付息，每 3 年末由借款人和受托人重新协商确定贷款利率。在信托贷款存续期间内，贷款人、借款人每三年均有权要求提前偿还全部信托借款未偿本金。此项目交易方案也是采用双 SPV（图 6-13）。

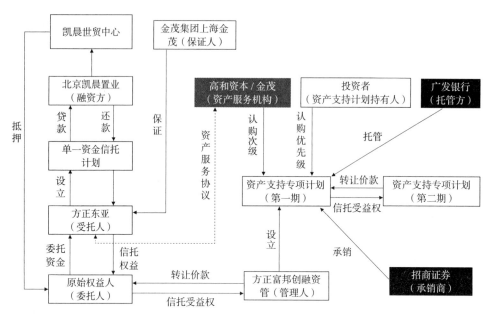

图 6-13　高和招商－金茂凯晨资产支持专项计划交易结构

（1）信托计划层面

委托人：原始资金提供方。

受托人：方正东亚信托有限责任公司。

融资方：北京凯晨置业有限公司。

担保方：中国金茂集团（00817.HK）、金茂上海。

（2）增信措施

抵押担保：凯晨置业以凯晨世贸中心提供抵押担保。

保证担保：中国金茂集团（00817.HK）、金茂上海（均为央企，评级分别为 AAA/AA+）对凯。晨置业的信托贷款提供连带责任保证担保。

租金监管：信托贷款存续期间，凯晨置业按照约定将租金划入监管账户。

（3）资产支持计划层面

管理人：北京方正富邦创融资产管理有限公司。

第三方资产服务机构：天津高和股权投资基金管理有限公司、金茂。

承销商：招商证券股份有限公司。

托管人：广发银行股份有限公司。

认购方：投资者（资产支持证券持有人）。

管理人根据与原始权益人签订的《信托受益权转让合同》，将专项计划资金用于向原始权益人购买基础资产，专项计划承接原始权益人与方正东亚的信托关系，成为信托受益人。认购人通过与管理人签订《认购协议》，认购人取得资产支持证券，成为资产支持证券持有人。

资产支持证券共两档。优先级规模 40 亿元，期限 3 年，预期收益率 3.3%，评级 AAA；次级规模 100 万元，期限 3 年，由第三方资产服务机构认购。

专项计划的续发方面，借款人未行使提前还本权利的，专项计划管理人应每 3 年将新一期专项资产管理计划募集款项划付至本专项计划的托管银行账户。新的专项计划继续将信托项下信托受益权作为基础资产发行资产支持证券。

4. 办公楼资产证券化（CMBS 和类 REITs）运作和案例分析

2014 年 1 月 16 日，中国证监会《关于核准中信证券股份有限公司设立中信启航专项资产管理计划的批复》，同意中信证券设立中信启航产品，以私募 REITs 的形式推动国内不动产金融实践。中信证券旗下拥有的两幢办公楼（北京中信证券大厦及深圳中信证券大厦）将作为中国首个 REITs，募集资金近 51.6 亿元，进行非公开发售，并于 2014 年 5 月在深圳证券交易所挂牌综合协议交易平台交易，产品存续期间，优先级及次级投资人均可在交易平台交易，这是中国房地产投资信托基金的里程碑。

中信启航专项资产管理计划（图 6-14、表 6-11）的基金管理人是中信金石基金管理公司，它于 2013 年 7 月 8 日在天津成立，注册资本 1 亿元。每年收取中信启航专项资产管理计划 1.5% 的基金管理费。退出方式包括以 REITs 方式实现上市退出，以及按市场价格出售给第三方实现退出。退出时非公募基金将所持物业 100% 的权益出售给由金石基金发起的、在交易所上市的 REITs。对价 75% 将以现金方式取得，剩余 25% 将以 REITs 份额的方式由基金持有并锁定一年。优先级投资人将在 IPO 时点以 100% 现金方式全部退出；相应的，次级投资人将获得部分现金分配及 REITs 份额。

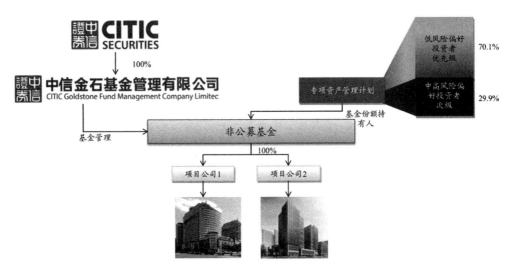

图 6-14　中信起航资产管理计划（REITs）交易结构

中信起航资产管理计划产品简介 表 6-11

产品名称	中信启航专项资产管理计划	
规模	52.10 亿元	
分级	计划按 70.10%：29.90% 的比例划分为优先级和次级： （1）优先级份额存续期间获得基础收益，退出时获得资本增值（注 1）的 10%（浮动收益部分）； （2）次级份额存续期间获得满足优先级基础收益后的剩余收益，退出时获得资本增值的 90%（浮动收益部分）	
	优先级	次级
优先级规模 / 比例	36.50 亿元 /70.10%	15.60 亿元 /29.90%
产品期限	预期 3 年，不超过 5 年 （产品有权提前结束）	预期 4 年，不超过 5 年 （产品有权提前结束）
投资者预期收益率（基础收益）	每年 5.50% ~ 7.00% （根据询价结果确定）	日常收入满足优先级基础收益后的剩余收益
投资者预期收益率（注 2）（整体收益含资产增值预期）	约 7% ~ 9%	约 12% ~ 42%
基础收益分配时点	每年最后一个工作日分配，分配金额为完整年度的基础收益 （首年分配金额为产品设立日至 12 月 31 日的应计利息）	
评级	优先级 AAA	无评级
产品发售对象	合格机构投资人	

注：1. 此增值部分为扣除相关费用和当年优先级基础收益后的数额。
　　2. 该预期收益率为在市场不出现大幅度波动的情况下，上市退出后基于一定敏感性分析测得的结果，本身不构成投资者收益率的承诺。
资料来源：中信证券。

　　税收优惠：券商专项资产管理计划。国内目前没有税收优惠政策，物业资产转让和投资者购买 REITs 产品，各方都需要缴纳较高税费，并且存在重复征税的问题，这使得 REITs 产品的净回报率很难达到市场要求。但通过资产管理计划，"免除"了投资收益这部分税收。

5. 酒店物业资产证券化（CMBS 和类 REITs）运作和案例分析

　　2018 年 8 月，金融街威斯汀酒店资产支持专项计划成功发行，优先级规模 30 亿元，发行利率 4.96%。本项目是自 2018 年以来市场最低利率发行成功的 CMBS 项目，体现了中信证券的雄厚实力，全场收到投资人报额 88 亿元，募集倍数 2.93 倍，最终利率 4.96%。

　　项目位于北京市金融街区域核心位置，区位优势显著，周围交通便利，商业办公氛围浓厚，大型高端购物中心、文化设施及生活服务机构一应俱全；北京金融街威斯汀大酒店是一家位于北京西单金融街商务中心的涉外商务酒店，紧邻西二环，毗邻西单购物中心、金融街购物中心、老佛爷百货、前门、故宫和天安门。酒店约有 483 间套房，1/4 的客房及套房面积大于 60 平方米，拥有更多的设施及服务，包括超大工作台，HERMANMILLER 设计的座椅、BOSE 收音机以及"浸浴专家"特别为您调合的活力再生精油，让您在舒适、休闲、浪漫的度假生活中彻底放松身心，放飞心情。2017 年 8 月 31 日，物业市场价值人民币 50.02 亿元，抵押率达 60.6%（表 6-12）。

金融街威斯汀酒店资产支持专项计划　　　　　　　　表 6-12

债券名称	金融街威斯汀酒店资产支持专项计划
品种	资产支持证券——ABS
拟发行金额（亿元）	30.3
发行人	北京金融街投资（集团）有限公司
承销商/管理人	中信证券股份公司
交易所确认文件文号	上证函【2018】478 号
项目状态	通过
更新日期	2018.5.16

此期项目基础资产为信托受益权，穿透底层的物业资产为北京金昊房地产开发有限公司持有的位于北京市西城区融大街丙 9 号、乙 9 号的北京金融街威斯汀酒店和北京金融街威斯汀公寓。其中威斯汀酒店拥有客户约 483 间，戴德梁行评估总价预计在 33.7 亿元；威斯汀公寓拥有 205 套房间，184 套可供出租，戴德梁行评估总价预计在 16.3 亿元，合计 50 亿元。

增信措施方面，优先次级结构化增信，次级档由金融街集团认购并持有且不得转让；现金流超覆盖；标的物业抵押担保；标的物业运营收入应收账款质押；金融街集团和金昊房地产作为合同项下的连带责任人对信托贷款本息偿还义务承担连带清偿责任等（图 6-15）。

2015 年 12 月 23 日，国内首单以酒店物业为标的资产的类 REITs 项目"恒泰浩睿—彩云之南酒店资产支持专项计划"完成发行，彩云之南酒店 REITs 产品特点：

（1）以股 + 债投资形式实现对标的资产的间接持有和最终控制。

（2）保持控制权：云南城投对项目公司股权和私募投资基金对项目公司的次级债权享有优先收购权。

（3）保证运营：聘请洲际集团负责运营管理。

（4）股权转让相对市场化，经过云南省产权交易所的公开挂牌转让程序。

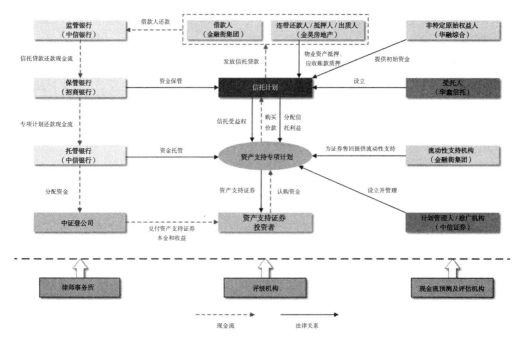

图 6-15　金融街威斯汀酒店资产支持专项计划交易结构

6. 长租公寓资产证券化（CMBS 和类 REITs）运作和案例分析

在 2017 年 12 月，招商蛇口获得发行全国首单储架式长租公寓 CMBS（商业房地产抵押贷款支持证券）。

招商蛇口这一单 CMBS 的储架融资规模为 60 亿元，分多期发行，第一期发行规模不超过人民币 20 亿元，期限为 18 年，其中优先级产品规模 19.90 亿元，劣后级 0.1 亿元。

长租公寓业务是公司发展战略之一，资产证券化是这一战略的重要组成部分。该单 CMBS 是公司稳步推进房地产投资信托基金（REITs）试点的重要探索。另外，招商蛇口宣布携手建设银行完成银行间市场首单长租公寓 ABN 产品注册额度 200 亿元，有效运用金融工具盘活存量资产，为公司长租产品后续经营发展获得长足的资金保障（表 6-13、图 6-16）。

招商创融－招商蛇口长租公寓第一期资产支持专项计划	表 6-13
项目	内容
产品名称	招商创融 - 招商蛇口长租公寓第一期资产支持专项计划
基础资产	信托受益权，底层物业为深圳市招商公寓发展有限公司持有并对外出租的位于深圳市南山区蛇口四海路面、工业九路以东的 1826 套物业
发行规模	20 亿元

项目	内容		
优先级规模/比例	19.9 亿元（99.5%）	次级规模/比例	0.1 亿元（0.5%）
优先级期限	3+3+3+3+3+3	次级期限	3+3+3+3+3+3
非特定原始权益人	深圳市招商置地投资有限公司		
资产服务机构	深圳市招商公寓发展有限公司		
售回承诺人/差额补足义务人	招商蛇口工业区控股股份有限公司		

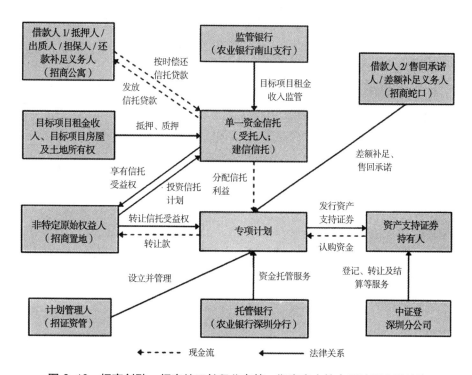

图 6-16　招商创融－招商蛇口长租公寓第一期资产支持专项计划交易结构

基础资产和标的物业：

（1）基础资产：本专项计划基础资产为信托受益权，信托贷款 20 亿元，期限 18 年，委贷对象为招商公寓和招商蛇口。

（2）标的物业：四海小区物业系指招商公寓持有并对外出租的位于深圳市南山区蛇口四海路西、工业九路以东的 1826 套物业。本专项计划目标项目为位于四海小区的 1 ~ 18 栋、28 ~ 40 栋部分物业，建筑面积合计为 56522.12 平方米。

四海小区地处深圳市南山区蛇口四海路西、工业九以东，隶属于深圳前海蛇口自贸片区。四海小区的竣工日期在 1983 ~ 1985 年之间，共 42 栋，每一栋均为多层建筑物，层数为 6 层，每层有 11 间，户型均为标准单间，每间面积约为 30 ~ 32 平方米。

四海小区目前由招商物业管理公司旗下其乐物业管理公司统一管理，提供一站式入住办理与维保保修等服务；智能化门禁刷卡进出，24 小时安保服务。物业管理费为 2 元 / 平方米 / 月，停车费为 110 元 / 月 / 个。

从出租情况来看，四海小区主要居住对象为企事业的内部员工，其中企事业单位承租物业面积占 86.54%，个人承租物业面积占 13.46%。企业客户主要分布在蛇口及南山区域，主要包括物业服务、酒店餐饮、高科制造、医疗、物流、零售等行业。租客与招商公寓的租赁合同均为一年一签，招商公寓每年将根据市场价格对租金进行调整。根据戴德梁行的评估报告，目标项目总建筑面积合计为 56522.12 平方米，于 2017 年 11 月 14 日之房地产市场价值为 31 亿元左右。

增信措施，此产品的主要增信措施如下：

（1）优先 / 次级分层机制。优先档证券获得次级档 0.5% 的信用支持。

（2）基础资产现金流超额覆盖。专项计划存续期间物业资产每年产生的预期收入对于优先级资产支持证券本金及预期收益兑付形成超额覆盖。

（3）差额补足。招商蛇口作为差额补足义务人和售回承诺人能够在极大程度上保障优先级资产支持证券本息的按时足额兑付，并满足优先级资产支持证券投资者的售回需求。

（4）信托层面的增信：物业资产抵押担保、租金收入质押和监管、还款补足义务人提供运营还款补足等。

2017 年 10 月 13 日，深交所固定收益信息平台网站显示，国内首单权益性长租公寓资产类 REITs 产品"新派公寓权益型房托资产支持专项计划"已于 11 日正式获批发行，拟发行金额为 2.7 亿元。

新派公寓成立于 2013 年，新派公寓与其投资机构赛富投资基金联合发起的赛富不动产基金，于 2013 年收购了位于北京国贸核心区域的 70 年住宅产权物业，然后对其进行改造成品牌公寓长期持有并运营。

值得注意的是，此项目没有借助任何第三方信用支持，仅靠新派公寓自身的运营管理和资产质量使优先档资产支持证券级获得 AAA 的评级。年收取基金 1.5% 的管理费。

7. 物业管理费 ABS 运作和案例分析

物业管理费作为物业公司的未来债权，其现金流具有稳定、可持续、属性同一、便于管理等特点，是房地产企业进行资产证券化活动可以选择的非常合适的一种基础资产。以物业管理费作为基础资产发行 ABS 产品也是近几年房地产企业扩宽企业融资渠道的一种。很多房地产行业的企业都选择将物业管理公司独立发展以作为整个发展战略的重要方向，物业管理费证券化产品未来将会成为房地产企业常规考虑的一种标准可复制的融资渠道。

发行物业管理费 ABS 的未来现金流由业主或承租人支付，具体的物业位置、产品、业主或承租人及企业实力背景等都比较重要。《物业合同》对应的物业类型包括住宅、商业、商住物业项目的物业服务费和车位服务费，但不包括短期物业管理项目和车位的使用费（由于物业公司并不拥有车位产权，物业公司只有基于物业管理服务而收取的车位服务费可以入池）。

精彩案例：物业管理费类 ABS 业务开展标准建议

（1）主体评级在 AA 及以上的境内外上市公司；房企百强企业中主体评级在 AA+ 及以上。

（2）优先选择一、二线城市的物业项目，每年物业费（不含车位管理费）收缴率应在 85% 以上；如含车位管理费，收缴率应超过 90%。

（3）单个物业合同收缴率低于 50% 的或者存在明显下降趋势（近两年平均下降幅度超过 10%）的合同不得入池。

（4）新增交付的空置物业原则上应由开发商付费，占比控制在总规模的 10% 以内（表 6-14、图 6-17）。

×× 置业物业费基础资产情况如下：

上海 ×× 物业管理有限公司与 ×× 贵州物业管理有限公司、德清 ×× 物业管理有限公司、广东 ×× 物业酒店管理有限公司、广西 ×× 物业服务有限公司、广州 ×× 城物业管理有限公司、哈尔滨 ×× 物业酒店管理有限公司、海南 ×× 物业服务有限公司、湖北 ×× 物业管理有限公司、惠州 ×× 物业管理有限公司、山东 ×× 物业管理有限公司、深圳 ×× 佳物业管理有限公司签署《物业费收费收入转让协议》，受让其他物业服务提供方特定期间内依据物业合同对业主或开发商享有的债权，包括：物业服务费用、停车管理费用（如有）、逾期缴纳滞纳金（如有）、违约金（如有）、损害赔偿金（如有）。

| ×× 置业物业费 ABS 产品要素 | 表 6-14 |

原始权益人	上海 ×× 物业管理集团有限公司
基础资产	×× 物业及其受让的依据物业合同对业主或开发商享有的债权，包括：物业服务费用、停车管理费用（如有）、逾期缴纳滞纳金（如有）、违约金（如有）、损害赔偿金（如有）
发行规模	26.6 亿元
增信措施	原始权益人差额支付，×× 置业集团担保，×× 置业维好承诺

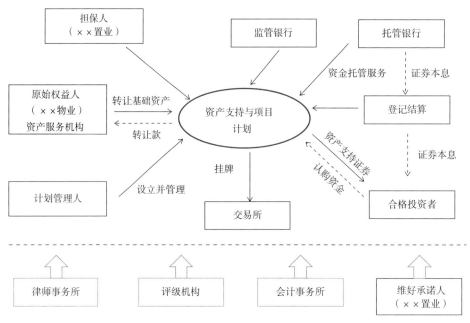

图 6-17　××置业物业费交易结构

纳入基础资产范围的住宅和商业物业服务项目共计 67 个，分布于 20 个县市：上海 10 个、广州 8 个、深圳 1 个、苏州 4 个、宁波 1 个、武汉 5 个、南京 1 个、南宁 7 个、济南 7 个、哈尔滨 4 个、贵阳 5 个、佛山 3 个、惠州 2 个、柳州 1 个、烟台 1 个、威海 1 个、万宁 1 个、遵义 3 个、余姚 1 个、德清 1 个，对应物业服务面积 16423432.82 平方米，预计年化物业费现金流入 4 亿元（表 6-15）。

基础资产物业费历年收缴情况（%）			表 6-15
对应区域	2015 年	2014 年	2013 年
上海	96.54	94.35	91
华南	96.03	92.37	90.1
江浙	95.59	91.93	89.44
东北	93.05	91.16	90.2
西南	93.2	91.25	89.75
山东	94	91.25	89.52

8. 购房尾款资产证券化 ABS 运作和案例分析

购房尾款是指购房者与开发商签订了购房协议并支付了定金和首付款后，如果购房者需要按揭贷款，开发商就享有对购房者的剩余房款债权；这个按揭购房尾款由提供按揭的银行或公积金中心支付，但常常由于各自原因，譬如按揭型购房尾款由于存在银行一定审批时间，剩余房款支付时间可能需要几个月甚至可能更长；开发商可以用这个未来收入的按揭型购房尾款作为基础资产发行房产尾款 ABS。购房尾款 ABS 是以购房尾款作为基础资产，筛选房地产企业的应收购房款资产后打包出售给 SPV（资产支持专项计划），由 SPV 发行资产支持证券的行为。

网签和备案：入池的基础资产的购房合同必须已网签，网签后会在互联网上公示，防止一房二卖。商品房预售，开发企业应当与承购人签订商品房预售合同。预售人应当在签约之日起 30 日内，持商品房预售合同，向县级以上人民政府房地产管理部门和土地管理部门办理登记备案手续。未进行网上签订和备案，合同虽然有效，但沪深证券交易所已明确不再受理这类项目。

开发贷对现金流的截留风险：房地产项目通常会涉及开发贷，开发贷合同中则会有资金监管条款对项目后续的销售回款进行归集和监管。一旦在开发项目有基础资产入池，则资产证券化对基础资产现金流的归集会与开发贷合同的资金监管条款产生冲突并受到后者的约束，从而对存续期的基础资产回收款的归集产生实质风险。因此，在购房尾款资产证券化项目的实际操作中，计划管理人必须对这一风险设置风险缓释和防范措施。譬如，房企必须与开发贷银行协商，由开发贷银行出具书面文件同意不对入池基础资产产生的现金流部分进行截留。若发生因开发贷影响基础资产现金流的稳定性，应由原始权益人进行赎回。另外，开发贷占全周期销售回款比例不能过高（注：交易商协会对购房尾款 ABN 有特别审核要求）。

循环购买：购房尾款资产证券化产品期限通常在 2 ~ 3 年，而购房尾款在 3 ~ 6 个月之内能回款绝大部分，因此，购房尾款资产证券化项目均设置循环购买机制。

精彩案例：购房尾款类 ABS 业务开展标准建议

（1）主体评级在 AA 及以上的境内外上市公司；房企百强企业中主体评级在 AA+ 及以上。

（2）优先选择一、二线城市的项目，三、四线城市项目要看具体城市，而且要严格控制比例。

（3）项目公司已取得签署相关基础资产所对应的全部商品房买卖合同所需取得的许可，四证 + 预售许可证齐全；

（4）购房合同必须已全部完成网签程序并已进行房管局备案。

（5）基础资产尽量分散，单个房地产项目所对应的基础资产未偿价款余额占资产池总额的比例不应当超过一定比例譬如 30%；单一购房人的入池购房合同笔数不超过10 笔。

（6）区域应尽可能相对分散，避免受同一地区楼市政策影响。

（7）根据目前已发行的购房尾款 ABS 案例（含 ABN），上述基础范围和正常类综合指标仅仅是基本要求，很多标准属于窗口指导意见，尤其是综合指标往往高于正常类标准。

购房尾款产品要素　　　　　　　　　　表 6-16

原始权益人	×× 有限公司
基础资产	由原始权益人依据应收账款转让协议及商品房买卖合同对购房人享有的应收账款债权和其他权利。 基础资产对应 4 个城市（上海、杭州、宁波、南京）6 个项目公司，涉及购房合同 561 件，基准日应收账款余额 7.58 亿元
发行规模和周期	6.25 亿元，3 年起
增信措施	（1）超额抵押：应收账款金额 7.58 亿元，优先级 5.34 亿元（AA+），劣后 0.91 亿元，抵押比例 141.95%； （2）原始权益人差额支付承诺； （3）融资人母公司担保
循环购买	循环购买安排

住宅和商业金额分别为 498689.20 万元和 259376.00 万元，合计 758065.20 万元（表 6-17）。

购房尾款项目和金额分布　　　　　　　　表 6-17

地区	金额（万元）	占比
上海	357144.00	47.11%
杭州	185869.20	24.52%
宁波	126110.00	16.64%
南京	88942.00	11.73%
合计	758065.20	100%

基础资产对应的 4 个城市（上海、杭州、宁波、南京）6 个项目公司，涉及购房合同 561 件，基准日应收账款余额 7.58 亿元（图 6-18）。

9. 房地产资产支持票据（ABN）和商业支持票据（CMBN）

2016 年 12 月 12 日，中国银行间市场交易商协会发布了《非金融企业资产支持票据指引（修订稿）》以及《非金融企业资产支持票据公开发行注册文件表格体系》，为企业发行信托型资产支持票据提供了政策指导；近年来发行的 ABN 和 CMBN 产品性能与 ABS 和 CMBS 产品性能越来越接近。

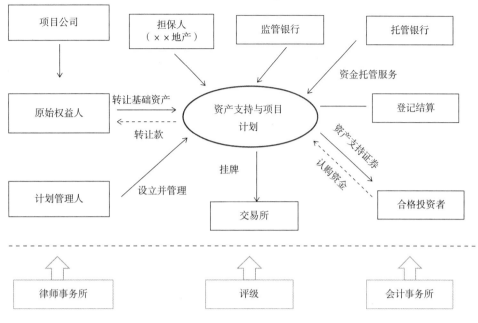

图 6-18 购房尾款交易结构

譬如 CMBS，银行间商业地产抵押贷款支持票据（CMBN）以商业地产抵押贷款收益权为基础资产，也有结构简单、产品流动性高和发行成本相对较低的特性。已发行产品以双 SPV 结构设计为主要特征，增信措施涵盖差额补足、抵押及保证担保、流动性支持等，产品结构及增信方式丰富。CMBN 与 CMBS 类似，以底层资产池和贷款质量为重点，具体而言需要关注房地产地理位置、业态分布、市场环境、变现价值的确定、租户和借款人的运营能力和信用风险等。

譬如，2017 年 4 月"上海世茂国际广场有限公司 2017 年第一期资产支持票据"在银行间交易商协会成功注册，规模 65 亿元，这标志着与交易所市场商业地产抵押贷款支持证券（CMBS）对应的银行间市场首单商业地产抵押贷款支持票据（CMBN）落地。此单 CMBN 基于资产支持票据（ABN）的产品注册体系进行搭建，是基础资产为商业地产抵押贷款的 ABN，兴业银行作为主承销商，负责产品结构设计、尽职调查、发行承销等工作，旗下子公司兴业国际信托担任本项目的受托机构和发行载体。从交易结构设计来看，该项目底层资产为信托贷款，信托贷款还款来源为底层上海优质商业地产的运营收入，该行通过业务创新将信托贷款的信托收益权转让予资产支持票据信托，以资产支持票据信托作为发行载体，在银行间市场发行 ABN。其中，优先 A 级资产支持票据金额为 38 亿元，优先 B 级资产支持票据规模为 24 亿元，次级资产支持票据规模为 3 亿元，期限均为 20 年，并设置了每 3 年一次的开放期，评级机构对优先 A、B 两档的评级分别为 AAA 和 AA+。

10. 住房抵押贷款支持证券（RMBS）

我国近年来住房贷款需求增长速度快，长期来看其需要量之大只靠储蓄存款已远远不能满足。如银行贷款不能及时回笼，会导致资金周转不畅并难以为居民购房提供足够的住房贷款支持，即存在着此风险违背了银行资金使用的安全性原则，另外如果发生大量存款人提存款或由于一些原因一段时间里存款人和存款额大量减少，银行就有可能发生资金周转困难，不利于银行业务的正常展开和抵押贷款市场发展。再譬如自住房抵押，一旦不还本付息，银行上诉成立，但执行起来又受民事诉讼法有关条款的限制，再如借款人违约或不能履约偿还银行贷款，作为抵押物的住房，存在着难以变现的风险。因此需要有健全的风险转换机制来保证这一系统的良好运营，而参考和利用美国金融政策的经验对加快中国金融体系的现代化进程不无裨益启迪意义。

自 20 世纪 90 年代以来，我国的一些企业和金融机构进行了一些以各种形式的资产为基础发行的尝试，但可以发现我国总体上资产证券化程度还较低。

我国推行住房抵押贷款证券化不仅是为了银行解困的创新，更重要的是要实现一种多赢和可持续发展的创新，它将为更多金融产品创新提供动力机制，以满足各种金融机构优化资产结构。目前看来，房地产抵押贷款证券化这种看似概念简单的产品，在我国推行还是存在较大难度，首先证券化法律涉及物权、契约、信托、破产、证券、公司及评估等诸多方面，其共同构成证券化法律体系。因而，证券化法律体系的建造，实际是对涉及证券化的各种具体法律制度的阐释，各种具体法律制度的完善也是证券化法律建造的核心之一。其次，是决定这种资产证券化成本高低的关键因素在于资产的信用、还款条件和期限的长短。再次，还有资产评级等因素。因此要真正推广房信贷资产证券化我们还有很多工作要做。

2005 年初，国务院同意在我国银行业开展信贷资产证券化试点，同年 4 月，人民银行和银监会联合发布《信贷资产证券化试点管理办法》（以下简称《试点办法》），确定在我国开展信贷资产证券化试点的基本法律框架。由于资产证券化业务涉及发起机构、特定目的信托受托机构、贷款服务机构、信用增级机构、资产支持证券投资机构等众多市场主体，而且同一主体可能兼任多个角色，交易结构复杂，风险隐蔽性强，因此既要求各参与主体能有效识别和控制相关风险，也需要银行业监管机构加强审慎监管。

值得补充的是由国家开发银行和中国建设银行推出的这两个试点项目获得超额认购，特别是对住房按揭贷款进行了证券化的积极程度，反映了投资者对这一新产品的广泛认可。但严格意义上看，它们还不是标准的资产证券化产品，主要的欠缺是它是由银行来提供担保的，这有违资产证券化设计的核心，即仅以资产自身的现金流状况来做评级，独立于发行机构的信用评级，也不需要额外的任何担保。另据报道中国农业银行信贷资产证券化项目已获中国人民银行批准，农行表示将尽快推出信贷资产证券化产品。

另外值得一提的是资产证券化产品是属于信用敏感的固定收益产品，产品的信用评级是产品的基本和重要特征，信用评级机构对产品的信用评级报告是资产证券化产品信息披露的基本和重要组成部分。我国的企业和相关机构在这方面有待进一步与市场接轨。

确实信贷资产证券化作为一种金融创新产品，是信贷体系和直接融资体系沟通和融合的桥梁，是银行业务健康发展的一个保证，是连接货币市场和资本市场一个重要的渠道。有计划有步骤地发展信贷资产证券化业务，对推进资本市场改革开放及维护金融市场健康有序运行和整体稳定起着十分重要的作用。

《金融机构信贷资产证券化试点监督管理办法》（以下简称《监管办法》）于2005年11月7日以中国银行业监督管理委员会2005年第3号主席令正式发布，于2005年12月1日实施。在《监管办法》起草过程中，对资产证券化业务进行了全面的研究，借鉴国际上较为成熟的资产证券化业务监管实践，从资产证券化业务的一般性质出发，结合试点工作特点，对《监管办法》的内容和体例进行了整体考虑和通盘设计，力求使《监管办法》在满足现阶段试点工作需要的同时，也能基本适应未来业务发展的监管需要。《监管办法》的制定和发布，将有利于促进我国金融机构在有效管理风险的前提下开展金融创新，通过信贷资产证券化分散和转移信用风险，改进资产负债结构，增加银行资产流动性，提高资金配置效率。

《监管办法》适用于银监会所监管金融机构的信贷资产证券化业务活动，基本涉及银监会的所有监管对象，包括商业银行、政策性银行、信托投资公司、财务公司、城市信用社、农村信用社以及银监会依法监督管理的其他金融机构。根据我国资产证券化试点的特点，《监管办法》对发起机构和受托机构规定了相应的市场准入条件和程序，但对金融机构以其他角色参与证券化交易没有另外设限。金融机构可以在现有的法律制度框架下，根据市场原则参与资产证券化交易。同时，《监管办法》也未对我国境内的外资金融机构另行设限。外资金融机构可以在现行的法律、法规框架下参与资产证券化交易，比如投资资产支持证券等。

《监管办法》就是在《试点办法》确定的法律框架之下，由银行业监管机构制定的资产证券化业务监管规定，针对有关金融机构在证券化交易中担当的不同角色，在市场准入、业务规则与风险管理、监管资本等方面提出一系列监管要求，确保有效的风险管理。同时，其他有关部门也已发布或正在制定关于资产证券化的信息披露、会计处理、税收管理、交易结算、登记托管等方面的政策法规。

2005 年 3 月，央行批准中国建设银行和国家开发银行作为资产证券化试点单位，分别进行住房抵押贷款证券化和信贷资产证券化的试点。2005 年 12 月初，在国务院领导下，人民银行等多个部门积极工作促成了第一批信贷资产证券化试点在国家开发银行和中国建设银行展开，紧接着国开行 41.77 亿元的信贷资产支持证券和建行 30.19 亿元的个人住房抵押贷款支持证券在银行间市场顺利发行。

2006 年 4 月 25 日，国家开发银行总额度为 57.4 亿元的第二期 ABS 成功发行，我国 ABS 市场得到了快速发展。市场从业人员指出，国家开发银行两单 ABS 的成功发行说明 ABS 的投资价值已经逐步得到投资者认同。

2007 年 12 月 14 日，建设银行成功发行了"建元 2007-1 个人住房抵押贷款支持证券"，总额为 41.6 亿元人民币。这是该行继 2005 年发行首单个人住房抵押贷款证券化产品之后的又一探索。目前，建行是国内唯一一家开展个人房贷证券化的商业银行。有关部门负责人表示，试点以来，银行间市场资产证券化交易系统运行平稳，已能够进行更大规模的资产支持证券的发行交易。

可能是由于受到美国次贷危机和全球金融危机等因素的影响，2005 ~ 2013 年期间发展缓慢，而 2014 年开始出现爆发式增长。2016 年，企业 ABS 总额首次超过信贷 ABS，2016 年，信贷 ABS 发行 3868 亿元，与 2015 年出入不大，占发行总量的 45.94%；但企业 ABS 发行 4385 亿元，同比增长 114.90%，占发行总量的 52.08%。此后，信贷 ABS 增长乏力，企业 ABS 发行井喷，成为 ABS 市场主力。2017 年和 2018 年，信贷 ABS、企业 ABS 和 ABN 都出现爆发式增长，譬如 2018 年个人住房抵押贷款支持证券（RMBS）继续高速增长，发行 5842.63 亿元，同比增长 242%，占信贷 ABS 发行量的 63%。

我国个人住房抵押贷款支持证券（RMBS）继续高速增长主要原因是：

（1）需求端：由于按揭贷款的都是个人，相对企业来说违约风险小且高度分散，安全性较高等，受到投资者欢迎。

（2）供给端，贷款银行由于受到额度紧缺和分散风险的需求，有较大意愿来发行此产品。

五、美国房地产次级贷款危机解读

1. 美国房地产抵押贷款资产证券化

住房抵押贷款证券化或住房抵押贷款资产证券化（英文为 Mortgage-Backed Securitization 或 MBS）是资产证券化的具体表现，资产证券化是指把缺乏流动性但具有未来收入现金流的信贷资产，如住房抵押贷款、风险较低的中长期项目贷款等汇集为抵押贷款群组，由证券化机构以现金方式购入，通过结构性整合，经过担保或信用增级后以证券的形式出售给投资者的融资过程。因此住房抵押贷款证券化是以住房抵押贷款为担保，发行可在金融市场上买卖的证券，包括抵押贷款券以及由抵押贷款支付和担保的各种证券。

资产证券化肇始于 20 世纪 70 年代初的美国住房抵押贷款市场，美国政府对贷款机构流动性问题的重视催生了住房贷款二级市场的形成。如今，住房贷款证券化已成为美国债券市场中仅次于国债的第二大市场。在美国 MBS 市场，三大主要发行机构（Ginnie Mae，Fannie Mae，Freddie Mae）所发证券占此类证券的 85%。这三家机构为 MBS 提供了完全政府信用或隐含政府信用，提高了 MBS 的信用级别，在很大程度上降低了投资风险。

住房抵押贷款证券化是指银行将住房贷款集中，通过给予投资者一定稳定现金流回报（或利息）的产品对外出售，即一种资产是否能够证券化，主要取决于证券化的成本与收益之间的关系，只有收益一定程度大于成本，才适宜证券化。住房贷款证券化还可以使银行回笼大笔在住房抵押贷款上的资金，且会给银行带来源源不断的资金，银行用较低的成本来调整自己的资产负债结构，消除短存长贷现象。

住房抵押贷款证券化实际上等于把不能分割的房地产变成可分割的财产，把不可移动的房地产转化为可流通转让的有价证券，即主要通过房地产抵押银行将已抵押的房地产债权转让给一定的机构，这些机构将这些成千上万的已抵押房地产债权打包市场，从金融市场吸收资金投到房地产抵押银行。这一方面为一般投资者提供了共享房地产开发和经营收益的机会，另一方面通过把社会短期货币资金转化为长期稳定的资本金，也有利于社会的投资渠道，以及住房抵押贷款的运作和退出。住房抵押贷款证券化是资产证券化的最主要也是最基本的形式。

首先，住房抵押贷款证券化调整了金融机构的资产负债结构，分散了贷款风险，从而提高了其资产质量，并有利于其经营活动的进一步开展。其次，住房抵押贷款证券化扩大了金融机构住房抵押贷款的资金来源，有利于为个人购房提供必要的金融支持。再次，住房抵押贷款证券化也可推动住宅产业的发展。住房抵押贷款证券化使大量资金通过资本市场流入住宅产业，有利于激活住宅产业，支持个人住房消费成为新的经济增长点。最后，住房抵押贷款证券化增加了证券市场的投资工具。住房抵押贷款证券的发行使证券市场有了新的投资渠道。由于住房抵押贷款证券是以住宅为担保和抵押，这种债券信用等级较高，因此投资者有了收益性较好、风险较低的投资方式。

2. 次级抵押贷款的概念

美国发放房产抵押贷款，一般来说抵押贷款机构会根据借款人的信用好坏和收入情况等，对借款人区别对待，从而形成了几个层次的市场。有给信用和收入好的借款者的优质抵押贷款（prime mortgage）和给信用差的借款者的次级抵押贷款（subprime mortgage），中间还夹了一种信贷（Alt-A mortgage），给那些信用不好不坏的或信用好但收入不稳定的人。有时信用好和收入相对稳定的人由于其贷款额达到房产市场价的95%或以上，也会归入次级抵押贷款类。

美国的次级抵押贷款机构它们一般不会在公司名字前冠以"次级"二字，但非常简便的方法去辨认它们是它们收的利率明显高于主流的贷款机构包括银行，具备资格享受优惠利率的人一般也不会光顾它们。也有相当多主流的金融机构也提供次级贷款服务，但这些次级抵押贷款机构会使用不同的公司名称以便与其主流的金融机构有明显划分。

由于次级贷款者的信用等级较低，贷款机构面临的贷款无法收回的风险相对也较大，因此，次级贷款者一般都会被收取更高的利息，通常比优惠级抵押贷款高2%~3%。

然而，次级抵押贷款的利率仍然比其他一些贷款方式的利率如通过信用卡贷款要低，所以次级抵押贷款对需要贷款而信用等级较低的人来说，仍算是合理的选择。

3. 次级债券的形成和流通过程

在美国，次级抵押贷款机构通常将达到一定数量的次级抵押贷款出售投资银行，然后由投资银行将贷款重新打包，进行一系列复杂的结构化处理后，形成以次级抵押贷款为抵押品的抵押担保债权证券 MBS（大范围可以称 ABS）或房地产"次级债"。然后，将次债券按照可能出现拖欠的几率切割成不同的几部分（Tranche），这就是所谓的 CDO（Collateralized Debt Obligations）担保债务凭证。比如，其中风险最低的叫"高级部分 CDO"（Investment Grade Bonds，大约占 80%），风险中等的叫"中级部分 CDO"（Mezzanine，大约占 10%），风险最高的叫"普通部分 CDO"（Equity，大约占 10%）。

由于次级抵押贷款本来潜在风险较大，但是经过"金融创新"即各种结构化处理后，不少"高级部分 CDO"能得到穆迪或标普的 AAA 评级，而其预期利息收益又较高，从而吸引了很多投资者包括像退休基金、保险基金和商业银行这样的保守投资者（也包括我国的个别商业银行）。风险最高的叫"普通品 CDO"（Equity，大约占 10%）出售给对冲基金等。

在房价上升时期，且在美国做再按揭很方便，所以买房者违约率较低，几乎几个层次的 CDO 投资者都会挣钱。比如说，最上面的高级部分 CDO 利息是 6%，第二层"中级部分 CDO"利息是 7%，最底下的人没有固定利息，剩下的都是最底层的。如此种 CDO 的利息是 8%，如果整个一年所有人按时付款，那这 8% 的利息全部到了这个包里，通过这种分配，而当没有或少有坏账者时，最底层的人的收益会远远大于8%，即可以最高达到25%，但是如果亏的话，下面的人显然就会首先亏，基本上就是这个结构。投资银行是打包者，不能评级，信用评级公司来分析CDO的级别。另外重要的是对冲基金在购买"普通品CDO"时也常常高比例贷款以放大资金使用率，而当没有或少有坏账者时，他们的年自有资金的回报率常常达到30%以上。图6-19显示了一般级债的形成和流通过程。

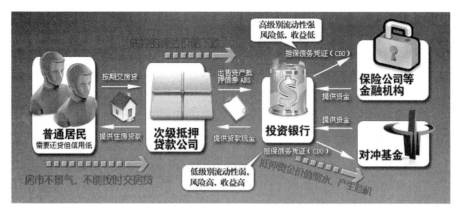

图 6-19　次级债的形成和流通过程

金融危机时，全美房地产抵押贷款规模大约在10万亿美元，其中次级抵押贷款规模大约在1.5万亿～2万亿美元。根据穆迪和摩根士丹利等的资料显示，2006年美国出售3750亿美元CDO中，次级房贷债券占了1000亿美元。

以下我们简要归纳主要参与各方在整个过程中的表现：

（1）次贷公司——常常很少考虑贷款者有无偿还能力只关心收费和提成，有时连借款者的信用证明材料都不仔细了解，且相信部分次贷公司的业务员有误导贷款者之嫌。

（2）评级公司——穆迪和标准普尔等信用评级机构是被一些CDO和MBS的美丽的外表欺骗还是自己工作失误或为了收取更多的服务费，导致许多投资者血本无归，需进一步论证。

（3）投资者——比如对冲基金，管理者很少考虑风险，更多关心的是利润分成。

（4）炒房者和无力买房者——这些抵押贷款者运用的计算方法是建立在经济学家称之为庞氏骗局（Ponzi Game）的基础上，即炒房者采取无限制的借债以支持无限制的消费。

（5）相对来说商业银行显得不那么贪婪但受伤还是较深，首先它们是美国高级部分CDO的投资者，其次对冲基金将大量的低评级CDO作为抵押品向商业银行申请贷款，而次级债危机造成了银行贷款抵押品价值下降，甚至于资不抵债。这些因素也是导致商业银行近来提前收回贷款以及提高贷款标准的行为，从而进一步加剧全球信贷市场上流动性紧缺。

4. 房地产次级债券危机爆发和蔓延

IT 股市破灭及 2001 年"911"后，为了避免美国经济进入衰退，美联储 13 次降息及减税政策，直接鼓励居民购房，并以建筑业和房地产业来拉动整个经济的成长，从而带动了美国一波房地产大涨。其间又维持 1% 利率达一年之久，许多人买房热情高涨，房价四年连涨 70%～100%，次级抵押贷款市场也随之生机勃勃，其中吸引了许多没有较强承受力的家庭（或人）买入了房产。

在房价上涨时，这些次级债券的风险会潜在下来或可能消化，但当房地产市场价格有较大下跌，这些次级贷款人的违约风险立即暴露出来。

美联储在 2004 年 6 月走上了加息历程，经过两年连续 17 次的加息，联邦基准利率从 1% 上升到 2006 年 7 月的 5.25%，并一直保持到现在。与此同时，利率的上升也使购房者负担大大加重，美国住房市场开始降温，房价从 2006 年初以来连续 20 个月大幅下降，住房贷款者的违约情况随着增多。

特别是 2006 年中以来，美国的次级抵押贷款违约率上升，50 多家提供次优贷款的公司停业，包括美国十大房贷业者之一的美国房屋抵押投资公司（American Home Mortgage Investment）无法取得融资继续经营贷款业务而申请清盘，引起了大恐慌。在 2007 年 7 月和 8 月达到高潮，次级抵押债券的价格大跌，许多投资者遭受巨大损失，由此引起整个金融市场的恐慌，美国次级债券的危机也由此而生。因忧虑美国房地产市场和美国经济会先后受到次级贷款市场的不利影响，美国和世界其他地区金融市场出现普遍的下跌行情，同时为这些次级债券评级的一些全球著名的信贷评级机构也丢了相当的信誉。

当前最受次级债市场风险影响的担保债务凭证（CDO）是华尔街主要的融资渠道之一，比如，带动美国等国股市走强的主要动力之一的企业并购业务所需要的资金大都通过信贷担保证券和资产证券化等信用市场所获得，因此，由于次级债产品 CDO 和 MBS 等衍生品所导致的损失无法很快显现出来。

造成股市狂泻的并不仅仅是次级债券本身，也包括次级债券问题引起的一连串恐慌。问题浮现后，股市狂跌可以说是一个证明。次级债券的问题可能导致投资机构对债务市场失去信心，因而引发了信贷市场或紧缩的恐惧。

继贝尔斯登（Bear Stearns）和麦格理银行（Macquarie）之后，法国巴黎银行宣布（BNP）暂时冻结旗下三只因为在美国房屋贷款问题上遭受了巨额损失的投资基金，全球各地的中央银行在过去 2 个月为了稳定人心，已经在金融市场注入了超过 3000 亿美元。

部分其他国家也出现了类似想象，2007 年 9 月 14 日，英国第五大按揭机构 Northern Rock 发出盈利警告，英伦银行其后注入巨额资金，消息触发英国多只金融股和地产股急挫，欧洲多个指数全线下跌，Northern Rock 客户纷纷取回存款，分行出现长长的挤兑人龙。标准普尔即时把 Northern Rock 的评级由 A+ 调低至带负面前景的 A 级。英伦银行向 Northern Rock 注入巨额资金，这是英伦银行 1997 年以来，首次担当最后贷款人的角色。

5. 对冲基金与房地产次级债券危机

在 2007 年 7 月到 8 月，贝尔斯登、高盛和巴黎银行的几个对冲基金严重亏损，成为了次级按揭贷款崩盘的导火线。8 月 5 日，贝尔斯登宣布，由于次级债券危机拖累，旗下两只基金倒闭，由于财务杠杆比例过高，投资者损失惨重。

因为华尔街几乎所有顶级投资银行都有强大的对冲基金管理部门，其中美林和花旗的直接损失非常之大，另外高盛在对冲基金的投资也损失惨重，因此美林和花旗的 CEO 等不能幸免引咎辞职的命运。

因为华尔街几乎所有顶级投资银行都有强大的对冲基金管理部门，但美林和花旗的直接损失非常之大，另外高盛在对冲基金的投资也损失惨重，因此美林和花旗的 CEO 等也不能幸免引咎辞职的命运。

在危机爆发时，贝尔斯登曾动用了面值多达 40 亿美元的股票来获取现金，贝尔斯登股价还是跌至 30%。当巴黎银行旗下的抵押证券对冲基金遇到问题时，虽然它宣布禁止投资者赎回投资，接着其他对冲基金管理机构争相仿效，但还是不能避免投资者信心的普遍下降。

危机爆发后，投资者对市场的信心普遍下降，许多投资者纷纷开始撤回资金，由此掀起了对冲基金的赎回狂潮。据报道，全球对冲基金业 2007 年 7 月份净赎回金额高达 320 亿美元，为 2000 年科网泡沫以来最高纪录。由此而来也影响了整个冲基金行业的业绩，因此 2007 年 3 季度对冲基金行业的平均回报率仅为 1.36%。而直到 2008 年，对冲基金对房地产次级债券危机中的负面影响还在。

6. 危机对美国及全球经济的影响

由于美国房地产金融市场在全球资本市场中占有非常重要的地位，许多大的机构投资者要在全球范围内建立自己的资产组合，就会购买美国的房地产金融产品。因此这个问题已经波及全球，并不断殃及更多市场与公司。

事实上美国次级债危机引发的债券市场价值下跌及信心危机，引发美国和全球机构投资者对房价的警惕和重新对房地产金融产品的价值及风险进行评估。

特别是 2007 年 7 月和 8 月，美国的次级问题引发全球股灾，日本、中国香港、澳洲、欧洲各地股市纷纷下跌，从而使得全球金融市场出现一片恐慌及各国政府纷纷向金融市场注资。2007 年 7 月以来全球主要央行的银行家们一直在集中精力阻止美国次贷危机所导致的货币市场流动性短缺，相继注入大量现金。

美联储与美国公开市场委员会 2007 年 8 月 17 日发表联合声明称，决定调低再贴现利率（再贴现利率是指金融机构将所持有的已贴现票据向央行办理再贴现所采用的利率）。这是美国公开市场委员会自 2001 年以来与美联储自伯南克任职以来首次降低借贷成本。分析人士表示，调低再贴现利率可能要比降低联邦基金利率更有效。此次调低再贴现利率显示美联储已经开始提高警惕，担心日趋紧缩的借贷环境以及金融市场流动性将会进一步深化房地产市场萎缩，削弱就业率局势以及危害经济增长。受该利好消息刺激，美国股市开盘后承接周四尾盘的快速反弹，同时处于盘中交易的欧洲股市均止跌反弹。不过，很多债券产品特别是资产支持证券却依然低迷。

2007 年 8 月 31 日，美国总统布什和美联储主席伯南克发表讲话，表示他们必须考虑市场的现实因素，但是联邦政府无义务保护投机者。虽然他们反复强调，联邦政府不会为部分投机者买单，但是他们的讲话还是被市场理解为政府托市。美国股市在此消息刺激下，强力反弹。

2007 年 9 月 18 日，美联储宣布降息 50 个基点，联邦基金目标利率降至 4.75%。这是 2003 年 6 月以来美联储首次降息，目的在于防止信贷危机进一步恶化，避免经济陷入衰退。从短期来看，美联储降息的作用更多体现于提升市场信心。

2007 年 9 月，美国财政部长保尔森表示，解决美国次级住房抵押贷款市场危机尚需时日，并呼吁美国抵押贷款公司和政府合作帮助有困难的购房者，处于此次危机中心的衍生金融产品的复杂性和广泛性，可能延长信贷危机的持续时间。

美国还是受这次次级债券危机危害最大的，但与此同时为什么还有很多华尔街的分析家仍然坚持信贷市场困境所造成的损害很有限的观点呢？主要原因是美联储将会降息救市。不过，降息不可能缓解所有的痛苦，有机构预测 2007 年和 2008 年美国的经济增长率可能会放慢 1 个百分点左右。

至于对世界其他地区经济的影响，《经济学家》认为可能也很严重。比如从进出口贸易来看，如果这场危机最终影响到美国的实体经济和消费，对中国出口是否会产生较大不利影响？这还有待进一步观察和研究。

7. 美国房地产次级债危机对我国的影响和借鉴意义

美国次级债券危机对中国的影响不会太大。首先中国金融市场是一个较封闭的市场，正如1997年东南亚金融危机对我国的影响也很小。

其次中国的金融机构投资购买的美国次级优债券不多，最多100多亿美元。比如中国银行和工商银行分别持有89.65亿美元和12.3亿美元的美国次级住房贷款抵押债券。由于中国的银行投资的（债券）评级都很高，真正可能受影响的只是其中的一小部分。

最后由于目前中国与房地产相关的金融衍生品种甚少，与美国次优抵押贷款支持债券类似的个人住房抵押贷款支持证券（MBS）产品也只是试点，且规模不大。

美国次优债券危机及对全球金融市场的重创，以及相关各国政府和中央银行采取的对应措施和危机发展趋势，无疑有值得让中国推出与房地产相关的金融衍生品时考虑更加周全的方面。尤其目前中国居高不下的房地产价格已招致部分买房家庭承受较大的压力，而一旦房价回落将影响相当部分家庭同时连累银行。2007年9月，中国建设银行研究部发布的报告指出，虽然当前我国并没有典型的次级住房抵押贷款市场，但我国住房按揭贷款同样有风险，并正逐步步入违约高风险期，我们应以美国次级抵押贷款危机为鉴，我国要加强房地产贷款管理，加快住房抵押贷款证券化，健全金融机构内控机制。

近年来，我国个人住房不良贷款数额已呈攀升趋势，而从国际经验看，个人住房贷款的风险暴露期通常为3~8年。报告指出，在央行近年来连续多次加息，个人住房贷款支付不断增加的情况下，意味着国内商业银行个人住房贷款在近一个时期内已经逐渐步入违约高风险期。同时近几年来我国房地产金融创新呼声很高，各方面也认识到发展我国房地产金融的重要性，除了房地产公司海内外上市，还有MBS、房地产投资信托基金、房地产公司债券、私募基金等也正在试点或准备推出。

有些人士认为，中国目前调控的重点是房地产价格，对这类型房地产金融衍生品的需求并不迫切，任何有可能助推房价的举措都会十分谨慎，尚难预期推出的时间表。

延伸阅读　《关于推进住房租赁资产证券化相关工作的通知》

中国证监会 住房城乡建设部关于推进住房租赁资产证券化相关工作的通知

中国证监会各派出机构，各省、自治区、直辖市住房城乡建设厅（建委、房地局），新疆生产建设兵团建设局，上海证券交易所、深圳证券交易所、中国证券业协会（报价系统），中国证券投资基金业协会，中国房地产估价师与房地产经纪人学会：

为贯彻落实党的十九大精神和2017年中央经济工作会议提出的关于加快建立多主体供给、多渠道保障、租购并举的住房制度要求，按照《国务院办公厅关于加快培育和发展住房租赁市场的若干意见》（国办发〔2016〕39号）和《关于在人口净流入的大中城市加快发展住房租赁市场的通知》（建房〔2017〕153号），加快培育和发展住房租赁市场特别是长期租赁，支持专业化、机构化住房租赁企业发展，鼓励发行住房租赁资产证券化产品，现就有关事宜通知如下：

一、总体要求

（一）重要意义。住房租赁资产证券化，有助于盘活住房租赁存量资产、加快资金回收、提高资金使用效率，引导社会资金参与住房租赁市场建设；有利于降低住房租赁企业的杠杆率，服务行业供给侧结构性改革，促进形成金融和房地产的良性循环；可丰富资本市场产品供给，提供中等风险、中等收益的投资品种，满足投资者多元化的投资需求。

（二）基本原则。坚持市场化、法治化原则，充分发挥资本市场服务实体经济和国家战略的积极作用；明确优先和重点支持的领域；加强监管协作，推动业务规范发展；积极履行监管职责，切实保护投资者合法权益，合力防范风险。

二、住房租赁资产证券化业务的开展条件及其优先和重点支持领域

（三）发行住房租赁资产证券化产品应当符合下列条件：一是物业已建成并权属清晰，工程建设质量及安全标准符合相关要求，已按规定办理住房租赁登记备案相关手续；二是物业正常运营，且产生持续、稳定的现金流；三是发起人（原始权益人）公司治理完善，具有持续经营能力及较强运营管理能力，最近2年无重大违法违规行为。

（四）优先支持大中城市、雄安新区等国家政策重点支持区域、利用集体建设用地建设租赁住房试点城市的住房租赁项目及国家政策鼓励的其他租赁项目开展资产证券化。

（五）鼓励专业化、机构化住房租赁企业开展资产证券化。支持住房租赁企业建设和运营租赁住房，并通过资产证券化方式盘活资产。支持住房租赁企业依法依规将闲置的商业办公用房等改建为租赁住房并开展资产证券化融资。优先支持项目运营良好的发起人（原始权益人）开展住房租赁资产证券化。

（六）重点支持住房租赁企业发行以其持有不动产物业作为底层资产的权益类资产证券化产品，积极推动多类型具有债权性质的资产证券化产品，试点发行房地产投资信托基金（REITs）。

三、完善住房租赁资产证券化工作程序

（七）支持住房租赁企业开展资产证券化。住房租赁企业可结合自身运营现状和财务需求，自主开展住房租赁资产证券化，配合接受中介机构尽职调查，提供相关材料，协助开展资产证券化方案设计和物业估值等工作，并向证券交易场所提交发行申请。

（八）优化租赁住房建设验收、备案、交易等程序。各地住房建设管理部门应对开展住房租赁资产证券化中涉及的租赁住房建设验收、备案、交易等事项建立绿色通道。对于在租赁住房用地上建设的房屋，允许转让或抵押给资产支持专项计划等特殊目的

载体用于开展资产证券化。

（九）优化住房租赁资产证券化审核程序。各证券交易场所和中国证券投资基金业协会应根据资产证券化业务规定，对申报的住房租赁资产证券化项目进行审核、备案和监管，研究建立受理、审核和备案的绿色通道，专人专岗负责，提高审核、发行、备案和挂牌的工作效率。

四、加强住房租赁资产证券化监督管理

（十）建立健全业务合规、风控与管理体系。中国证监会和住房城乡建设部推动建立健全住房租赁资产证券化业务的合规、风控与管理体系，指导相关单位完善自律规则及负面清单，建立住房租赁资产证券化的风险监测、违约处置、信息披露和存续期管理等制度规则，引导相关主体合理设计交易结构，切实做好风险隔离安排，严格遵守执业规范，做好利益冲突防范以及投资者保护，落实各项监管要求。研究探索设立专业住房租赁资产证券化增信机构。

（十一）建立健全自律监管体系。中国证券业协会、中国证券投资基金业协会、中国房地产估价师与房地产经纪人学会要加强配合，搭建住房租赁资产证券化自律监管协作平台，加强组织协作，加快建立住房租赁企业、资产证券化管理人、物业运营服务机构、房地产估价机构、评级机构等参与人的自律监管体系，研究推动将住房租赁证券化项目运行表现纳入住房租赁企业信用评价体系考核指标，依法依规对严重失信主体采取联合惩戒措施。

（十二）合理评估住房租赁资产价值。房地产估价机构对住房租赁资产证券化底层不动产物业进行评估时，应以收益法作为最主要的评估方法，严格按照房地产资产证券化物业评估有关规定出具房地产估价报告。承担房地产资产证券化物业估值的机构，应当为在住房城乡建设部门备案的专业力量强、声誉良好的房地产估价机构。资产支持证券存续期间，房地产估价机构应按照规定或约定对底层不动产物业进行定期或不定期评估，发生收购或者处置资产等重大事项的，应当重新评估。

（十三）积极做好尽职调查、资产交付与持续运营管理工作。资产证券化管理人、房地产估价机构、评级机构等中介机构应勤勉尽责，对有关交易主体和基础资产进行全面的尽职调查，确保符合相关政策和监管要求。发起人（原始权益人）应切实履行资产证券化法律文件约定的基础资产移交与隔离、现金流归集、信息披露、提供增信措施等相关义务，并积极配合中介机构做好尽职调查。

五、营造良好政策环境

（十四）培育多元化的投资主体，提升资产支持证券流动性。中国证监会、住房城乡建设部将共同努力，积极鼓励证券投资基金、政府引导基金、产业投资基金、保险资金等投资主体参与资产证券化业务，建立多元化、可持续的资金保障机制。

（十五）鼓励相关部门和地方政府通过市场化方式优先选择专业化、机构化或具有资产证券化业务经验的租赁住房建设或运营机构参与住房租赁市场，并就其开展租赁住房资产证券化予以政策支持。

（十六）建立健全监管协作机制。中国证监会、住房城乡建设部建立住房租赁资产证券化项目信息共享、日常监管及违规违约处置的工作机制，协调解决住房租赁资产证券化过程中存在的问题与困难，推动住房租赁资产证券化有序发展。中国证监会各派出机构及上海、深圳证券交易所等单位与各省级住房城乡建设主管部门应加强合作，充分依托资本市场，积极推进符合条件的企业发行住房租赁资产证券化产品，拓宽融资渠道；加强资产证券化的业务过程监管，防范资金违规进入房地产市场，严禁利用特殊目的载体非法转让租赁性质土地使用权或改变土地租赁性质的行为。

中国证监会　住房城乡建设部

2018 年 4 月 24 日

参考文献

[1] 国家统计局 . 2000 ~ 2018 年中国统计年鉴 [M]. 北京：中国统计出版社，2018.

[2] 张健 . Real Estate PE Funds in China[J]. The Institutional Real Estate Letter–Asia Pacific，2011，6.

[3] 张健 . 房地产基金 [M]. 北京：中国建筑工业出版社，2012.

[4] 张健 . 房地产投资 [M]. 北京：中国建筑工业出版社，2008.

[5] 张健 . 房地产企业融资 [M]. 北京：中国建筑工业出版社，2009.

[6] 姜新国 . 商业地产开发经营与管理 [M]. 北京：中国建筑工业出版社，2007.

[7] 曹吉鸣，缪莉莉 . 设施管理概论 [M]. 北京：中国建筑工业出版社，2011.

[8] （美）戴维·凯里，约翰·莫里斯 . 资本之王 [M]. 巴曙松，陈剑译 . 北京：中信出版社，2011.

[9] （美）贾森·凯利 . 私募帝国 [M]. 唐京燕译 . 北京：机械工业出版社，2013.

[10] 房地产投资信托基金守则（Code on Real Estate Investment Trusts），香港证券及期货事务监察委员会（Securities and Futures Commission），2010，6.

[11] （美）约翰·S·戈登 . 伟大的博弈 [M]. 祈斌译 . 北京：中信出版社，2005.

[12] （美）弗兰克·J·法博齐 . 金融工具手册 [M]. 俞卓菁译：上海：上海人民出版社，2006.

[13] （美）特瑞斯·M·克劳瑞特，G·斯泰·西蒙 . 房地产金融——原理和实践 [M]. 龙奋杰，李文诞等译 . 北京：经济科学出版社，2004.

[14] （美）彼得·林奇 . 战胜华尔街 [M]. 骆玉鼎等译 . 上海：上海财经大学出版社，2002.

[15] McCook，Michael. *Real Estate Investing：The CalPERS way. Perspectives on direct and indirect investments*，Real Estate Investment World China 2006 Conference Proceedings.

[16] Youguo Liang. *Tapping the global demands for real estate investments – What opportunities does this present for China real estate players?*，Real Estate Invesmtent World China 2006 Conference Proceedings.

[17] Higgins，David. *Real Estate Investment Trusts：Structure and Application in Asia*，Singapore Presentation，Unpublished Paper.

[18] REIT Watch – A monthly Statistical Report on the Real estate Investment trust Industry NAREIT，2005，8.

[19] NAREIT（美房地产投资信托协会）公开资料 .

[20] Moody's Investors Service，中国资产证券化：必要性和可操作性，2004.

[21] 中华人民共和国国家发展和改革委员会网 www.sdpc.gov.cn.

[22] 中华人民共和国国家统计局网 www.stats.gov.cn.

[23]　中国人民银行网 www.pbc.gov.cn.

[24]　中国银保监会 www.cbrc.gov.cn.

[25]　中国证监会 www.csrc.gov.cn.

[26]　中华人民共和国国土资源部网 www.mlr.gov.cn.

[27]　中华人民共和国住房和城乡建设部网 www.cin.gov.cn.

[28]　中国物业管理协会 www.ecpmi.org.cn.

[29]　克而瑞 www.cricchina.com.

[30]　中指研究院 industry.fang.com.

[31]　英国皇家特许测量师学会 www.rics.org.

[32]　国际建筑业主与管理者协会 www.boma.org.

[33]　美国联邦储蓄保险机构 www.fdic.gov.

[34]　世界银行网 www.worldbank.org.

[35]　国际货币基金组织网 www.imf.org.

[36]　经济合作与发展组织网 www.oecd.org.

[37]　标准普尔网 www.standardandpoors.com.

[38]　穆迪网 www.moodys.com.

后　记

　　本书作者张健先生经常为全国的一些房地产企业、金融机构、投资者、高等院校做专题的和系列的课程及讲座（课程及讲座主题及内容举例如下），目的是将其多本专著中的有关内容和信息能够与有关人士进一步沟通，同时能有机会使参加讲座或讨论会的人士直接提出他们最关心的问题并讨论。想了解更多情况，请直接联系：jzhanggcf@163.com。

　　　　线上房地产学院　　　　中国房地产俱乐部微信号　　　　张健微信号

作者主讲的主要课程包括：

专题一：新形势下房地产市场、投资和融资策略分析及创新

专题二：房地产市场和投资策略分析

专题三：新形势下房地产融资和风险管理

专题四：房地产资产管理

专题五：房地产私募基金创新和实务

专题六：房地产资产证券化创新和实务

专题七：房地产项目投资决策和风险控制

专题八：新形势下房地产股权和资产并购

专题九：商业地产与资本对接

专题十：房地产企业融资、资产证券化和轻资产管理创新与实务

专题十一：租赁住房的运作——投资、融资、管理、退出

专题十二：新形势下房地产高周转投融资创新

专题十三：产业园区和特色小镇项目投融资策略分析

专题十四：房地产轻资产管理和创新

专题十五：房地产存量资产盘活和实操

　　课程使用最具实战性的教学模式，充分考虑学员的实际学习需求，采取互动式案例教学，选取行业经典案例进行实战分析、模拟与讨论，使课程极具针对性和系统性；它将使学员掌握并运用相关知识。